ABHANDLUNGEN

AUS DEM

STAATSWISSENSCHAFTLICHEN SEMINAR

ZU

STRASSBURG i. E.

HERAUSGEGEBEN

VON

G. F. KNAPP UND W. WITTICH.

HEFT XXXIV.

LUDWIG BUR:
DIE UMWÄLZUNG DER DEUTSCHEN VOLKSWIRTSCHAFT IM KRIEGE.

STRASSBURG
VERLAG VON KARL J. TRÜBNER
1918

DIE UMWÄLZUNG DER DEUTSCHEN VOLKSWIRTSCHAFT IM KRIEGE.

EINE KRIEGSWIRTSCHAFTLICHE STUDIE

VON

LUDWIG BUR.

STRASSBURG
KARL J. TRÜBNER
1918.

Druck von M. DuMont Schauberg, Straßburg.

VORWORT.

Die vorliegende Abhandlung soll eine kriegswirtschaftliche Studie sein. Ich hatte mir zunächst zur Aufgabe gestellt, die praktische Wirkung des Hilfsdienstgesetzes auf unsere Volkswirtschaft einer Prüfung zu unterziehen. Da auf dem Gebiete des Kriegswirtschaftsrechts bereits vor Inkrafttreten des Hilfsdienstgesetzes eine Reihe von Maßnahmen getroffen worden waren, die zum Teil unsere auf Friedensbasis begründete Volkswirtschaft gänzlich umgestaltet hatten, so stellte es sich als eine Notwendigkeit heraus, die Betrachtungen auf die gesamte Kriegswirtschaft auszudehnen, schon mit Rücksicht auf das Ineinandergreifen der zum Teil auf dasselbe Endziel hinauslaufenden übrigen Kriegsmaßnahmen. Bei der Fülle der organisatorischen Maßnahmen, die das Kriegswirtschaftsrecht hervorgerufen hat, kann es sich bei den vorliegenden Untersuchungen insbesondere hinsichtlich der jeweilig eingetretenen Einzelwirkungen nicht um eine erschöpfende Arbeit handeln. Immerhin dürften sie geeignet sein, dem Leser im Gesamtbild die wesentlichsten Umschichtungsprozesse, die zu unserer heutigen Wirtschaftsordnung geführt haben, mit auf den Weg zu geben.

Straßburg, Ende Januar 1918.

Der Verfasser.

INHALT.

I. Kapitel.

EINFÜHRUNG.

Unsere gesamte Volkswirtschaft steht gegenwärtig unter dem beherrschenden Zeichen des Hilfsdienstes. Zur Einführung in die nachfolgenden Untersuchungen über die Tragweite des Hilfsdienstes bei gleichzeitiger Berücksichtigung der kriegswirtschaftlichen Entwickelung unseres gesamten Wirtschaftslebens wird es von Bedeutung sein, uns zunächst mit dem Begriff und der Organisation des Hilfsdienstes vertraut zu machen. Der Grundgedanke desselben ist die restlose Verwendung aller männlichen Arbeitskräfte der Nation im Interesse der Kriegswirtschaft; daher ist jeder im Hilfsdienst beschäftigt, der eine Tätigkeit ausübt, die für Kriegführung und Befriedigung des wirklich notwendigen Heimatbedarfs unmittelbar oder mittelbar von Bedeutung ist. Zweifellos hat die Einführung des Hilfsdienstes eine nicht zu unterschätzende Wirkung auf die Gestaltung unseres Wirtschaftslebens zur Folge gehabt. Es erhebt sich nun die Frage, ob die Bestimmungen des Hilfsdienstgesetzes in der Fassung, wie sie am 6. 12. 1916 verkündet wurden, schon an sich von einschneidender Bedeutung für die kriegswirtschaftliche Umgestaltung unserer Volkswirtschaft geworden sind. Zur Prüfung dieser Frage müssen wir uns zunächst über drei Punkte Klarheit verschaffen, zunächst einmal über die grundlegenden Motive, die zur Einführung der Hilfsdienstpflicht geführt haben unter Berücksichtigung der hierbei verfolgten Ziele, dann über die wesentlichen Bestimmungen, die uns das Gesetz gebracht hat, und schließlich darüber, ob in erster Linie das Gesetz an und für sich oder die Tätigkeit der durch dasselbe ins Leben gerufenen Behörden maßgebend für die kriegswirtschaftliche Umstellung unserer Volkswirtschaft wurde.

Über die grundlegenden Motive, die zur Einführung der vaterländischen Hilfsdienstpflicht führten, haben wir folgendes zu sagen:

Unser isolierter Wirtschaftsstaat mußte, um das wirtschaftliche und militärische Durchhalten in dem jetzigen gewaltigen Völkerringen zu ermöglichen, schon von Beginn des Krieges an zu einschneidenden kriegswirtschaftlichen Maßnahmen greifen. Die auf Grund des § 3 des Gesetzes über die Ermächtigung des Bundesrats zu wirtschaftlichen Maßnahmen vom 4. August 1914 (R. G. Bl. S. 327) erlassenen Verordnungen hatten bereits in den ersten Kriegsjahren eine ganze Reihe von Umwälzungen in unserem Wirtschaftsleben hervorgerufen, insbesondere durch Beschlagnahme und allmähliche öffentliche Bewirtschaftung der wichtigsten Roh- und Hilfsstoffe. Der weitaus größte Teil der Rohstoffe, der Halb- und Fertigfabrikate wurde in immer größerem Maßstabe den Interessen der Kriegswirtschaft verfügbar gemacht. So hatte der Staat bereits vor Einführung des Hilfsdienstgesetzes tief eingreifend auf die Einzelwirtschaften zugunsten der Kriegswirtschaft gewirkt. Ihm fehlte indessen noch das Verfügungsrecht über die Arbeitskraft der Einzelsubjekte zwecks Arbeitsleistung in der Kriegswirtschaft. Bald wurde auch diese Forderung in dem sogenannten „Hindenburgprogramm“, das sich die tatkräftige Zusammenfassung aller verfügbaren Mittel und Kräfte für die siegreiche Beendigung des Krieges zum Ziele setzte, aufgenommen und die Einführung einer Zivildienstpflicht, durch die eine geplante Erweiterung der Wehrpflicht sich erübrigen sollte, in Erwägung gezogen. So kam nach umfangreicher Vorbereitung, in einer verhältnismäßig knappen Zeit, das Gesetz über den vaterländischen Hilfsdienst zustande.

Welche wesentlichen Bestimmungen brachte uns nun das Gesetz?

Das Gesetz will alle männlichen Arbeitskräfte zum Zwecke der Kriegführung und im Interesse der Kriegswirtschaft im weitesten Sinne verfügbar machen. Es beschäftigt sich hierbei ausschließlich mit der Regelung der persönlichen Seite der ganzen Angelegenheit. Zunächst spricht es die vaterländische Hilfsdienstpflicht aller männlichen Deutschen vom 17. bis 60. Lebensjahr aus. Seinem Wesen nach stellt sich demnach der Hilfsdienst als eine öffentlich-rechtliche Pflicht dar. Ferner gibt das Gesetz die Richtlinien an, in denen sich die Organisation des Hilfsdienstes ausgestalten soll. Ein weiterer Punkt ist die Regelung des Verhältnisses von Dienstpflicht und Arbeitsverhältnis, besonders der Einfügung von jener in dieses. Einen breiten Raum nehmen die teils im Interesse der Arbeiterschaft, teils zum Nutzen der Kriegsindustrie getroffenen Schutzbestimmungen gegen arbeiterfeindliche Handhabung des Gesetzes ein. Vor allem ist hier die Einführung des Abkehrscheines zu erwähnen, dessen Hauptzweck die Unterbindung der schädlichen Folgen des häufigen Arbeiterwechsels ist. Dies lief unter Umständen auf eine gewisse Beschränkung der Freizügigkeit hinaus, doch mußte diese in den Kauf genommen werden, im Interesse der Kriegsindustrie, bei der es darauf ankam, über bodenständige Arbeiter zu verfügen.

Im wesentlichen wird die Ausführung des Gesetzes den für den Bezirk jedes stellvertretenden Generalkommandos zu bildenden Ausschüssen überlassen. Erst mit einer umfangreichen organisatorischen Entwickelung war die Lebensfähigkeit des Gesetzes über den vaterländischen Hilfsdienst gesichert. Bereits vor Inkrafttreten des Gesetzes war durch allerhöchste Kabinettsorder vom 4. 11. 1916 ein Kriegsamt beim Preußischen Kriegsministerium errichtet worden. Dieses Kriegsamt wurde nun der Ausgangspunkt und die Zentrale für die weitere Organisation. Auf Anordnung des Kriegsamtes wurde jedem stellvertretenden Generalkommando eine Kriegsamtstelle beigegeben. Diesen Kriegsamtstellen wurden die auf Grund des Gesetzes zu bildenden Ausschüsse einverleibt, womit sie ihre Tätigkeit nach den durch das Gesetz gegebenen Richtlinien aufnahmen.

Ohne die Bedeutung des Gesetzes herabsetzen zu wollen, kann man behaupten, daß für die tiefgreifende Umwälzung der deutschen Volkswirtschaft nicht die Bestimmungen des Hilfsdienstgesetzes, sondern die Einrichtung der Kriegsamtstellen und die ihnen auf Grund anderer Gesetze übertragenen Machtbefugnisse entscheidend geworden sind. Dies sollen folgende Darlegungen erweisen. Die Anwerbung der Arbeiterschaft vollzieht sich gegenwärtig zwar nicht formell, aber materiell auf Grund des Arbeitsvertrags. Der Zustrom der Arbeiter in die Rüstungsindustrie ist vor allem durch die günstigen Lohnverhältnisse bedingt. Dies geht schon daraus hervor, daß die Tätigkeit der Einberufungsausschüsse, die für die formelle Eingliederung von Hilfsdienstpflichtigen auf Grund des Gesetzes eingesetzt sind, zurücktritt gegenüber der Tätigkeit des freien Arbeitsmarktes, der in Gestalt von Zentral-Auskunftsstellen, Arbeitsnachweise und Hilfsdienstmeldestellen, gleichfalls als Bestandteil der Kriegsamtstelle zählt. Dadurch, daß ferner das Gesetz eine ganze Reihe von Berufsklassen, so die Angestellten im öffentlichen Dienst, ferner die Land- und Forstwirtschafttreibenden usw. als im Hilfsdienst tätig erklärt und für die Kriegswirtschaft im engeren Sinne ausschaltet, läßt es sich erklären, daß die Zahl der durch das Gesetz einzugliedernden Hilfsdienstpflichtigen, die durch die Einführung der Stammrollen faktisch zur Meldung gekommen sind, überraschend gering ausgefallen ist. Wer sich von dem Hilfsdienst erhoffte, daß viele brachliegende Kräfte der Kriegswirtschaft zugeführt werden würden, mußte eine Enttäuschung erleben. Wenn indessen hinsichtlich der einzugliedernden Arbeitskräfte die Wirkung des Gesetzes weit überschätzt wurde, so war immerhin die Voraussetzung zu einer planmäßigen Umschichtung der Arbeitskräfte gegeben dadurch, daß die im Wege des freien Arbeitsmarktes Eingegliederten bereits erfaßt und für bestimmte Betriebe gebunden waren. Damit war zugleich eine Beruhigung gegenüber dem durch die Umstellung eines großen Teiles der Industrie bedingten Hin- und Herwogen der Arbeitskräfte geschaffen. Eine große Rolle hinsichtlich der Verwertung der Arbeitskräfte in den einzelnen Wirtschaften spielte die gesetzlich dem Ermessen der Organisation anheimgestellte Arbeiterbedürfnisfrage, die von Fall zu

Fall von den Feststellungsausschüssen geprüft wird. Dadurch war den Kriegsamtstellen die Möglichkeit gegeben, die Arbeitskraft zugunsten der Kriegswirtschaft und insbesondere den darunter als Höchstleistungsbetriebe[1]) anerkannten Unternehmungen formell zuzuführen. Bei Arbeiterentziehung werden auch vielfach die männlichen Arbeitskräfte durch Frauen ersetzt. Letztere sind freilich nicht vom Gesetz als Hilfsdienstpflichtige betroffen, doch geschieht ihre Eingliederung in den Hilfsdienst durch anwerbende Tätigkeit. Auch hier kann von einer unmittelbaren Einwirkung des Gesetzes nicht die Rede sein, vielmehr ist die Tätigkeit der Organisation maßgebend für diese Anwerbung geworden. Hand in Hand mit diesen Verschiebungen der Arbeitskräfte wurde der im Anmarsch sich befindende Umschichtungsprozeß in unserem ganzen Wirtschaftsleben gewaltig gefördert durch die von den Organisationen vorgenommene Stillegung der nicht kriegswichtigen Betriebe. Diese konnte auf verschiedene Weise erreicht werden, einmal durch Versagung der Betriebsmittel (Kohle), ferner Entziehung der Arbeitskräfte, dann Ausräumung der Produktionsmittel wie Maschinen, Treibriemen usw., und endlich durch unmittelbare Stillegung, letztere teilweise auch hervorgerufen durch Zusammenlegung von verschiedenen gleichartigen Unternehmungen. Diese den Kriegsamtstellen übertragenen Machtbefugnisse sind nicht unmittelbar durch das Hilfsdienstgesetz bedingt, sondern als mittelbare Folge desselben anzusehen. Entscheidend hierbei ist die auf Grund der auf individueller Auffassung der maßgebenden Ausschüsse beruhenden Beurteilung über die Kriegswichtigkeit der jeweiligen Einzelunternehmung. Im großen und ganzen kann man sagen, daß diese Beurteilung mit dem Begriff der Kriegswirtschaft[2]) übereinstimmt. Obwohl nun die Fest-

---

[1]) Als höchstleistungsfähig wird ein Betrieb anerkannt, wenn gewisse Voraussetzungen hinsichtlich Aufnahme-, Produktions- und Belieferungsfähigkeit gegeben sind.

[2]) Die Rechtsabteilung des Kriegsamts gibt folgende Auslegung des Begriffs der Kriegswirtschaft:

Als Kriegswirtschaft sind alle diejenigen auf die Gewinnung, Erzeu-

stellungsausschüsse sich bemühten, soweit es im Einklang mit der Auslegung der Kriegswirtschaft liegt, mit der Erklärung der Kriegswichtigkeit der Betriebe nicht zu engherzig zu verfahren, so verfielen doch eine ganze Reihe von Industrien, insbesondere aus der Kleinindustrie, ferner viele Handwerksbetriebe dem Umschichtungsprozeß. Dies war offenbar schon an und für sich erreichbar durch die öffentliche Bewirtschaftung der wichtigsten Roh- und Hilfsstoffe wie Kohle, Eisen, Stahl, Bleche, Zement, Textilstoffe usw. Der weitaus größte Teil der kriegswirtschaftlichen Gesetze verfolgt diesen Zweck. Das Hilfsdienstgesetz fügt nur den Schlußstein ein, indem es die Arbeitskraft des Betriebsführers, Arbeiters oder Angestellten unmittelbar in Anspruch nehmen kann. Dieser Umstand ist indessen von untergeordneter Bedeutung, da, wie bereits erwähnt, der Zustrom speziell in die Rüstungsindustrie vor allem durch die günstigen Lohnverhältnisse bedingt ist. Im wesentlichen war für die Umschichtung die Tatsache von Bedeutung, daß alle kriegswirtschaftlichen Machtbefugnisse den zur Durchführung der Hilfsdienstpflicht geschaffenen Kriegsamtstellen übertragen wurden. Letztere wurden allmählich die ausführenden Organe der bereits vorher geschaffenen Zentralen für öffentliche Bewirtschaftung der wichtigsten Roh- und Hilfsstoffe, so der Kriegsrohstoffabteilung des Kriegsministeriums, wobei sie sich zu provinziellen Zentren und Regulatoren der gesamten Produktion und des Verkehrs ausbauten. Die Ausführung der ergangenen Verordnungen über die Beschlagnahme und Sicherstellung der Stoffe liegt indessen nach wie vor in den Händen der Verwaltungsbehörden. Ebenso

---

gung, Bearbeitung oder Beförderung von Gütern gerichteten Betriebe zu verstehen, die bestimmt oder geeignet sind, die Durchführung des Krieges militärisch oder wirtschaftlich zu fördern. Dazu gehören nicht nur solche Betriebe, die unmittelbar für die Bedürfnisse des Heeres und der Marine arbeiten (Anfertigung von Waffen, Munition, Ausrüstungsgegenständen, Konserven usw.), sondern auch solche, welche, wie z. B. Bergwerke und Maschinenfabriken, die Tätigkeit jener Betriebe erst ermöglichen oder welche die bürgerliche Bevölkerung mit dem nötigsten Lebensbedarf versehen, ihr also das „Durchhalten“ erleichtern.

verblieb die Verteilung der Lebensmittel und Verbrauchsgegenstände des täglichen Bedarfs den Verwaltungs- und Gemeindebehörden. Formell steht zwar die Entscheidung über die Wirtschaftsfragen den dekretierenden jeweiligen Zentralstellen in Berlin, wie Kriegsamt, Kriegsrohstoffabteilung, Reichskommissar für Kohlen usw. zu, materiell maßgebend aber für alle Lebensfragen des provinziellen produktiven Wirtschaftslebens sind die Kriegsamtstellen bei den Generalkommandos, denn sie allein sind in der Lage, ein sachlich begründetes Urteil über jede Maßregel zu fällen. In der Hauptsache gehen nur Richtlinien und generelle Verfügungen, die aber der Natur der Sache gemäß nicht die wichtigsten sein können, von den Zentralen aus.

Fassen wir nun den geschilderten Gedankengang zusammen. Wenn man den Einfluß der Kriegswirtschaft auf das Wirtschaftsleben erkennen will, so ist dieser nur aus der Tätigkeit der Kriegsamtstellen zu entnehmen. Allerdings bestehen diese wegen des Hilfsdienstgesetzes, aber ihre tief eingreifende Betätigung erfolgt auf Grund ganz anderer Gesetze, vielfach infolge des sogenannten Ermächtigungsgesetzes vom 4. August 1914, aber auch häufig auf Grund von Anordnungen der militärischen Befehlshaber. Nicht das Gesetz, sondern die Tätigkeit der Behörde eröffnet das Verständnis für die kriegswirtschaftliche Umstellung der Volkswirtschaft. Unter Zugrundelegung dieser Gesichtspunkte werden wir jetzt zu den nachfolgenden Untersuchungen über den im Verlaufe des Krieges in unserem Wirtschaftsleben eingetretenen Umschichtungsprozeß übergehen.

II. Kapitel.

DIE INDUSTRIE.

A. DIE KRIEGSWIRTSCHAFT IM ENGEREN SINNE (KRIEGSINDUSTRIE).

Zur Kriegswirtschaft gehören eine lange Reihe von Unternehmungen, denen der Krieg ungeahnte Konjunkturgewinne in den Schoß warf, da die Militärverwaltung für Waffen und Munition, für Ernährung, Bekleidung und Ausrüstungszwecke Bestellungen größten Stils andauernd zu vergeben hatte (die Bekleidungs- und Ausrüstungsanfertigung hat die Militärverwaltung zum größten Teil in Eigenregie, immerhin wird ein gewaltiger Prozentsatz jetzt noch durch Lieferung an Gewerbetreibende vergeben). Ebenso erhöhte sich der Bedarf der Eisenbahnen, an Lokomotiven und Wagen, sowie die Anforderungen an die Erhaltung der gewaltig in Anspruch genommenen Verkehrswege. Wohl am meisten flossen die Millionengewinne der eigentlichen Rüstungsindustrie zu, mit der wir uns zunächst befassen wollen.

1. DIE RÜSTUNGSINDUSTRIE.

Sie umfaßt alle Unternehmungen der Waffen- und Munitionsindustrie. Über die gewaltige Ausdehnung dieser Industrie, die im Laufe der Kriegsjahre immer steigend erfolgte und die durch Einführung des Hilfsdienstgesetzes in gewaltiger Weise durch Zuführung von neuen Arbeitskräften gefördert wird, geben uns die Börsenberichte die nötigen Aufklärungen. Obwohl die gesamte Kriegsindustrie starke Rückstellungen vornahm und bemüht war, ihre Gewinne möglichst zu verstecken, so waren doch die Gewinnanhäufungen derart, daß eine Erhöhung der Dividenden unvermeidlich war. Als vergleichende Übersicht möge folgende Tabelle (Stand vom Jahre 1916) dienen:

Unternehmung	Aktienkapital in Mill. Mk.	Reingewinn in Millionen Mk.			Dividende in %		
		1913	1914	1915	1913	1914	1915
Deutsche Waffen- und Munitionsfabriken	30	5,784	8,183	11,487	32	20	30
Sprengstoff-A.-G. . . .	7,5 jetzt 15	1,092	1,540	2,780	15	20	28
Köln-Rottweiler Pulverfabriken . . .	16,5 jetzt 33	4,445	6,542	14,540	20	25	35
Waffenfabrik Mauser .	2 (jetzt auf 10 erhöht)	0,496	0,566	1,829	10	20	20

Danach hat sich bei den Deutschen Waffen- und Munitionsfabriken der ausgewiesene Reingewinn von 1915 gegen 1913 verdoppelt, bei den Köln-Rottweiler Pulverfabriken mehr als verdreifacht; auch bei der Rheinisch-Westfälischen Sprengstoff-A.-G. liegt nahezu eine Verdreifachung des Reingewinns vor, bei der Waffenfabrik Mauser sogar eine Vervierfachung. Überall wurde, um die anwachsenden Dividenden zu verbergen, eine Kapitalsverwässerung durch Erhöhung des Stammkapitals vorgenommen. So konnte die Waffenfabrik Mauser für 1915 die gleiche Dividende von 20% wie im Jahre zuvor verteilen, obgleich eine Verfünffachung des Aktienkapitals vor sich gegangen war. Wenn man auf die Pulver- und Sprengstoffabschlüsse des Geschäftsjahres 1916 einen zusammenfassenden Rückblick wirft, so unterscheiden wir zwei Gruppen von Werken, die eine Gruppe umfaßt die Kartellwerke, zur anderen Gruppe gehören die freien Werke. Gemeinsam ist beiden Gruppen der große Verdienst, aber man muß auch sagen das große Verdienst.

Die Werke haben nicht nur allein die gewaltigen Mengen an Pulver und Sprengstoff geliefert, die dieser beispiellose Krieg täglich verschlingt, sondern auch Qualitäten. Dabei hat man zu beachten, daß Deutschland in dem Bezuge mancher Rohstoffe schließlich völlig abgeschnitten war. Die Pulver- und Sprengstoffindustrie hat gewaltige Neubauten errichtet und neue Fabrikationsmethoden eingeführt, und was sie in diesem Kriege geleistet hat, gehört zu den Ruhmestaten der deutschen Industrie.

Über den Abschluß dieser Industrie für 1916 bringt die deutsche Bergwerkszeitung im Juli 1917 folgende Ausführungen:

„Wir beginnen mit einer kurzen Betrachtung der Kartellwerke, und zwar zunächst der Pulverfabriken. Die Vereinigten Köln-Rottweiler Pulverfabriken zu Berlin waren seit Begründung gut ein Vierteljahrhundert lang mit ihrem ursprünglichen Aktienkapital von 16½ Millionen Mark ausgekommen. Im vorigen Jahre erfolgte die Verdoppelung des Aktienkapitals auf 33 Millionen Mark. „Heute", so sagte der Vorsitzende in der letzten Hauptversammlung, „wird wohl kaum jemand existieren, der da behaupten will, daß die Kapitalvermehrung des letzten Jahres eine Verwässerung des Kapitals darstellt". Da der Vorsitzende zu den bekannteren Geschäftsleuten Deutschlands zählt, kann man schwerlich glauben, daß er der letzteren Kapitalvermehrung den Charakter einer Verwässerung absprechen will. Wenn die Gesellschaft wirklich Kapitalbedarf gehabt hätte, würde sie von ihren Banken mit großem Vergnügen beliebige Summen geliehen bekommen haben. Sie hätte auch das Aufgeld ihrer Aktien ausnutzen und bequem mit einigen Millionen Mark neuen Aktien reichliche Mittel hereinholen können. Wenn aber eine Gesellschaft mit solchem Aktien-Aufgeld Pari-Aktien, obendrein mit rückwirkender Dividende ausgibt, so ist das eine klare Kapitalverwässerung, woran keine Abstreitung etwas ändern kann. Weshalb bestreitet der Vorsitzende aber wiederholt die Tatsache der Verwässerung? Weshalb sollte die Gesellschaft, die in industrieller Beziehung so Großes geleistet hat, von den bedeutenden Gewinnen nicht auch den Aktionären etwas zukommen lassen, ohne damit anzustoßen?

Der Zweck der Kapitalverwässerung, wenn man diesen Ausdruck überhaupt gebrauchen will, nachdem der Vorsitzende ihn aufgebracht hat, ist denn auch erreicht worden. Der Steuerkurs war 310% gegen einen letzten Friedenskurs von 312%. Das kommt eben von der Abtrennung des wohl beispiellosen hohen Bezugsrechtes. Es ist auch die Dividende auf 20% herabgedrückt worden, was allerdings noch den letzten Friedens-Rekord darstellt. Von dem ausgewiesenen Gewinne sind sehr große Beträge vorweg abgesetzt worden, so die Ausgaben für die großen Erweiterungsbauten und Anschaffungen, die Aufwendungen für Kriegswohlfahrtszwecke, für das neue Verwaltungsgebäude und für die Unkosten der Kapitalverdoppelung. Die Gesellschaft hat auch eine Art Dividendenergänzungsbestand von 5 Millionen Mark geschaffen. Die Abschreibungen sind auf 1 Million Mark bemessen worden bei noch bleibenden Anlagewerten von 6,06 Millionen Mark, wobei man nicht übersehen darf, daß der Umsatz des letzten Geschäftsjahres das Zehn- und Zwölffache des höchsten Friedensumsatzes betragen hat. Die Gesamtsumme der Vermögensaufstellung macht 139,62 Millionen Mark aus (111,02 i. V.). Der Bestand an Wertpapieren und Beteiligungen ist mit 42,47 Millionen Mark höher als je zuvor. Wünchenswert wäre für spätere Zeiten eine Zerlegung der Hauptposten der Bilanz, der Außenstände, Gläubiger, Wertpapiere und Beteiligungen, was dann auch ohne Bedenken geschehen könnte. Neben 6,06 Millionen Mark Anlage-Werten stehen, eingeschlossen die Beteiligungen, 133 Millionen Mark Betriebsmittel. Bei einem Aktienkapital von 33 Millionen Mark zeigt die Vermögensübersicht 76,31 Millionen Mark Gläubiger. Der Vortrag reicht an die Dividendensumme heran. Die Kartellbestimmungen sind, was allerdings noch nicht mitgeteilt worden ist, ohne Zweifel auch auf die Kapitalverdoppelung ausgedehnt worden. Vergleichungsweise sei noch bemerkt, daß der Rohgewinn, so, wie er ausgewiesen wird, für das letzte Geschäftsjahr 26,33 Millionen Mark betrug, während er im Geschäftsjahr 1911 nur 6,31 Millionen Mark ausgemacht hatte. Zu der Gruppe Köln-Rottweiler gehört auch die Deutsche Zelluloidfafrik in Eilenburg. Auch hier begegnen wir in der Bilanz großen Zahlen. Bei einem Aktienkapital von 2,5 Millionen Mark wies der Abschluß 12,62 Millionen Mark Verbindlichkeiten, 4,83 Millionen Mark Betriebsüberschüsse und 3,49 Millionen Mark Abschreibungen auf.

Bei den Sprengstoffgesellschaften der Kartellgruppe erwähnen wir zunächst die Rheinisch-Westfälische Sprengstoff-Gesellschaft in Köln. Die Gesellschaft besteht jetzt genau 30 Jahre. Sie verteilt aus der gesamten Abrechnung 80% der Köln-Rottweiler Dividende. Der Steuerkurs war durch die Abtrennung des großen Bezugsrechtes auf 240% heruntergedrückt worden gegen einen letzten Friedenskurs von 201%. Die Gesellschaft hat nämlich, wie man sich erinnert, dieselbe Kapitalverdoppelung vorgenommen, wie Köln-Rottweil, und mit demselben Erfolg. Auf Verpflichtungen für die Friedenswirtschaft sind 2,06 Millionen Mark besonders zurückgestellt worden, ein Betrag, der fast genau der Dividende für das letzte Geschäftsjahr entspricht, also fast als eine Art Dividendenergänzungsrücklage zu betrachten ist, so lange der Ausdruck nicht genauer erklärt wird. Die Bilanzsumme ist weiter auf 61,04 (45,61) Millionen Mark gestiegen. Darunter befinden sich allein 41,16 (1,18) Millionen Mark Wertpapiere und Beteiligungen. Bei 3,73 Millionen Mark Anlagewerten waren 57 Millionen Mark Betriebsmittel vorhanden. Freilich stehen unter den Verbindlichkeiten 37,94 Millionen Mark Gläubiger. Dadurch bekommt die Bilanz ein schlechtes Aussehen; denn wir haben neben einem Aktienkapital von 13 Millionen Mark das Dreifache an Gläubigern und Anleihen. Dieser Eindruck stammt aber daher, daß die Gesellschaften zu viel Sammelposten in ihre Bilanzen einstellen. Die Sammelposten tragen dazu bei, die Vermögensübersichten zu entstellen und nichtssagend zu machen.

Das sieht man auch besonders bei der Dynamit-A.-G., vorm. Alfred Nobel & Ko., in Hamburg. Die Zahlen an sich sind auch hier imponierend, aber sie sagen dem Aktionär wenig. Der Rohgewinn der Gesellschaft wirft die verschiedenartigsten Erträgnisse mit 15,76 (i. V. 24,39) Millionen Mark zusammen. Es wird dadurch der Eindruck erweckt, daß die Gesellschaft schlechter gearbeitet habe, als im voraufgegangenen Jahre. Dabei sind aber allein 5 Millionen Mark vorweg abgesetzt worden für Verpflichtungen für die Zeit nach dem Kriege. Es sind auch die Aufwendungen für den Ausbau und die Erweiterungen der Fabriken aus dem Betriebe gedeckt worden. Die Bilanzsumme ist auf 125,64 (114,14) Millionen Mark gestiegen. Der größte Sammelposten beträgt 44,95 (28,12) Millionen Mark; er umfaßt Kasse, Wechsel, Wertpapiere und Beteiligungen. Was würde es aber der Gesellschaft oder dem Reich schaden, wenn die Verwaltung die Sammelposten zerlegen würde.

Gut abgeschlossen haben auch die anderen Glieder der Kartellgruppe, so die Westdeutschen Sprengstoffwerke, die Sprengstoff-A.-G. Carbonit in Hamburg, die Sprengstoff-Gesellschaft Kosmos, Hamburg, die Sprengstoffwerke Dr. Nahnsen in Dömitz-Hamburg, die Deutsche Sprengstoff-A.-G. in Hamburg und die Rheinische Dynamitfabrik in Köln; selbst die Elsaß-Lothringische Sprengstoff-A.-G. in Straßburg hat unter dem mächtigen Schutze der Gruppe zum ersten Male eine Dividende verteilen können.

Aus der Gruppe der freien Werke erwähnen wir zunächst die Westfälisch-Anhaltische Sprengstoff-A.-G. zu Berlin, in deren Aufsichtsrat die westliche Montanindustrie den Ausschlag gibt. Auch hier begegnen uns wuchtige Gewinne und Zahlen. Bei einem Aktienkapital, das erst neuerdings auf 10 Millionen Mark gebracht worden ist, wurde allein auf Fabrikationskonto ein Rohgewinn von 10,2 Millionen Mark erzielt. Die Kriegssteuer-Rücklage wurde mit 3,35 Millionen Mark bedacht. Die Abschreibungen wurden auf 1,51 Millionen Mark bemessen, so daß die Anlagen nur noch mit 817 000 Mark zu Buche stehen. Wertpapiere und Beteiligungen erscheinen mit 15,25 Millionen Mark, sind also um gut 50% höher als das Aktienkapital.

Die Sprengstoffwerke Glückauf, A.-G., in Hamburg sind aber der Hans im Glück in der Sprengstoffindustrie. Die Aktionäre haben diesmal nur die Kleinigkeit von 100% (i. V. 60%) Dividende erhalten. Es ist ihnen im vorigen Jahre eine hübsche Gabe in Form von Gratisaktien zugefallen und diesmal noch ein wertvolles Bezugsrecht, da die Kapitalverdoppelung zu 105% ausgeführt worden ist.

Die Oberschlesische Sprengstoff-A.-G. (Oberschlesische A.-G. für Fabrikation von Lignose, Kruppamühle), hat mit 5,73 Millionen Mark fast das Aktienkapital verdient. Für Reparaturen wurde der auffallend hohe Betrag von 1,31 Millionen Mark verrechnet. Die Abschreibungen wurden auf 1,3 Millionen Mark bemessen, wobei allerdings die Anlagen noch mit 7,42 Millionen Mark zu Buche stehen, also höher als bei den doch gewaltigeren Köln-Rottweiler.

Die Norddeutschen Sprengstoffwerke in Hamburg haben wieder 8% Dividende verteilt, aber die Gesellschaft ist erst kurz vor dem Kriege begründet worden.

Zu diesen Ausführungen mag noch hinzugefügt werden, daß meist überall Vorkehrungen getroffen werden, um einem weiteren Hinaufschnellen der Dividende vorzubeugen. Die Dividenden der Vereinigten Köln-Rottweiler Pulverfabriken waren in den letzten 8 Jahren von 12 auf 35% gestiegen, 1916 sind sie auf 20% herabgedrückt worden. Eine Fortsetzung dieser aufsteigenden Dividendenkurse hat man durch Ausgabe von neuen Aktien zu 105% verhindert. Natürlich ist damit nicht eine Schmälerung der Aktionärrente gleichbedeutend, denn die Verwaltungen glauben in sichere Aussicht stellen zu können, daß auf die erhöhten Aktienkapitalien eine Dividende gezahlt werden kann, die im Durchschnitt den erhöhten Aktienkapitalien eine den vorjährigen Dividenden entsprechende Rentabilität gewährt. Der von den Verwaltungen angeführte Grund der Kapitalerhöhung, nämlich die Aufrechterhaltung der geldlichen Flüssigkeit, dürfte in Wirklichkeit nur eine Nebenrolle spielen. Indessen darf aber auch nicht unerwähnt bleiben, daß überall die Betriebe der Gesellschaften eine steigende Ausdehnung erfahren haben und für Expansionszwecke große Beträge vorweg abgesetzt werden mußten. Eine Kritik darüber zu üben, ob bei den Gesellschaften große Kriegssteuerreserven und umfangreiche Reserven für Garantieverpflichtungen, ferner ob Kapitalstransaktionen von der Absicht eingegeben sind, bei der Verteilung von Kriegsgewinnsteuer Vorteile zu ziehen, ist nicht Aufgabe dieser Zeilen, vielmehr wollen wir durch die vorstehenden Ausführungen Einblicke in die finanzielle Kraft der Werke geben, wodurch wir auf die gewaltige in steter Steigerung begriffene Produktivität derselben rückschließen können.

Die charakteristische Erscheinung der modernen Privatwirtschaft, die Kapitalskonzentration, ist durch den Krieg insbesondere in der Kriegswirtschaft stark gefördert worden. Neben der in der heutigen Wirtschaftsordnung allgemein üblichen Aufsaugung kleinerer Betriebe durch die vorteilhafter arbeitenden Großbetriebe handelt es sich insbesondere in der Rüstungsindustrie um den Zusammenschluß großer und gleichwertiger Werke. Für dieselben heißt das Losungswort, so rationell wie möglich zu produzieren. Die Zwischenhändler und Zwischenproduzenten werden ausgeschaltet. Es entstehen die großen Riesenbetriebe, wie sie zuerst in den Krupp-Werken in Erscheinung traten. So hat die Entwickelung die Kruppwerke von der Erzeugung von Eisen-, Stahl- und Walzfabrikaten für ihre Waffenfabrikation zur Kohlen- und Erzförderung und der Weiterverarbeitung der Rohstoffe zu Walzfabrikaten, Waffen, Maschinen, Eisenkonstruktionen und Schiffen in technisch vollendeter Weise geführt. Der Krieg mit seiner Begleiterscheinung hat nun das Kruppwerk finanziell weiter stark gekräftigt. 1915 arbeitete dasselbe mit einem Gesamtkapital von rund 398 Millionen Mark und beschäftigte insgesamt 108 925 Arbeiter, 1916 belief sich das Kapital auf 521,6 Mill., während 130 838 Arbeiter beschäftigt wurden. Durch Wirkung des Hilfsdienstgesetzes wird sich die Arbeiterzahl wohl noch stark vermehrt haben.

Nicht ganz so gewaltig, wie die Pulver- und Sprengstoff-Industrie, abgesehen von den Kruppschen Werken, konnte sich die Berg- und Hüttenindustrie emporbewegen. Die Montanindustrie hat sowohl als Kriegs-, wie als Friedensindustrie den Vorzug, daß sie stets zur Geltung kommt. Die Kriegsarbeit in der Eisenindustrie stellte sich insbesondere lohnend dar, da die Preise aller Eisenwaren eine erhebliche Steigerung erfuhren. Dabei ist jede Sorge um den Absatz geschwunden, da der Staat zunächst die Hand auf die Erzeugung legte und der Privatabnehmer froh sein konnte, wenn er überhaupt Ware erhielt. Natürlich konnte die Entwickelung der Berg- und Hüttenbetriebe schon im Hinblick auf die Bedeutung der örtlichen Lage keine gleichmäßige sein. Am wenigsten gut haben allgemein die Betriebe Lothringens, Luxemburgs und an der Saar abgeschnitten, während die rheinisch - westfälischen Betriebe und die oberschlesischen glänzende Ergebnisse erzielten.

Die nachstehende Zusammenstellung gibt uns einen zusammenfassenden Überblick über die Ergebnisse der wichtigsten Montangesellschaften, woraus wir deutlich eine steigende Tendenz ersehen können:

Gesellschaft	Grundkapital in Mill. Mk.	Reingewinn ohne Vortrag in 1000 Mk.			Dividenden in Prozent		
		1914	1915	1916	1914	1915	1916
Gelsenk. Bergwerk . . .	180	24141	12435	16905	11	6	8
Phönix	106	23229	15470	32848	10	12	20
Rheinische Stahlwerke .	48 [1])	4894	2805	5086	10	6	10
Bochumer Verein	36	4360	7418	15335	10	14	25
Buderussche Eisenwerke	22	1978	—	1917	7	—	5
Hoesch	28 [1])	604	1086	9336	15	12	20
Deutsch-Luxemburger . .	130	8386	4870	9739	—	—	7
Lothringer Hüttenverein Aumetz Friede	58	6798	999	7516	6	—	10
Oberschles.Eisenbahnbed.	48	2410	1500	6135	4	2	10
Laura	36	3392	2442	5297	4	4	10
Oberschles. Eisenind. (Caro)	28	571	239	1993	—	3	6
Harpen	85	9239	5607	11187	8	6	12
Mannesmann	72	5641	8120	16987	7½	10	15
Bismarckhütte	16	1633	3580	5354	9	15	25
Ver. Stahlw. v. d. Zypen	17	2150	3413	6959	8	12	25
Friedrichshütte	4	400	352	2684	5	8	20

Mit dem fortschreitenden Ausbau in der Durchführung des Hilfsdienstgesetzes ist nun die Möglichkeit der größeren Zufuhr an Arbeitskräften speziell für die Rüstungsindustrie gegeben. Die Übernahme der überschüssigen Arbeitskräfte aus gewissen Gegenden nach den Bedarfsbezirken vollzieht sich immer wirksamer. Durch die steigende Vermehrung der Arbeitskräfte wird die Produktivität der einzelnen Werke im großen Maßstabe gefördert. Die Steigerung wirkt daher zweifelsohne günstig auf die finanzielle Kraft derselben, was sich ebenfalls auf den Börsen-

[1]) Innerhalb des dreijährigen, dieser Tabelle zugrunde liegenden Zeitabschnitts ist das Grundkapital erhöht worden.

kurs der Werke fühlbar macht. Ein anschauliches Bild über die bis Mitte des Jahres 1917 erreichbaren Kursnotierungen einzelner Werke der Berg- und Hüttenindustrie gewinnen wir durch nachstehende Tabelle. Eine steigende Tendenz ist überall zu erkennen. Ansehnlich ist die Emporbewegung insbesondere in der Bochumer Gußstahlgesellschaft (Differenzierung 1916—1917 bis auf 32%).

Bergwerks- und Hütten-Gesellschaft.

Dividende				Letzter Kurs	Steuerkurs	Kurse am:
1914	1915	1916		1914	31.12.16	1917
—	7	—	Deutsch-Luxemburg-Bergw. Ges.	107,10	144	14. 2. 1917 = 146% 30. 3. 1917 = 155% 30. 4. 1917 = 158%
—	10	—	Aumetz-Friede-Bergwerk	125	146	14. 2. 1917 = 156% 30. 3. 1917 = 156% 30. 4. 1917 = 165%
14	25	25	Bochumer Gußstahl	199,75	273	14. 2. 1917 = 276 3/4 % 10. 4. 1917 = 293 1/2 % 30. 4. 1917 = 305 1/2 %
6	8	12	Gelsenkirch. Bergw.	163,60	197	14. 2. 1917 = 196%
26	26	26	Ilse Bergbau	447	525	10. 5. 1917 = 574%
10	15	—	Mannesmannröhren-Werke Düsseldorf	187	220	14. 5. 1917 = 250 1/4 % 30. 5. 1917 = 259 1/2 %
12	20	—	Phönix Bergbau u. Hütten	211,75	245	14. 2. 1917 = 253 1/4 % 10. 4. 1917 = 261% 30. 4. 1917 = 271 1/2 % 31. 5. 1917 = 282 3/4 %
6	10	—	Rhein. Stahlwerke D. Meiderich	140	166	14. 2. 1917 = 176 1/2 % 28. 4. 1917 = 188 1/2 % 30. 4. 1917 = 196%

2. MASCHINENINDUSTRIE.

Die vielgestaltige deutsche Maschinenindustrie, die sich seit Jahren als äußerst leistungsfähig erwiesen hat, trug mit ihrer Anpassungsfähigkeit wesentlich dazu bei, die großen Aufgaben zu erfüllen, welche der Krieg an die deutsche Industrie stellt. Demgemäß haben fast alle Maschinenfabriken auch von der Konjunktur den möglichst großen Nutzen gezogen. Selbstverständlich konnten die Vorteile der Lage den Unternehmungen angesichts ihrer Wesensverschiedenheit nicht gleichmäßig zufallen. Die Konjunkturen müssen für die Spezialbetriebe in dem Maße wechseln, als diese oder jene Branche gerade lebhaften Beschäftigungsgrad hat und daher erhöhten Bedarf zeigt.

a) Lokomotiv- und Waggonbau.

Sehr leistungsfähig sind die deutschen Fabriken in dem Lokomotiv- und Waggonbau. Bei den außerordentlich großen Anforderungen, die der Krieg an den Eisenbahnverkehr stellt, geht die Beschäftigung für den Bedarf an Fahrzeug naturgemäß nach wie vor bis zur Grenze der Leistungsfähigkeit. Durch die durch das Hilfsdienstgesetz gegebene Möglichkeit der Beschaffung größerer Arbeitskräfte können auch die bisherigen Leistungen überschritten werden. Bei den meisten Lokomotiv- und Waggonfabriken liegen für 1917 größere Staatslieferungen, sowie auch direkter Kriegslieferungen vor. Die Gesamtausgabe für die außerordentliche Beschaffung von Fahrzeugen für die preußischen Staatsbahnen ist laut Eisenbahn-Anleihegesetz für 1917 beträchtlich höher als die Gesamtausgabe des vorjährigen Etatsjahres, die rund 307 Millionen Mark betragen haben. Wenn auch ein Teil der Mehrausgabe auf Rechnung der höheren Herstellungskosten kommt, sind doch die Beschaffungen für das Rechnungsjahr 1917 in solchem Umfange vorgesehen, daß auch die Zahl der neu hinzutretenden Fahrzeuge eine Vermehrung gegenüber den Vorjahren erfährt. Für 1916 beliefen sich die Beschaffungen auf 1600 Lokomotiven, 31 239 Gepäck- und Güterwagen und 1700 Personenwagen. Die für 1917 in Aussicht genommenen Beschaffungen bleiben hinsichtlich der Zahl der Personenwagen trotz der Einschränkung des Verkehrs nicht zurück und gehen hinsichtlich der Lokomotiven und Güterwagen noch beträchtlich darüber hinaus. In den Rechnungsjahren 1914—16 hat die Gesamtausgabe für Fahrzeugbeschaffung rund 766,7 Millionen betragen, für 1917 ist für denselben Zweck 1 Milliarde Mark vorgesehen; das läßt Schlüsse auf den steigenden Umfang der Tätigkeit in der Wagenbauindustrie zu.

Zur Illustration des Vorgesagten mögen einige Börsenberichte dienen:

April 1917 Fuchs H., Waggonfabrik A.-G.

„Diese Gesellschaft, welche im Vorjahre 9% Dividende verteilt hat, soll, wie verlautet, auch in dem laufenden Geschäftsjahr stark beschäftigt sein. Es sollen größere Staatslieferungen vorliegen. Die Erledigung dieser Aufträge werde dadurch erleichtert, daß jetzt größere Arbeitskräfte als im Vorjahre zur Verfügung stehen (durch Wirkung des Hilfsdienstgesetzes D. V.), sodaß eine bessere Ausnutzung möglich ist. Der Betrieb wurde in den letzten Monaten durch ungenügende Kohlenzufuhr behindert. Trotz der Erhöhung der Gestehungskosten lassen die Preise einen guten Nutzen. Da der Auftragsbestand dem Werke noch für längere Zeit reichliche Beschäftigung gibt, dürfen die weiteren Aussichten wohl zuversichtlich beurteilt werden."

Mai 1917 Oberschlesische Eisenbahnbedarf A.-G.

„Wie in der Generalversammlung mitgeteilt wurde, sind die Werke bis in das nächste Jahr hinein sehr gut beschäftigt. Auch die Tochtergesellschaften arbeiten sehr zufriedenstellend, sodaß man für das laufende Geschäftsjahr wohl wieder ein gutes Erträgnis erwarten könne. Die Dividende wurde von 10 auf 15% erhöht."

b) Werkzeugmaschinenindustrie.

Einen gewaltigen Aufschwung konnte die mit der Herstellung von Werkzeugmaschinen beschäftigte Industrie bei Ankündigung des Hilfsdienstgesetzes erfahren. Zur Ausgestaltung von Erweiterungen und Neuanlagen behufs Herstellung von Kriegsbedarf mußten die nötigen Werkzeugmaschinen beschafft werden. Die Werkzeugmaschinenindustrie konnte den damaligen Bedarf schon kaum decken. Überall herrschte Mangel an Drehbänken. Neubestellungen konnten erst in 4—6 Monaten gedeckt werden. Die Nachfrage nach den Fabrikaten der Werke war so groß, daß dieselbe bei der Knappheit der Rohmaterialien nicht voll befriedigt werden konnte. Der Auftragsbestand gab den Werken noch auf Monate hinaus Arbeit bis zur Grenze der

Leistungsfähigkeit. In der Hauptsache werden die Spezialartikel, wie Drehbänke, Fräsmaschinen usw. hergestellt, die zur Munitionsherstellung benötigt werden. Trotz der gesteigerten Gestehungskosten ließen die Preise überall einen guten Nutzen. Um die bisherigen Schwierigkeiten in der ausreichenden Versorgung der Heeresverwaltung und der Rüstungsindustrie zu beseitigen, haben sich die verschiedenen Zweige in der Werkzeugindustrie zu einer Reihe von Vereinigungen zusammengeschlossen. Diese sind ihrerseits wieder zusammengeschlossen in dem Werkzeug- und Stahlkontor G. m. b. H. in Remscheid, das seinerseits den Einkauf des Rohmaterials, insbesondere der Stahlmengen, für alle Vereinigungen zusammenfaßt und die Zuweisung auf die einzelnen Vereinigungen vornimmt. Die Erzeuger von Kriegsbedarf erhielten ihrerseits auch bald durch die Errichtung von Maschinenausgleichsstellen den nötigen sachlichen Rat bei der Anschaffung neuer Maschinen oder Verwertung unbenutzter Maschinen oder Maschinenteile.

c) Umschichtungsprozeß in der Maschinenindustrie. Gemischtunternehmungen.

Wie bereits erwähnt, konnten die Vorteile der Lage der Unternehmungen in der Maschinenindustrie angesichts der Wesensverschiedenheit derselben nicht allen gleichmäßig zufallen. Die Unternehmungen, die sich insbesondere mit dem Bau von Maschinen für die Friedensindustrie, so z. B. für die Textilindustrie, Zuckerfabrikation, Schuhindustrie, Mühlenbranche, Papierfabrikation, Papierdütenfabrikation usw. befaßten, benutzten die Kriegskonjunktur, um sich der Waffen- und Munitionserzeugung zuzuwenden. Ein förmliches Wettlaufen entstand darin nach Einführung des Hilfsdienstgesetzes, so daß im April 1917 das Kriegsamt sich veranlaßt sah, die zuständigen Behörden und industriellen Kreise zu bitten, dahingehend aufklärend zu wirken, daß der Bedarf an Bearbeitungswerkstätten für Artilleriegeschosse und Minen auf absehbare Zeit reichlich gedeckt wäre und demnach von Neueinrichtungen abzusehen sei.

Da es nun nicht uninteressant erscheint, die technische Seite der Umstellung eines Betriebes zwecks Herstellung von Waffen und Munition kennen zu lernen, werden wir den Umwandlungsprozeß einer mittleren Maschinenfabrik zu einer Munitionsfabrik nachstehend verfolgen.

Um den Erfordernissen zur Erreichung des Produktionszieles entsprechen zu können, müssen zunächst die Raumverhältnisse, die Maschinen und deren Leistungsfähigkeit im einzelnen sowie im Verhältnis zueinander, die Leistungen der einzelnen Abteilungen sowie die der Abteilungen untereinander geprüft werden. Die Einrichtung einer mittleren Maschinenfabrik besteht gewöhnlich aus Drehbänken, Bohr-, Shaping, Schleif-, Fräs-, Stoßmaschinen und sonstigen kleineren Hilfsmaschinen. Bei Umstellung einer derartigen Fabrik kommt nun in erster Linie die Bauart dieser Maschinen in Betracht, d. h. ob diese Werkzeugmaschinen schwerer, mittlerer oder leichterer Bauart sind. Auf Grund der Bauart der Maschinen muß die Arbeit gewählt werden. Als Heereslieferungen kommen hauptsächlich Munitionslieferungen wie Herstellung von leichteren, mittleren und schwereren Geschossen, Wurfminen, Handgranaten und dergl. in Frage. Für leichtere Arbeiten kommt hauptsächlich die Anfertigung von Zündern in Betracht. Sind die Werkzeugmaschinen mittlerer Stärke, so können keine Geschoßteile schwerer Art hergestellt und muß daher ein leichtes Geschoß oder ein Geschoßteil (Granatköpfe) zur Bearbeitung gewählt werden. Bei schweren Maschinen käme noch die Herstellung der dazu passenden Hüllen bzw. der Rest des Geschoßteiles in Betracht. Die Herstellung eines Granatkopfes zu einer 10,4 Granate geht folgendermaßen vor sich. Die Bearbeitung dieses Kopfes kann ohne weiteres auf den vorhandenen Drehbänken vorgenommen werden. Der Kopf, welcher im Rohguß geliefert wird und annähernd schon die fertige Gestalt hat, muß nach innen und außen genau auf die gegebenen Maße abgedreht werden, ebenso das Mundloch und das Verbindungsgewinde. Soll aber die Arbeit in Massen und rationell hergestellt werden, so müssen sämtliche in Betracht kommenden Werkzeugmaschinen wie Drehbänke, Bohrbänke, Hobelmaschinen usw. speziell hergerichtet und dieser

Massenarbeit angepaßt werden. Zur Erzielung einer einheitlichen Arbeit müssen die Drehbänke mit besonderen Vorrichtungen, wie Spannköpfen, besonderen Messern und Stählen und automatischen Ausrückern versehen sein. Durch diese technischen Verbesserungen hängt die Arbeit nicht mehr von der Geschicklichkeit des Arbeiters ab. Der Arbeitsvorgang beschränkt scih hierbei lediglich auf das Auf- und Abspannen des Arbeitsstückes, sowie auf ein Ein- und Ausrücken der Maschinen. Diese Verkürzung und Erleichterung der Arbeit hat insofern auch einen großen Vorteil, als ungelernte Arbeiter und Frauen zur Bedienung der Maschinen verwendet werden können. Ein weiterer Vorteil ist der, daß das Arbeitsstück nicht an einer einzigen Bank fertiggestellt wird, wodurch im Gegensatze zu früher nur ein Arbeitsgang auf der jeweiligen Bank erforderlich wird, eine größere Arbeitsteilung stattfindet und somit eine erhöhte Erzeugung erzielt wird. Endlich ist noch die Beschaffung von Spezialmaschinen zum Gewindeschneiden erforderlich, diese Maschinen müssen jeweils der gewählten Arbeit entsprechend gebaut werden. Ein Schneiden des Gewindes auf der Drehbank hat sich mit Rücksicht auf die hierzu benötigte Zeit als unrentabel erwiesen.

Im großen und ganzen bildet die Umstellung eines Betriebes in der vorgeschilderten Weise ein nicht unbeträchtliches Stück Arbeit, das mit erheblichen Unkosten verknüpft ist. Die Rentabilität des umgestellten Betriebes wird in den meisten Fällen erst in 3—4 Monaten nach Deckung der Generalunkosten gewährleistet. Es ist daher den Unternehmern dringend zu empfehlen, zur Sicherung gegen Enttäuschungen und Verluste vor Errichtung bzw. Umstellung eines Betriebes zur Herstellung von Kriegsmaterial, sich mit der zuständigen Kriegsamtstelle in Verbindung zu setzen, insbesondere mit Rücksicht darauf, daß der Bedarf an Bearbeitungswerkstätten für Artilleriegeschosse, wie bereits vorerwähnt, gedeckt ist.

Viele Unternehmungen des Maschinenbaus sind indessen nicht zur vollständigen Umstellung ihrer Betriebe übergegangen. In vielen Fällen wird neben der bisherigen reduzierten Erzeugung der herkömmlichen Maschinen Kriegsbedarf hergestellt.

Es entstanden die Gemischtunternehmungen. Eine der größten und leistungsfähigsten dieser Gemischtunternehmungen in Südwestdeutschland ist die Elsässiche Machinenbaugesellschaft A.-G., Mülhausen i. E., mit Zweigniederlassung in Grafenstaden bei Straßburg.

Die Aktiengesellschaft ist November 1914 unter staatliche Aufsicht und im Mai 1915 unter Zwangsverwaltung gestellt worden, da überwiegend französisches Kapital an der Unternehmung beteiligt war. Das Aktienkapital beträgt 10 Millionen 800 000 Mark. Die Mülhauser Werke haben vor dem Kriege in der Hauptsache Dampf- und Spinnereimaschinen gebaut. Durch die Kriegskonjunktur war dortselbst eine größere Umstellung erforderlich, was in Anbetracht der ungünstigen Lage im engeren Operationsgebiet nicht glatt vor sich gehen konnte. Es stellten sich auch bald Schwierigkeiten in der Zufuhr von Rohmaterial ein. Das Werk Grafenstaden konnte hingegen mit gesteigerter Produktion rechnen. Dasselbe hat zurzeit einen Bestand von 2500 Arbeitern gegenüber 2300 vor dem Krieg. An Frauen sind zurzeit 200 beschäftigt. Der Lokomotivbau ist hier im wesentlichen vorherrschend und zwar liegen größere Aufträge der Preußischen Staatsbahn und der Reichseisenbahnen vor. Auch wird die Firma Krupp von hier aus mit Werkzeugmaschinen beliefert. Die vor dem Kriege noch ansehnliche Herstellung von Werkzeugen und Winden ist eingestellt, dafür wurde eine Granatdreherei eingerichtet, wofür Frauen verwendet werden. Die Leistungsfähigkeit des Werkes ist bei weitem nicht erreicht. Es fehlt an der nötigen Zufuhr von Arbeitskräften. Auch ist die Beschaffung von Rohmaterialien vielfach schwierig. Erschwert wird die Zufuhr von Arbeitskräften durch die Überbietung an Arbeitslöhnen seitens der militärischen Betriebe, wie Artilleriewerkstatt usw., worauf wir noch später zurückkommen werden.

Die Finanzierung der Unternehmung ist seit dem Kriege durch das ungünstige Ergebnis des Mülhauser Werkes stark beeinträchtigt, so fielen die Kurse von 1913/14 170% auf 1916 125%; an Dividenden wurden gezahlt 1913 14%, 1914 5%, 1915 0, und 1916 5%.

Abgesehen von der Elsässischen Maschinenbaugesellschaft konnte in den meisten Unternehmungen der gesamten Maschinenindustrie eine Hochkonjunktur festgestellt werden. Aus der nachstehenden Zusammenstellung über Maschinen, Metallwaren und Eisenbahnbedarf-Fabriken sind die bis Mitte 1917 erreichbaren Kursnotierungen zu ersehen. Gewaltig ist die Emporbewegung bei der Daimler-Motoren-Ges. in Stuttgart, deren Kurs von 330 auf 879% gestiegen ist. In der diesjährigen Generalversammlung der Gesellschaft wurde beschlossen, aus dem Reingewinn von insgesamt 8 085 444,33 Mark eine Dividende von 35% (i. V. 28%) auszuschütten. Aus dem Reste werden dem Reservefonds 1 Mill. Mark und einem Kriegsunkostenfonds 1 500 000 Mark, sowie einer zu gründenden Beamten-Pensionskasse 1 300 000 Mark überwiesen, während ein Saldo von 1 109 888 Mark auf neue Rechnung vorgetragen wird.

Maschinen, Metallwaren u. Eisenbahnbedarf-Fabriken.

Dividende				Letzter Kurs	Steuerkurs	Kurse am:
1914	1915	1916		1914	1916	1917
22	25	—	Adler Fahrradfabrik	265	350	25. 5. 1917 = 363%
20	20	20	Aluminium-Industrie	226	460	22. 1. 1917 = 467½% 19. 2. 1917 = 463% 28. 3. 1917 = 522% 2. 5. 1917 = 502% 21. 4. 1917 = 560%
8	16	—	Augsburg-Nürnberg. Maschinenfabrik	172	243	8. 1. 1917 = 243%
16	28	35	Daimler Motoren-Ges. in Stuttgart	330	630	14. 2. 1917 = 630% 25. 4. 1917 = 705% 4. 6. 1917 = 879%
12	15	—	Gothaer Waggonfabrik	146, 75	236	19. 2. 1917 = 221¾%
9	11	—	Lüdenscheider Metallwerke	129	148	3. 3. 1917 = 168% 9. 5. 1917 = 159%
9	12	15	Franz Seifert & Cie. Metallindustrie Berlin	123, 25	170	30. 3. 1917 = 130% 14. 5. 1917 = 189%
6	8	8	Stettiner Maschinenbau Vulkan	115	226	16. 3. 1917 = 226¾%
5	—	5	Maschinenbauges. A.-G. Mülhausen Zweigniederlassung Grafenstaden	170	125	—

3. CHEMISCHE INDUSTRIE.

Unsere chemische Großindustrie war vor dem Krieg zumeist auf den Export zugeschnitten, wobei der Import der Rohstoffe aus dem Auslande recht bedeutend war. Nachdem nun Deutschland wegen Verrieglung des Überseeverkehrs immer mehr darauf angewiesen ist, alles, was es zur Kriegführung bedarf, aus sich selbst zu schaffen, kamen die Ersatz-Industrien immer mehr zur Geltung. Die Wissenschaft findet von Tag zu Tag neue Hilfsquellen, um Stoffe, die uns im Rohzustande fehlen, im Ersatzwege darzustellen. So fielen insbesondere der chemischen Industrie neue Aufgaben zu, die sie glücklich löste. Das vergangene Jahr lieferte dieser Industrie jedenfalls recht befriedigende Ergebnisse, die allerdings ihre Grundlage darin haben, daß die Unternehmungen sich vollständig auf die Kriegswirtschaft einrichteten. Die Abschneidung vom Export und Überseeverkehr tat daher dem Erträgnis desselben keinerlei Abtrag. Wenn früher oder später die Friedenswirtschaft wieder beginnt, wird der Geschäftsbetrieb der chemischen Industrie zwar von Grund aus — abgesehen von einigen wichtigeren Errungenschaften der Kriegskonjunktur in der Stickstoffverwertung — wieder wechseln müssen, doch werden die Werke auch dann so gekräftigt und wohlausgerüstet dastehen, daß sie ihre alte Stellung auf dem Weltmarkt zweifellos werden behaupten können. Die chemische Großindustrie ist zurzeit auf dem Wege, sich in großen Interessengemeinschaften zusammenzuschließen, die an Machtfülle und Ausdehnung in Deutschland nicht ihresgleichen finden können. Der Grundgedanke des Zusammenschlusses ist das Bestreben, durch Austausch von Fabrikationserfahrungen und sonstigen zweckdienlichen Maßnahmen die Wettbewerbsfähigkeit zu heben und die Erzeugungskosten zu verringern.

Die Interessengemeinschaft erfolgte auf der Grundlage, daß die einzelnen Mitglieder ihre volle Selbständigkeit behalten, nur haben sie nach Schluß des Jahres ihre Gewinne zusammenzuwerfen und dann nach einem bestimmten Schlüssel zu teilen. Der

Verteilungsschlüssel ist auf die bis jetzt angeschlossenen Unternehmungen wie folgt vereinbart:

	Grundkapital in Mill. Mk.	In den ersten 10 Jahren	Nachher
Bad. Anilin- u. Sodafabrik . .	54	24,82 %	25,02 %
Farbenfabrik Bayer	54	24,82 %	25,02 %
Höchster Farbwerke	54	24,82 %	25,02 %
Leopold Casella & Co.	25	9,81 %	?
A.-G. für Anilinfabrikation . .	19,8	8,08 %	8,14 %
Chem. Fabrik Griesheim . . .	16	6 %	?
Chem. Fabrik Weiler-ter-Meer	8	ca. 1 ½ %	?
	Zusammen	100 %	100 %

Was die Umstellung auf die Kriegswirtschaft anbetrifft, so gibt uns der Bericht der badischen Anilin- und Sodafabrik pro 1917/18 beachtenswerten Aufschluß. Danach sind dortselbst weitere Betriebe auf die Kriegswirtschaft umgestellt worden und die Anlagen des Stickstoffwerkes in steigendem Maße in Betrieb gekommen. Die Dividende betrug wieder 20% wie im Vorjahre, aber daneben werden 8% Bonus verteilt. Weit interessanter als die Ziffern des Gewinnes sind aber diejenigen der Bilanz. Die Liegenschaften, Gebäude, Apparate und Utensilien erhöhten sich von 79,79 Millionen auf 111,39 Millionen, was auf eine gewaltige Erweiterung des Betriebes schließen läßt. Das Ergebnis der Badischen Anilin- und Sodafabrik hält übrigens mit dem der Elberfelder Farbenfabrik vorm. Bayer genau die Wage. Da auch die Höchster Farbenwerke ihre Dividende erhöhten, so hat man den ersten Beweis dafür, wie sich die vor Jahresfrist in den oben erwähnten Unternehmungen geschlossene erweiterte Interessengemeinschaft bewährte.

Über Unternehmungen, die sich einer Interessengemeinschaft noch nicht angeschlossen haben, besagen die Börsenberichte vom Mai 1917 folgendes:

Chemische Fabrik Heufeld, München.

Zu den verbreiteten Gerüchten bezüglich des Zusammenschlusses mit anderen Großwerken, erklärte die Verwaltung nach Zeitungsnotizen auf

Anfrage, daß diese Gerüchte unzutreffend sind. Die Einrichtung des Werkes habe die Aufrechterhaltung des Betriebes in seinen wesentlichen Teilen ermöglicht, während ein erheblicher Teil des drückendsten Wettbewerbs vorläufig ausgeschaltet ist. Manche der errungenen Vorteile dürften auf absehbare Zeit erhalten bleiben. Die Entwickelung des Bergbaues Tessenberg ist gut. Die Verwaltung erwartet einen günstigen Abschluß, den sie in der ersten Hälfte des Juni veröffentlichen zu können hofft. Das Betriebsergebnis dürfte gestatten, die Einlösung des größeren Teiles der rückständigen Dividendenscheine der Prioritätsaktien in Aussicht zu nehmen, zumal die finanzielle Lage des Unternehmens befriedigend ist.

Chemische Fabrik Grünau, A.-G.

Wie berichtet wird, läßt sich vor der in Bälde stattfindenden Bilanzsitzung nicht sagen, ob die gehegten Hoffnungen auf eine Besserung der Dividende (i. V. 7½%) in Erfüllung gehen werden, doch soll, wie verlautet, dieselbe nicht niedriger als im Vorjahre ausfallen. Auch in dem neuen Jahre dürfte der Geschäftsgang befriedigen, doch wird der Betrieb erheblich mit dem Rohstoff- und Arbeitermangel und den Transportschwierigkeiten behindert. Den höheren Gestehungskosten stehen andererseits höhere Preise gegenüber, sodaß immerhin ein angemessener Nutzen verbleiben wird. Wenn die Schwierigkeiten nicht noch mehr zunehmen, so dürften die Aussichten wohl eine zuversichtliche Erwartung rechtfertigen.

Als interessante Beigabe mögen noch die von dem Korrespondenzblatt der Generalkommissionen der Gewerkschaften vom 3. Februar 1917 gebrachten Ausführungen über den Verein Chemische Fabriken in Zeitz dienen. Zu den Ausführungen, die ein anschauliches Bild über Ausnutzung der Konjunkturverhältnisse geben, möge noch hinzugefügt werden, daß sich der Verfasser jeglicher Stellungnahme dazu enthält.

„Überraschende Wandlungen hat die Aktiengesellschaft Verein chemischer Fabriken in Zeitz in den letzten Jahren durchgemacht. Die Gesellschaft, die in der Hauptsache künstliche Düngemittel herstellt, war 1913 unter die Kontrolle der Badischen Anilin- und Sodafabrik gelangt, damit schien ihre Entwickelung in ruhiger Bahn gesichert. In den Jahren vorher war regelmäßig eine Dividende von 8% zur Verteilung gekommen, der Kurs hatte nur infolge des Erwerbs der Aktienmajorität durch die Badische Anilinfabrik, die sich damit einen Großabnehmer für synthetisches Ammoniak sichern wollte, eine lebhafte Aufwärtsbewegung erfahren. Um so merkwürdiger war der alsbald einsetzende Kursrückgang, dessen Aufklärung nicht lange auf sich warten ließ. Nachdem die Badische Anilinfabrik die inneren Verhältnisse des Unternehmens ganz aus der Nähe betrachtet hatte, war sie zu einer sehr veränderten Bewertung der Zeitzer Gesellschaft gekommen; das Ende war die Einleitung eines Schadensersatzprozesses gegen den früheren Generaldirektor des Vereins chemischer Fabriken, die Vornahme bedeutender Abschreibungen und eine Herabsetzung des Grundkapitals zum Zwecke der Sanierung von 5 auf 3 Millionen Mark. Für das Jahr 1916 kann die Gesellschaft nun wieder einen Abschluß vorlegen, der alle einstigen Schäden wieder gutmacht. Es soll eine Dividende von 20% gegen 5% und 0% in den beiden Vorjahren verteilt werden, der Betriebsüberschuß stieg von 1,45 auf 3,25 Millionen Mark, nach Abschreibungen von 569 659 gegen 289 465 Mark im Vorjahre verbleibt ein Reingewinn einschließlich des Vortrags von 1,436 Millionen Mark. Die entsprechende Ziffer des Vorjahres stellte sich nach Deckung des Verlustes von 368 430 Mark auf 296 055 Mark. Außerdem hat die Gesellschaft vorweg Zurückstellungen von rund 1½ Millionen Mark vorgenommen, sie schreitet zu einer Erhöhung des Aktienkapitals um 1 Million Mark, und zwar durch Ausgabe von Gratisaktien."

Über die Quellen dieser außerordentlichen Gewinne ist der Handelszeitung des „Berliner Tageblatts" kürzlich folgende Darstellung zugegangen:

„Es entspricht nicht den Tatsachen, daß die Chemische Fabrik Zeitz erst im Kriege eine Fettsäure- und Glyzerinfabrikation etabliert hat. Zeitz hatte eine Fettdestillation schon früher eingerichtet, weil das in diesem Unternehmen aus Lederabfällen hergestellte Fett nicht zu verkaufen war, sondern erst durch eine Weiterverarbeitung auf Fettsäure verwertet werden konnte. Der außergewöhnliche Vorteil in der Verarbeitung des Lederfetts war für Zeitz insofern möglich, als in den Bundesratsverordnungen eine Lücke war, die den Weiterverkauf von Fettsäure frei ließ zu einer Zeit, als sämtliche übrigen Fette bereits beschlagnahmt und mit Höchstpreisbestimmungen belegt waren. Aus diesem Grunde konnte Zeitz unter Ausnutzung der durch den Krieg hervorgerufenen Konjunktur eine lange Zeit hindurch für jeden Waggon minderwertigen Lederfetts 50 000 Mark bis 70 000 Mark mehr erzielen, als für hochwertige Extraktionsfette zu derselben Zeit bezahlt wurden. Am 5. Oktober kam die neue Bundesratsverfügung heraus, so daß Zeitz bis kurz vor seinem Jahresabschluß — am 31. Oktober — aus den ganz irregulären Verhältnissen ungeheuren Vorteil ziehen konnte. Also nicht durch die ihrer Lederabfallverarbeitung angegliederte Fettsäure- und Glyzerinfabrik hat Zeitz seinen Rekordgewinn erzielt, sondern durch die Verwertung des sonst schwer verwertbaren Lederfetts, während auch die Superphosphatindustrie im Vorjahre gewiß keine Rekordergebnisse gebracht haben dürfte."

Der Börsenbericht bringt im Februar 1917 über das Zeitzsche Unternehmen folgenden Bericht:

„Nach dem Generalversammlungsbericht wurde zu dem günstigen Ergebnis, der keineswegs als Eintagertrag zu betrachten sei, bemerkt, daß alle Abteilungen dazu beigetragen hätten, nicht nur diejenige, in welcher Fettextraktionen aus Abfällen gemacht würden. Das Geschäft im neuen Jahre sei bisher recht gut und lasse auch für das neue Geschäftsjahr ein recht günstiges Ergebnis erwarten. Die Kapitalserhöhung von 1 Million wurde genehmigt. Zu derselben wird ausgeführt, die Verwaltung habe die Überzeugung gewonnen, daß keinerlei Verhältnisse eintreten könnten, die eine Inanspruchnahme dieser und der derzeitigen Sanierung verbliebenen Resten erforderlich machten. Das jetzige Ergebnis sei nicht allein der Kriegskonjunktur und den durch sie gestiegenen Preisen zu verdanken, sondern auch den guten inneren Verhältnissen."

Im großen und ganzen muß der chemischen Industrie ein hervorragender Platz in der Kriegswirtschaft eingeräumt werden. Wenn man bedenkt, daß vor dem Kriege unsere chemische Industrie in voller Blüte stand und eine bedeutende Rolle auf dem Weltmarkte durch ihren gewaltigen Export aufwies, so muß man bei näherer Betrachtung, angesichts der Konstantheit der bewiesenen Leistungsfähigkeit im Kriege, staunen über die große Anpassungsfähigkeit in der Anlehnung an die Kriegswirtschaft. Betrachtet man die unten aufgeführte Tabelle, so wird man in den Kursen von 1917 im Verhältnis zu denen von 1914 keine große Differenzierung erblicken, trotz des infolge des Ausfalles des Exportes notwendig gewordenen Rückganges in der Herstellung mancher Fabrikate. Dies war nur möglich durch eine Umschichtung der Produktionsverhältnisse und zwar durch Herstellung von Ersatzrohstoffen zugunsten der für Kriegszwecke so wichtigen Lederindustrie und durch Versorgung unserer Sprengstoffabriken mit den nötigen Stoffen, die uns mit dem Aufhören des Überseeverkehrs fehlten. Durch Vervollkommnung der industriellen Ausbeutung des Stickstoffs aus der Luft (Stickstoffwerke), Erweiterung und Vermehrung entsprechender Anlagen konnte unserer Schießpulverherstellung die unentbehrliche Salpetersäure in großem Maßstabe zugeführt werden.

Ferner mußte für die heutzutage in der Lederindustrie bevorzugte Chromgerbung wegen der mit Schwierigkeiten verbundenen Beschaffung von Chromerzen aus dem Auslande Ersatz geschaffen werden.

Es gelang nun bald den Chemikern der Badischen Anilin- und Sodafabrik, einen künstlichen Gerbstoff durch Kondensation von Naphtalinsulfosäuren mit Formaldehyd, das Neradol ND bzw. N herzustellen, der, da die dabei nötigen Rohstoffe in genügender Menge in Deutschland vorhanden sind, in beliebiger Menge erzeugt werden kann. Es bildet diese Tatsache wiederum ein schönes Beispiel für den hohen Stand der deutschen chemischen Wissenschaft und deren Anpassungsfähigkeit an vorhandene Bedürfnisse.

Die Leistungsfähigkeit der meisten Unternehmungen in der chemischen Industrie ist nun zumeist nicht erschöpft. Vielfach herrscht Arbeitermangel. Durch den weiteren Ausbau in der Durchführung des Hilfsdienstgesetzes wird auch hier bald Wandel geschaffen werden.

Chemische Fabriken.

Dividende				Letzter Kurs	Steuerkurs	Kurse am:
1914	1915	1916		1914	1916	1917
15	28	30	Albert Chemische Werke	380	425	
19	20	28	Badische Anilin	494	490	14. 2. 1917 = 490 %
19	20	28	Elberfelder Farbenfabrik	500	488	14. 2. 1917 = 490 % 9. 3. 1917 = 475 %
2½	6	5	Heinrichshall Chemische Fabrik	63.80	87	6. 1. 1917 = 85 % 5. 2. 1917 = 80 % 4. 4. 1917 = 82 % 8. 6. 1917 = 88 %
20	20	25	Höchster Farbwerke	415	428	14. 2. 1917 = 435 % 9. 3. 1917 = 434 %
12	18	23	Fritz Schulz jun. A.-G.	239	235	4. 4. 1917 = 295 % 10. 5. 1917 = 274 % 18. 5. 1917 = 265 %

4. LEDERINDUSTRIE, SCHUHINDUSTRIE.

Die deutsche Lederindustrie kann ebenfalls als eine der wichtigsten Kriegsindustrien bezeichnet werden. Bildet doch das Leder einen wesentlichen und unersetzlichen Bestandteil der

Heeresausrüstung. Es ist ja bekannt, daß für die Ausrüstung unserer Truppen gutes Schuhwerk unentbehrlich ist und es dürfte außer Zweifel sein, daß die Schlagfertigkeit unseres Heeres in ganz bedeutendem Maße von der Dauerhaftigkeit und Güte des Schuhwerkes der Truppen abhängt. Aber auch die wichtigsten Ausrüstungsgegenstände des Soldaten, z. B. Leib- und Tragriemen, Patronentaschen, Tornister, Helm, ferner das Sattel- und Zaumzeug der Pferde, das Riemenzeug für die Gespanne der Artillerie und des Fuhrparks bestehen aus Leder. Schließlich wird u. a. auch für Automobil- und Flugzeugführer, Automobilschutzreifen, sowie für mannigfache andere militärische Zwecke Leder verwendet. Von allergrößter Bedeutung sind ebenfalls die für den Maschinenbetrieb so wichtigen Treibriemen, da von deren Dauerhaftigkeit gerade jetzt bei der steigenden Inanspruchnahme der für Kriegszwecke tätigen Industrien vieles, wenn nicht alles abhängt. Bei diesem gewaltigen Massenverbrauch an Leder mußte bald in der Lederindustrie eine große Konjunktur eintreten. Wie war es aber nun mit den Rohstoffen bestellt? Von den in der Lederindustrie vor dem Kriege verarbeiteten Häuten und Fellen stammt der größte Teil (ca. 60—70%) aus dem Auslande. Zur Friedenszeit führte Deutschland ungefähr 8 Millionen Rinderhäute aus dem Ausland, besonders aus Südamerika, ein. Während des Krieges ist nun die deutsche Lederindustrie von den hauptsächlichsten für die Einfuhr ihrer Rohstoffe in Betracht kommenden Ländern abgeschnitten, so daß die Betriebe einer außerordentlichen schwierigen Lage gegenüberstehen. Allerdings waren die meisten Gerbereien anfangs des Krieges reichlich mit Rohstoffen versehen, insbesondere traf dies zu bei den Grubengerbereien alten Stils, bei denen die Lohgerberei 1 bis 1½ Jahre in Anspruch nahm. Indessen gab es auch viele Gerbereien, die in der Hauptsache ausländische Häute und Felle verarbeiteten und ausländische Gerbstoffe benutzten. Für diese Betriebe handelte es sich nun nicht nur um die Beschaffung der Rohstoffe, sondern auch darum, sich den inländischen, von den ausländischen in ihrer Beschaffenheit abweichenden Rohstoffen anzupassen. In Anbetracht dieser Umstände wäre zu erwarten gewesen, daß in kurzer Zeit eine fast völlige Lahmlegung der industriellen Betriebe bzw. eine starke Beeinträchtigung der Leistungsfähigkeit der deutschen Lederindustrie eingetreten wäre. Demgegenüber muß festgestellt werden, daß sie auch unter den während des Krieges vorliegenden schwierigen Verhältnissen ihre Leistungsfähigkeit beibehalten hat und sich vor allem ihrer in dieser Zeit wichtigsten Aufgabe, der Versorgung unseres Heeres, sowohl nach Menge als nach Güte der Erzeugnisse völlig gewachsen gezeigt hat. Dieser bemerkenswerte Prozeß wurde durch die Kriegsorganisation im allgemeinen und die Organisation der Lederindustrie im besonderen, sodann durch die Leistungsfähigkeit und das schnelle Anpassungsvermögen der deutschen Gerbereiwissenschaft und -technik erreicht. Eine der ersten Maßnahmen des Reiches bei Ausbruch des Krieges war bekanntlich das Ausfuhr- und Durchfuhrverbot für eine Reihe der wichtigsten Rohstoffe und Erzeugnisse. Das Ausfuhrverbot wurde nach und nach auch auf fast sämtliche Roh- und Hilfsstoffe der Lederindustrie, sowie Leder und Ledererzeugnisse ausgedehnt. Andererseits wurde durch Zolltarifermäßigungen für fertige, halb- und ganzgare Leder, für gewisse ausländische Gerbstoffe und Gerbstoffauszüge, ferner für Fette versucht, die in Betracht kommenden neutralen Staaten zu einer Einfuhr anzureizen, was allerdings angesichts der schwierigen Verhältnisse der neutralen Staaten zu einem nennenswerten Erfolg nicht führte. Es mußte daher mit allen Mitteln danach gestrebt werden, den Ersatz an fehlenden Rohstoffen und Leder im Inlande einschließlich der besetzten Gebiete zu finden. Es standen hierfür im wesentlichen drei Wege offen: 1. Vermehrung der Rohstoffgewinnung. 2. Erhöhte Ausnutzung der gewonnenen Rohstoffe. 3. Ersatz der bisher verwendeten Rohstoffe und des Leders durch andere Stoffe. Ohne rechtzeitigen Eingriff der Regierung wären diese Fragen zweifelsohne nicht in zufriedenstellender Weise gelöst worden. Es wurden auch bald eine Anzahl von Kriegsorganisationen der Lederindustrie unter Aufsicht der Kriegsrohstoffabteilung des Kriegsministeriums geschaffen, die im wesentlichen die Beschaffung und Verteilung der Rohstoffe und des Leders bezwecken.

Die Menge der der deutschen Lederindustrie zur Verfügung stehenden Häute hängt mangels der nötigen Einfuhr im wesentlichen von dem Viehbestand Deutschlands und von der Zahl der Schlachtungen ab und konnte, da diese eher zurückgegangen ist, kaum nennenswert erhöht werden; doch mußte im Zusammenhang mit der Beschlagnahme der Häute und Felle durch zweckmäßige Vorschriften für deren einheitliche sorgfältige Schlachtung und restlose Verwendung gesorgt werden. Durch Verordnung des Kriegsministeriums vom 22. 11. 14 wurde nun die Kriegsleder-A.-G. mit dem Sitz in Berlin gegründet, welche ausschließlich gemeinnützige Zwecke verfolgt und weder Dividende verteilt noch das eingezahlte Kapital verzinst. Das Kriegsministerium, das Reichsmarineamt, das Reichsamt des Innern und das kgl. preußische Ministerium für Handel und Gewerbe sind im Aufsichtsrat dieser Gesellschaft vertreten. Der Kriegsleder-A.-G. angegliedert wurde eine Verteilungskommission, die nach einem von Zeit zu Zeit neu aufzustellenden und jedesmal vom Kriegsministerium zu genehmigenden Verteilungsschlüssel die Häute allen Gerbereien Deutschlands, welche zu Kriegslieferungen verpflichtet worden sind, zuzuweisen hat. Die Häuteverwertungsverbände und die ihnen angeschlossenen Vereinigungen haben sich dem Kriegsministerium gegenüber verpflichtet, die Häute zu festen Preisen und Bedingungen der Kriegsleder-A.-G. durch Vermittelung einer vom Kriegsministerium gegründeten gemeinnützigen Gesellschaft, der deutschen Rohaut-Aktiengesellschaft, zuzuführen. Auch wurden später verschiedene andere Organisationen ins Leben gerufen, so die Freigabestelle für Leder, welche das für Heereszwecke nicht verwendbare Leder zur Verwendung für den Privatbedarf frei macht (daß hierfür eine äußerst kleine Quote in Frage kommt, zeigt die mangels Rohstoffen erfolgte Zusammenlegung der Schuhfabriken, auf die wir später zurückkommen werden). Eine „Kontrollstelle für freigegebenes Leder“ sorgt dann dafür, daß das von der Heeresverwaltung nicht benötigte und freigegebene Leder nach bestimmten Grundsätzen an die einzelnen Verbrauchsgruppen verteilt wird. Die Lederabfälle müssen, soweit sie vom

Verbraucher nicht für die Herstellung neuer Sohlen benutzt werden, der Ersatz-Sohlen-Gesellschaft zugeführt werden. Diese läßt aus den Abfällen, wie auch aus anderen Stoffen auf Grund von praktischen Versuchen Ersatzsohlen und Sohlenbewehrungen für die Bevölkerung herstellen und durch die „Reichsleder-Handelsgesellschaft“ an den Kleinhandel verteilen.

Zurzeit wird die Bildung eines Selbstverwaltungskörpers der deutschen Lederindustrie angestrebt, der dazu bestimmt sein soll, die verschiedenen amtlichen Organisationen und die dazu gehörenden Kontrollbehörden gänzlich aufzulösen und deren Aufgaben zu übernehmen. Anlaß zu diesen Bestrebungen ist das Verlangen der kleineren Betriebe nach einer Syndizierung auf dem Wege der Selbsthilfe, welche Erzeugung und Absatz regelt und ihnen die Existenz erleichtert. Auch gaben vielfach die bisherigen Kriegswirtschaftsstellen zu Beschwerden sowohl seitens der erzeugenden, wie auch der verbrauchenden Kreise Veranlassung. Ob nun durch Errichtung eines derartigen Zusammenschlusses etwaige Mängel behoben werden können, ist sehr fraglich. In der Lederindustrie ist man darüber verschiedener Meinung. Zustimmung findet das Projekt zumeist unter den Sohllederfabriken, während die Hersteller von Qualitätsware mehr zur Gegnerschaft neigen. Immerhin sind die Vorteile der bisherigen amtlichen Organisationen, schon mit Rücksicht auf ihre Tätigkeit bei der Mitwirkung der günstigen Preisbildung und Preisregelung bei den Rohstoffen und dem Leder, nicht von der Hand zu weisen.

Wie verhält es sich nun mit den Konjunkturen in der Lederindustrie? Die Jahre 1914, 1915 und teilweise 1916 brachten der Lederindustrie infolge des Massenverbrauchs an Leder große Verdienstmöglichkeiten. Während des Krieges sind zur Deckung des ungeheuren Lederbedarfs sogar Gerbereien wieder in Betrieb gesetzt worden, die in Friedenszeiten wegen Unrentabilität längst geschlossen worden waren. Riesengewinne erwarben sich die größeren Gerbereien, die bei Ausbruch des Krieges reichlich mit Vorräten an Rohstoffen versehen waren, wobei die Hauptgewinne durch die Verwertung der Lager erzielt wurden. Nach Eintritt der Rationierung mußten auch sie ihre Betriebe mehr oder weniger einschränken. Ungemein gefragt waren besonders die schweren Leder, wie Sohl-, Fahl-, Blank- und Geschirrleder, während Farbleder und feinere Ledersorten naturgemäß weniger begehrt waren. Mit Einführung der Reichsfleischkarte sank die Anzahl der Schlachtungen erheblich. Die Folge hiervon war der große Ausfall von Rohhäuten. Die Verteilung der Rohstoffe an die Gerbereien mußte demnach entsprechend reduziert werden. Im allgemeinen richtet sich zurzeit die zugewiesene Menge nach dem Ausfall der jeweiligen Fleischquote. Die den Firmen entfallenden Quoten bewegen sich zurzeit zwischen 20 und 60% der früheren Zuteilungen. Manche Lederfabriken mußten infolge der erheblichen Verkürzung ihre Arbeitskräfte stark vermindern, andere benutzten leerstehende Räume, um sich bei Einführung des Hilfsdienstgesetzes der Waffen- und Munitionserzeugung zuzuwenden. So entstanden wiederum Gemischtunternehmungen. Eine der größten und leistungsfähigsten dieser Art ist die

Lederfabrik A.-G. Adler & Oppenheimer, Lingolsheim Straßburg.

1913/14	beschäftigte	die	Unternehmung	1900 Arbeiter
1915	„	„	„	2900 „ darunter 100 Frauen
1916	„	„	„	2200 Arbeiter darunter 400 Frauen
August 1917	„	„	„	1300 Arbeiter darunter 400 Frauen.

Von den 400 Frauen sind 250 seit Januar 1917 mit Granatenherstellung beschäftigt. Interessant ist die Variierung in der Arbeiterzahl. Als Hochkonjunktur wird man sofort das Jahr 1915 mit der stattlichen Anzahl von 2900 Arbeitern ansprechen können. Der Reingewinn betrug auch lt. Rechnungsabschluß am 30. Juni 1915 pro 1914/15 8 205 112,88 Mark gegenüber 5 172 108,07 Mark pro 1915/16. In den beiden Jahren wurden 20% Dividende verteilt. Mustergültig sind u. a. die Wohlfahrtseinrichtungen der Unternehmung, die auf eine erfolgreiche Tätigkeit hinsichtlich der Versorgung und der Verpflegung der Beamten und der Arbeiterschaft zurückblicken können.

Ähnlich wie die Entwickelung der Lederindustrie war auch zunächst die der Schuhindustrie, da besonders die schweren Fabrikate stark gesucht waren, während die feineren Qualitäten ruhigeren Abgang hatten. Auch hatte die Schuhindustrie mit der Teuerung der Rohstoffe zu rechnen, mit der die Preiserhöhung der Fabrikate nicht gleichen Schritt hielt. Der anfänglichen hohen Konjunktur, die in der Hauptsache durch die Verwertung der vorhanden gewesenen Lager erzielt wurde, folgte bald ein gewisser Stillstand. Die Knappheit des nach der Deckung des Heeresbedarfs zur Verteilung an die Betriebe der Schuhindustrie verfügbaren Bodenleders ließ sich immer fühlbarer bemerken. Da die meisten Unternehmungen nicht vollauf beschäftigt waren, mußte, als eine Folge des Hilfsdienstgesetzes, zu einer Zusammenlegung derselben im Wege der Zwangssyndizierung geschritten werden. Durch Bundesratsverordnung vom 27. März 1917 (Anl. I) wurde der Reichskanzler ermächtigt, die Hersteller von Schuhwaren jeder Art, soweit sie bereits vor dem 1. August 1914 Schuhwaren hergestellt haben, auch ohne ihre Zustimmung zu Gesellschaften zu vereinigen, denen die Regelung der Herstellung und der Absatz nach Maßgabe der verfügbaren Rohstoffe und der volkswirtschaftlichen Bedürfnisse obliegt. Ausgenommen von dieser Zwangssyndizierung sind Heeres- und Marinebetriebe, sowie handwerksmäßige Betriebe. Jeder der errichteten Zwangssyndikate soll einen bestimmten Erzeugungsbezirk umfassen. Von dem dem Zwangssyndikate angehörenden Betriebe wird ein Teil stillgelegt, der Rest in rationeller Weise weiter beschäftigt. Damit die Konkurrenzverhältnisse nicht für später zugunsten der weiter arbeitenden Betriebe beeinflußt werden, sollen die Schuhwaren, die keine Marke oder Bezeichnung der herstellenden Firma tragen dürfen, lediglich durch die Syndikate abgesetzt werden. Ein Verkehr des einzelnen, weiter arbeitenden Betriebes mit Handel und Privatkunden findet nicht mehr statt. Der Gesamtgewinn wird auf die in dem Betriebe des Syndikats ansässigen Schuhwarenhersteller, ohne Rücksicht, ob sie weiterarbeiten oder nicht, im Verhältnisse ihrer Produktion in der Zeit vom 1. Juli 1913 bis zum 30. Juni 1914 verteilt werden. Stillgelegte Unternehmungen, die am Gewinn teilnehmen, sind jedoch zu einer Abgabe an das Syndikat verpflichtet und zwar nach Maßgabe des durch die anderweitige Verwertung ihrer Fabrikationsmittel erzielten Umsatzes. Die Vorschriften über das Zusammenwerfen und die Verteilung der Gewinne beziehen sich auch auf Heereslieferungen, die durch eine militärische Zentralstelle in Verbindung mit dem Überwachungsausschuß der Schuhindustrie vergeben werden. Als Syndikatszentrale wird ein Überwachungsausschuß der Schuhindustrie gebildet, in dem ein besonderer Vertreter des Reichskanzlers ein Einspruchsrecht mit aufschiebender Wirkung gegen ihm bedenklich erscheinende Beschlüsse auszuüben berechtigt ist. Für Streitigkeiten innerhalb der Syndikate oder zwischen Syndikaten und Abnehmern wird für jeden Bezirk von der zuständigen Landesbehörde ein Schiedsgericht gebildet, das unter Ausschaltung des ordentlichen Rechtsweges anzurufen ist.

Der Schwerpunkt der Regelung liegt demnach in der Errichtung eines Überwachungsausschusses, welcher Anweisungen über Art, Ort, Umfang der Erzeugung, über Absatz und Verkaufspreise usw. erteilt. Ihm liegt auch ob die Verteilung der Rohstoffe, die Überwachung der Betriebe, kurzum sämtliche Befugnisse und Entscheidungen, die endgültige Wirkungen haben. Von den etwa 1400 im Deutschen Reiche bestehenden Schuhfabriken sind nun allmählich 1070 veranlaßt worden, ihre Betriebe zu schließen, während die übrigen 330 die Erzeugung fortsetzen können. Die weiterarbeitenden Betriebe sind in 11 Herstellungs- und Betriebsgesellschaften (Syndikate) vereinigt worden mit Satzungen, die durch Verordnung des stellv. Reichskanzlers vom 19. März 1917 (s. Anl. II) erlassen wurden.

Als besonderes Kennzeichen dieser neuen Organisationsform ist die vollständige Ausschaltung der freien Entschließung des einzelnen Unternehmers und die Unterwerfung unter starre Ausführungsbestimmungen. Immerhin sind durch Stillegung der überwiegenden Mehrzahl der Unternehmungen die für unsere

Kriegführung notwendigen Ziele, der Rationalisierung des überflüssigen Mehraufwands an Arbeitskraft und Transportleistungen, erreicht worden. Ein abschließendes Urteil über das wirtschaftliche Ergebnis dieser Syndizierung im Wege der Staatshilfe war bis jetzt noch nicht erreichbar, indessen fehlt es nicht an Stimmen aus den industriellen Kreisen, die diese Form der zwangsläufigen Organisation verwerfen und gegen deren weiteren Ausdehnung nachdrücklich Einspruch erheben.

Zum Schluß noch ein Wort über die Ersatz- und Schuhsohlen. Die zahlreichen Kunstleder und Ersatzstoffe für Leder, die durch Mischen und Pressen von zerkleinerten Lederabfällen mit Kleb- und Füllstoffen, durch Überziehen einer oder mehrerer zusammengeklebter Lagen von Geweben oder Vliesen aus tierischen oder pflanzlichen Fasern mit einer widerstandsfähigen Schicht oder auf andere Weise hergestellt werden, kommen für die Verwendung für Heereszwecke nicht in Betracht, doch werden aus diesen Ersatzstoffen durch die Vermittelung der „Ersatz-Sohlengesellschaft" Sohlen und Sohlenbewahrungen für die Bevölkerung hergestellt. Eine eigenartige Schuhindustrie aus Ersatzstoffen hat die Stillegung der Textilindustrie in Mülhausen i. Els. hervorgerufen, nämlich die Fabrikation des Papiergarnschuhes. Die Unternehmung — Pagaschuh G. m. b. H. — wurde im März 1917 durch die Mülhauser Textilindustrie im Einvernehmen mit der Stadtverwaltung, die sich mit 30 000 Mk. beteiligte, gegründet. Die Unternehmung hat sich aus kleinen Anfängen erfreulich entwickelt. Sie beschäftigt zurzeit einschließlich des Betriebes der Firma Dollfus, Mieg & Co. zur Herstellung der Papierlitzenbords 1700 Arbeiterinnen. Mit einer weiteren starken Zunahme der Arbeitskräfte wird gerechnet. Die Bestellungen auf die Pagaschuhe gehen in solchem Umfange ein, daß die Gesellschaft den Anforderungen kaum noch gerecht werden kann. Der Pagaschuh, der in den verschiedensten Ausführungen hergestellt wird, verspricht ein sehr preiswerter Hausschuh und schließlich auch ein beachtenswerter Ersatz für die immer mehr fehlenden Lederschuhe zu werden. In Anbetracht der volkswirtschaftlichen Bedeutung des Unternehmens — es sollen bis Ende d. Js. 1917 im ganzen ca. 3000 beschäftigungslose Textilarbeiterinnen lohnend beschäftigt werden, ist dasselbe auch seitens der Kriegsamtstelle Straßburg als kriegswichtig anerkannt worden. Diese Umschichtung der Textilindustrie in Mülhausen veranlaßt uns, den Werdegang dieser, wenn auch nicht gerade als Kriegswirtschaft im engeren Sinne zu bezeichnenden Industrie im nachstehenden Abschnitt zu untersuchen.

5. DIE TEXTILINDUSTRIE.

Die Textilindustrie hatte keine leichte Aufgabe, sich auf die Kriegswirtschaft einzustellen, da ihre Rohstoffe zum größten Teile aus dem Ausland kommen und die Zufuhr von dort abgeschnitten ist. Über die Rohstoffbeschaffung der deutschen Textilindustrie bis 1914 gibt uns G. Gschwender-Tübingen [1]) folgende interessante Einzelheiten:

a) Baumwolle.

„Von der gesamten Baumwollerzeugung, welche beträgt in den

Vereinigten Staaten	32,1	Millionen	dz
Indien	8,3	„	„
Ägypten	3,4	„	„
Asiat. Rußland	4,7	„	„
zusammen	48,5	Millionen	dz

hatte Deutschland über 10% zur Deckung seines Bedarfs bezogen, davon 77 Prozent von den Vereinigten Staaten und 20 Prozent aus englischen Besitzungen, nämlich aus den

Vereinigten Staaten	4,02	Millionen	dz
Britisch Indien	0,63	„	„
Ägypten	0,41	„	„
Versch. Länder	0,14	„	„
zusammen	5,20	Millionen	dz

nach Abzug der Ausfuhr 4,89 Millionen dz im Wert von 575 Millionen Mark, welche in Deutschland verarbeitet wurden, gegen 2,68 im Jahre 1893.

---

[1]) Aus der Fachzeitschrift: Der deutsche Leinen-Industrielle Nr. 29.

b) Wolle.

Während man in europäischen Ländern gegen früher das Hauptgewicht auf die Fleischproduktion gelegt und dadurch die Wollschafzucht von Jahr zu Jahr einen Rückgang erfahren hat, dehnte sich letztere in überseeischen Ländern aus. Die Zahl der Wollschafe betrug 1913 in Millionen: Rußland 38, Großbritannien 21, Spanien 18, Balkan 18, Frankreich 16, Italien 12, Österreich-Ungarn 11, Deutschland 5,5, übriges Europa 3,5; zusammen 143.

Übersee 317.

Australien 107, Amerika 170 (Vereinigte Staaten 51, Argentinien 83, Uruguay 26, Chile und Mexiko je 4, Kanada 2), Südafrika 31, Algier und Tunis 9.

Die Wolleinfuhr Deutschlands betrug 1913 1,82 Mill. dz im Wert von 370 Mill. Mark (entsprechend 68 Mill. Schafen). Rechnet man dazu den Wert der Wolle aus deutschen Schafbeständen mit 25 Mill. Mark = 395 Mill. Mark, so wurden 1913 im ganzen etwa für 180 Mill. Mark weniger verwendet als Baumwolle. 1893 betrug die Wolleinfuhr 1,39 Mill. dz im Werte von 227,5 Mill. Mark und eigener Wollerzeugung mit 40 Mill. Mark = 267,5 Mill. Mark, also 1893 für etwa 60 Mill. Mark mehr als Baumwolle.

Von der deutschen Wolleinfuhr entfallen auf:

Australien und Neuseeland	808 000 dz
Südafrika	263 000 „
Argentinien, Uruguay, Chile	632 000 „
Europäische Länder	233 000 „
Sonstige	57 000 „
zusammen	1933 000 dz

nach Abzug der geringen Ausfuhr, Reineinfuhr 1 824 000 dz. Deutschlands Wollbedarf wurde zu 53 Prozent aus englischen Besitzungen, zu 28 Prozent aus Südamerika und nur zu 5 Prozent aus europäischen Ländern gedeckt. Mohair, das Haar der im Orient, der Krim und Südrußland, in Britisch-Südafrika, neuerdings auch Deutsch-Südwestafrika, gezüchteten Angoraziege wurde als Garn eingeführt (1913 : 22 Mill. Mark aus Großbritannien).

c) Flachs.

Während Deutschland im Jahre 1893 noch 311 000 dz Flachsfasern im Werte von 20,7 Mill. Mark erntete, betrug der deutsche Flachsertrag 1913 nur 76 000 dz im Werte von 6,5 Millionen Mark.

Rußland erzeugte	8 353 000 dz
Österreich-Ungarn	223 000 „
Belgien	179 000 „
Großbritannien	129 000 „

Von den 1913 eingeführten 900 000 dz kamen 730 000 dz aus Rußland, 60 000 dz aus Österreich-Ungarn, 35 000 dz aus Belgien, 29 000 dz aus den Niederlanden.

Der Einfuhrüberschuß 1913 betrug 575 000 dz im Werte von 79 Mill. Mark, dazu Eigenproduktion 76 000 dz im Werte von 6,5 Mill. Mark. Somit wurden Flachs verarbeitet: 651 000 dz im Werte von 55,5 Mill. Mark, gegen 1893 mit 658 000 dz im Werte von 64 Mill. Mark.

Um unseren Flachsbedarf im eigenen Lande decken zu können, würden zu den angebauten 15 000 ha noch 115 000 ha Anbaufläche erforderlich gewesen sein.

d) Hanf.

Der Hanfanbau, welcher von 8000 ha im Jahre 1893 auf 1000 ha im Jahre 1913 (unter dem Einfluß der Juteeinfuhr) zurückgegangen ist, wird in größerem Stil nur noch in Rußland (85 000 ha) und Italien (65 000 ha) betrieben.

Deutschland bezog 1913	dz	Wert Mill. Mk.
aus Rußland	344 000	20,9
„ Italien	195 000	16,1
„ Österreich-Ungarn	91 000	6,2
„ verschiedenen Ländern	16 000	1,2
nach Abzug der Ausfuhr verblieb eine Einfuhr von	646 000	44,5
Die Resteinfuhr 1912 betrug	305 000	14,1

Zur Deckung unseres Hanfbedarfs wären etwa 42 000 ha Anbaufläche erforderlich gewesen.

e) Jute.

Die Juteeinfuhr, welche im Jahre 1893 nach Abzug der Ausfuhr 25,6 Mill. Mark betrug, stieg 1913 auf 90. Mill. Mark. Beinahe ganz aus Britisch-Indien kommend (etwa der neunte Teil der dortigen Ernte), verdrängte sie nach und nach den Hanf, im wesentlichen zur Herstellung von Sack- und Packmaterial dienend.

f) Seide.

Mangels eigener Seidenraupenzucht mußte der Seidenbedarf Deutschlands ganz im Auslande gedeckt werden. Es kamen 1913 u. a. aus

	dz	Wert Mill. Mk.	Gesamternte
Italien	27 700	112,2	41 000
Frankreich	6 600	22,7	5 000
Japan	2 650	8,5	121 000
Schweiz	1 900	7,4	—
Gesamteinfuhr 1913	43 000	164,0	—
nach Abzug der Ausfuhr Gesamtverbrauch	35 300	139,0	—

wozu in Deutschland 130 000 ha Maulbeerbaumbestände notwendig gewesen wären."

Aus den obigen Ausführungen ist daher leicht zu erraten, daß der Rohstoffmangel die Hauptschwierigkeit in der ganzen Textilindustrie war. Keine Industriegruppe hat unter den Kriegsverhältnissen so schwer gelitten und so wechselseitige Konjunkturen hervorgebracht, wie die Textilindustrie. Bei anfänglich guten Konjunkturen gelegentlich des Auftretens vielen neuen Bedarfs trat bald insgesamt ein merklicher Stillstand ein. Viele Unternehmungen mußten infolge Absatzmöglichkeiten geschlossen werden. Als die Unternehmer dann die Absatzmöglichkeiten wieder mit mehr Hoffnung und Vertrauen erwogen, fehlte es ihnen an den nötigen Rohstoffen zur ungeminderten Fortsetzung der Warenerzeugung, zum Teil wegen der ausbleibenden Zufuhr aus dem Auslande, zum Teil aber auch, weil die noch im Lande vorhanden gewesenen Vorräte an Rohstoffen beschlagnahmt worden waren und nur in spärlichem Maße nach und nach für die Verarbeitung freigegeben wurden. Da viele Unternehmungen sich nicht entschließen konnten, ihre Betriebe wieder zu eröffnen, mußten Hunderttausende von Arbeitern und Arbeiterinnen der Textilindustrie in anderen Industrien Unterkunft suchen. Die Unternehmungen, die, wenn auch in beschränktem Maße, weiterarbeiteten, sich den behördlich erlassenen Einschränkungen fügten und unter geschickter Verwendung von Ersatzrohstoffen bemüht waren, die gegebenen Schwierigkeiten zu überwinden, überstanden die Krisis, sodaß ihnen stattliche Gewinne in den Schoß fielen.

Die wichtigste Gruppe unserer Textilindustrie ist die Baumwollindustrie. Sie war nach Kriegsausbruch derart stark für die Anforderungen der Heeresverwaltung beschäftigt, daß die Werke lange Zeit hindurch Überstunden einlegen mußten. Die Nachfrage nach Geweben aller Art war derart gewaltig, daß die Werke nicht nur kurante Ware, sondern auch Ladenhüter jeder Art mit Leichtigkeit absetzen konnten. Andererseits häuften sich die Schwierigkeiten durch die verschiedenen Maßnahmen, welche die Kriegsorganisationen trafen. Im Juni 1915 wurde bestimmt, daß nur noch Gewebe hergestellt werden dürfen, die direkt oder indirekt für Heereszwecke in Betracht kamen. Dann brachte das Herstellungsverbot für Baumwollstoffe vom 1. 8. 1915 in ihren verschiedenen Ergänzungen ein eigentliches Spinnverbot, ausgenommen für direkte Heeresaufträge. Die Bekanntmachung vom 1. Februar 1916 betr. Beschlagnahme und Bestandserhebung von Web-, Wirk- und Strickwaren beschlagnahmte sämtliche vorrätigen Gewebe im deutschen Reiche, die irgendwie für Heereszwecke in Betracht kamen, während dann ein Gesetz über Höchstpreise für Baumwolle und Baumwollgespinste vom 1. 4. 1916, ferner ein Beschlagnahmegesetz über baumwollene Spinnstoffe und Garne das Verfügungsrecht über fast sämtliche vorrätigen Garne der Bestimmung der Heeresverwaltung überließ. Diese Vorschriften bildeten natürlich einen schweren Eingriff in die Bewegungsfreiheit der Industrie, die vielfach zum Stillstand gezwungen wurde.

Die Wollindustrie arbeitete verhältnismäßig besser als die Baumwollindustrie; sie verstand es auch sehr gut, sich mit Ersatzstoffen durchzuhelfen. Die Kunstwolle (aus alten Kleidern hergestellt) hat sich zu einer großen Bedeutung im Kriegswirtschaftsleben aufgeschwungen. Bei der Kammgarnspinnerei und Weberei liegen die Verhältnisse ähnlich wie bei der Baumwollspinnerei. Sie arbeiten aber auch vielfach unter Zuhülfenahme von Ersatzstoffen (Papiergarne). Die deutschen Kammgarnspinnereien, die sich mit der Herstellung von Papiergarnen befassen, haben sich im Verein deutscher Wollkämmer und Kammgarnspinner zu einer besonderen Gruppe unter dem Namen Verein deutscher Wollkämmer und Kammgarnspinnergruppe der Papiergarnspinner zusammengeschlossen. Der Sitz ist in Berlin W. 9, Budapesterstraße 6.

Die Leinenindustrie nahm insofern eine besondere Stelle ein, als sie in der Einführung von Rohstoffen glücklicher war als die anderen Zweige der Textilindustrie. Der Beschäftigungsgrad der einzelnen Werke ist nun außerordentlich verschieden. Viele Fabriken standen bereits im Jahre 1915 zur Hälfte still, andere besonders in der Jacquard-Industrie zu 80 bis 90 Prozent, wieder andere waren verhältnismäßig gut beschäftigt. Da im verflossenen Jahr in Deutschland große Mengen Flachs und Hanf angepflanzt und eingeerntet wurden, wird sich die Leinenindustrie in zunehmendem Grade von der ausländischen Rohstofferzeugung unabhängig machen können.

In der Juteindustrie war der Mangel an Rohstoffen sehr empfindlich, der direkte Bezug von Rohjute aus Indien wurde gänzlich unterbrochen, alle Versuche, Rohjute über neutrale Länder zu beziehen, scheiterten, da sich diese Länder, um ihren eigenen Bedarf sicherzustellen, in ihrem Lande den schwersten Kontrollbestimmungen seitens der englischen Konsulate hinsichtlich Einfuhr und Ausfuhr unterwerfen mußten. Da hiermit den deutschen Fabriken auch die letzte Möglichkeit, Rohjute heranzuschaffen, genommen war, galt es durch Beschaffung und Heranschaffung von Ersatzstoffen die Betriebe wenigstens zum Teil aufrecht zu erhalten. Als Ersatzstoffe für die Jutespinnereien kamen in erster Linie Flachs und Hanf in Frage. In den ersten Kriegsmonaten konnte Hanf in großen Mengen von Italien bezogen werden. Die Ausfuhrbestimmungen wurden aber seitens Italiens anfangs 1915 immer mehr erschwert und bald hörte die Ausfuhr ganz auf. Die Preise für Flachs und Hanf erfuhren infolge der großen Nachfrage eine starke Steigerung. Eine Anzahl Jutespinnereien mußten ihren Betrieb ganz einstellen. Staatliche Beschlagnahmen, Herstellungsverbote, wie sie durch den Mangel an Rohstoffen begründet waren, Arbeitermangel und regierungsseits verfügte Einschränkungen der Betriebe trugen dazu bei, die Fabrikation der weiterarbeitenden Unternehmungen zu erschweren. Zur Sicherung der für Heereszwecke benötigten

Faserstoffe wurde seitens des Kriegsministeriums — Rohstoffabteilung — ein „Bastfaser-Kriegsausschuß", dem sich ein Jute-Kriegsausschuß angliederte, geschaffen. Außerdem war man bestrebt, aus den verschiedenen Inlandsfasern Spinnfasern zu gewinnen und solche der Textil-, speziell der Juteindustrie nutzbar zu machen. Die Bestrebungen haben zur Schaffung einer „Kriegskommission zur Gewinnung neuer Spinnfasern" geführt. Die mit Epilobium, Hopfenranke, Brennessel, Weide, Schilfrohr usw. angestellten Versuche haben aber kein ausschlaggebendes Ergebnis gehabt. Dagegen ist das bislang so fragwürdige Papiergarn (siehe weiter unten) zu hohen Ehren gekommen. Die meisten weiter arbeitenden Werke schlossen sich der Textilgesellschaft, G. m. b. H., an, welche als freie Ein- und Verkaufsgenossenschaft die Vermittlung zwischen der Rohstoffabteilung des Kriegsministeriums und den verschiedenen Unternehmungen, unter anderem auch die Rohstoffverteilung übernahm. Da diese Werke sämtlich für Heereslieferungen in Betracht kommen, so z. B. für Herstellung von Proviantsäcken, Sandsäcken, Stroh- und Futtersäcken, Wagendecken usw., wurden die meisten derselben von den Kriegsamtstellen als kriegswichtig anerkannt. Eine der wenigen Unternehmungen, die in den Kriegsjahren vorteilhaft abgeschlossen haben, ist die Elsässische Gesellschaft für Jutespinnerei und Weberei in Bischweiler. Dank der geschickten Anpassung an die Zeitverhältnise unter Zuhilfenahme von Ersatzstoffen bei rechtzeitiger Beschaffung der hierzu erforderlichen Maschinen konnten ansehnliche Gewinne eingebracht werden. Die Gesellschaft verteilte 1914 10%, 1916 12% Dividende. Die Bilanzsumme betrug 1916 4 386 795,80 Mk. gegenüber 4 022 560,04 Mk. 1914. An Arbeitern wurden beschäftigt 1914 1000—1100, 1916 erreichte die Arbeiterzahl 1200, darunter 850 Frauen. Lohnende Arbeitskräfte erhielt das Unternehmen durch die Aufnahme der aus dem Operationsgebiet im Ober-Elsaß verdrängten Flüchtlinge. Für diese wurden besondere Wohlfahrtseinrichtungen getroffen, unter anderem Kriegsküchen, ein Mädchenheim usw. Die Unternehmung wurde als kriegswichtig und Höchstleistungsbetrieb anerkannt.

Die Gesamttextilindustrie hat in zunehmendem Maße in der Ausnutzung des Zellstoffes und Papiers als Spinnmaterial Fortschritte erzielt, wobei die Papierspinnerei zu immer größerer Entwickelung gelangte. Es lohnt sich daher diese Materie näher zu betrachten. Erst jetzt in der Kriegszeit ist das Papiergewebe im großen Publikum bekannt geworden, doch war das Herstellungsverfahren desselben bereits lange vor dem Kriege bekannt. Bereits 1889 hat sich ein deutscher Erfinder, Dr. Mitscherlich, in Freiburg i. Br. ein Verfahren zur Herstellung von Papiergarnen schützen lassen. Indessen wiesen diese neu erfundenen Papiergarne verschiedene Fehler auf, die einer stärkeren Aufnahme solcher Stoffe im Wege standen. Außerdem wurde ihre Verbreitung dadurch beeinträchtigt, daß Baumwolle, Jute und andere aus dem Ausland bezogene Rohstoffe zu überaus billigen Preisen den Markt in Deutschland überschwemmten. Erst der umwälzende Krieg hat die deutsche Technik nun wieder auf die einige Zeit vernachlässigte Herstellung der Papiergarne gelenkt. Die Notwendigkeit, einen Ersatz für die uns fehlende Baumwolle und Jute zu erhalten, drängte die Textilindustrie dazu. Mit überaus gutem Erfolg wurden nun eine Reihe von Papiergarnarten mit den mannigfachen Benennungen, wie Holzfasergarn, Textilose, Zellstoffgarne, Silvalin, Kilodin und Textilit der Industrie zugeführt. Die Papierstoffgarne sind Zwittererzeugnisse, Erzeugnisse der Papier- und Textilindustrie. Sie können in Verbindung mit Kunstwollgarnen, Baumwollgarnen und anderen Textilfasern hervorgebracht werden, können aber auch aus reinem Papier hergestellt werden. Für die Herstellung der beiden Arten kommt nur Papier in Rollenform in Betracht. Bei der jetzigen Herstellungsart wird die fertige trockene Papierbahn in Streifen von vorgeschriebener Breite geschnitten, und diese werden alsdann auf den Spinnmaschinen zu Garnen zusammengedreht. Aus diesen Garnen und Fäden werden dann die Papierstoffgewebe hergestellt. Unter dem Namen Gewebe versteht man jede durch eine regelmäßige Verschlingung von Fäden oder fadenähnlichen Gebilden erzeugte Fläche. Man unterscheidet dabei zwei Arten: Gewebe im eigentlichen Sinne des

Wortes und Wirkwaren. Bei der ersteren verschlingen sich die Fäden rechtwinkelig zu einander, Längsfäden und Querfäden. Die Wirkwaren, deren Fäden so gelegt sind, daß sie Maschen bilden, kommen auch zurzeit für die Papierstoffgarnindustrie in Betracht. Namentlich sind dieselben zu Treibriemen und Traggurten verwendet worden. Durch Imprägnierung und Verwendung von einigen anderen Verfahren, wie Tränkung mit Ölfarben und Firnissen, werden die Papierstoffgewebe wasserdicht und wetterfest hergestellt. Die Verwendbarkeit dieser verbesserten Papierstoffgewebe hat sich derart bewährt, daß sie an Stelle von Textilgeweben und Gespinsten aller Art getreten sind. Für Heereszwecke werden auf diese Weise hergestellt außer Sandsäcken Rucksäcke, Strohsäcke, Brotbeutel, Planen, Gurte, Futtersäcke, Seile, Verbandszeug und zahlreiche andere wichtige Gebrauchsgegenstände. Für die Bevölkerung wurden hergestellt Arbeiteranzugstoffe, Teppichstoffe, Schürzen, Kleider- und Sportstoffe. Sämtliche Fabrikate haben sich in der Hauptsache gut bewährt. Die Herstellung der Pagaschuhe haben wir bereits in der Schuhindustrie kennen gelernt. Es sollen sogar neuerdings Hemden- und Leibwäsche usw. aus diesen Stoffen hergestellt worden sein.

Indessen ist trotz des zeitweisen Auflebens eines Teiles der Textilindustrie der Mangel an den eigentlichen Rohstoffen nicht zu verkennen, sodaß behördliche Einschränkungen in bezug auf die Herstellung von Papiergarnen notwendig wurden. So wurden die Gemischtrohstoffabrikate wie Textilit usw. nur für Heereszwecke freigegeben. Für den Zivilbedarf ist die Herstellung nur aus reinen Papierfasern gestattet und dann auch nur mit 20% freigegeben. Durch Wirkung des Hilfsdienstgesetzes werden nur die Höchstleistungsbetriebe mit vorherrschend Heereslieferungen als kriegswichtig anerkannt. Die anderen werden mehr oder weniger stillgelegt. Zum Schlusse bringe ich zur Vervollständigung des Bildes zu obigen Untersuchungen die nachstehende Zusammenstellung über eine Anzahl der bekanntesten Textil-Unternehmungen, worin die wechselseitigen Konjunkturen in der Textilindustrie deutlich zu erkennen sind.

Gesellschaft	Branche	Grundkapital (in Mill. Mark)	Reingewinn ohne Vortrag (in 1000 Mk.) 1913 u. 13/14	1914 u. 14/15	1915 u. 15/16	Dividenden in % 1913 u. 13/14	1914 u. 14/15	1915 u. 15/16	Letzter Kurs vor dem Krieg	Steuerkurs vom 30. 12. 16
M. Baumwollspinnerei u. Weberei Augsburg . .	Baumwolle	4,50	507	633	181	10,5	10,5	17,5	190	240
Hammersen A.-G. Osnabrück	„	4,50	678	515	124	12	8	12	124	130
Baumwollsp. am Stadtbach Augsburg	„	4,20	640	500	1303	14	10	14	240	312
M. Baumwollsp. u. Weberei Bamberg	„	4	532	475	639	10	10	$12\frac{1}{2}$	170	185
Spinnerei und Weberei Kottern	„	3,60	13	114	444	—	—	5	102	100
Ges. f. Spinn. u. Weberei Ettlingen	„	3,15	618	265	995	7	7	7	105	100
Augsburger Buntweberei Riedinger	„	2,20	188	506	503	8	10	10	121	128
Baumwollspinnerei Kolbermoor	„	2	300	152	711	9	7	9	140	148
Baumwollsp. u. Weberei Lampertsm.	„	1,60	76	101	93	4	4	5	—	80
Baumwollspinnerei Unterhausen	„	1,60	155	158	559	6	6	12	150,75	150
Norddeutsche Wollkämmerei Bremen	Wolle	22,50	2422	4201	3705	10	10	10	130	139
Bremer Wollkämmerei .	„	5	1304	3402	2100	20	30	18	255,10	275
Els. Badische Wollfabr.	„	1,50	181	622	383	5	12	12	80	130
Saganer Wollsp. Sagan	„	1,24	190	227	361	6	8	8	—	102
Kammg. Stöhr. & Co. Leipzig	Kammgarn	12	1082	1218	1962	8	8	10	140,10	145
Kammgarnsp. Kaiserslautern	„	4	550	461	1403	10	8	12	170	160
Augsburger Kammgarn, Augsburg	„	2,88	266	360	689	$11\frac{2}{3}$	$10\frac{1}{2}$	$11\frac{2}{3}$	—	185
Nordd. Jutesp. Vorzugs-Aktien	Jute	4,10	598	471	299	9	8	5	26	120
						12	8	8	86	100
Südd. Juteindustrie . .	„	4	225	312	26	4	6	4	—	82
Westdeutsche Jutespinn.	„	2	342	160	361	10	5	8	100	100
Tränkner & Würkner .	„	1,75	165	260	285	4	8	8	$130\frac{1}{2}$	129
Schles. Leinenindustrie	Leinen	7,50	755	1677	1513	8	15	16	$109\frac{3}{4}$	154
Ravensberg. Spinnerei .	„	4,20	351	866	801	5	12	$12\frac{1}{2}$	103	131
Bielefeld. Mech. Weberei	„	2,40	322	591	780	$11\frac{2}{3}$	$16\frac{2}{3}$	25	173	210
Mech. Weberei Sorau .	„	1,50	—	60	79	—	—	5	96	100

6. DIE PAPIERINDUSTRIE.

Nachdem wir im vorhergehenden Abschnitt bereits erfahren haben, daß der Papierfabrikation die Aufgabe zufiel, der Textil- und in ganz besonderem Maße der Juteindustrie Ersatzstoffe zu beschaffen, wollen wir unsere weiteren Betrachtungen der eigentlichen Papierindustrie widmen. Letztere hatte schon vor dem Krieg mit nicht gerade günstigen Verhältnissen zu rechnen, hauptsächlich wegen der scharfen Konkurrenz, die auch durch einige ziemlich lose gefügten Verbände nicht wesentlich gemildert worden war. In der Hauptsache aber waren die Schwierigkeiten der Industrie durch die Teuerung der Rohstoffe herbeigeführt worden. Wie schwierig es damals schon war, genügende Holzvorräte auf die Dauer bereitzustellen, geht daraus hervor, daß verschiedene Zellstoffabriken dazu übergegangen waren, große Waldungen im Ausland, insbesondere in dem forstreichen Rußland anzukaufen. Wenn dieses ausländische Rohmaterial auch den Vorzug der Billigkeit hatte, so wurden die Gestehungskosten durch die Transportkosten beträchtlich erhöht. In Anbetracht dessen gliederten sich manche im Westen liegende Zellstoff-Fabriken Zweigniederlassungen im Osten an, um sich den Bezug der russischen Holzzufuhr zu verbilligen. Infolge der kriegerischen Ereignisse wurde natürlich der russische Waldbesitz für die Gesellschaften eine schwere Last, so daß bedeutende Abschreibungen in dieser Richtung gemacht werden mußten. Es ist bekannt, daß die Zellstoff-Fabrik Waldhof, die für 1913 noch 12% Dividende zahlte, seitdem dividendenlos blieb und im vorigen Jahr sogar von der Aufstellung einer Bilanz befreit wurde, weil ihre russischen Interessen in dem Pernauer Tochterunternehmen zurzeit ganz unwägbar erscheinen. Noch mehr hatte die Aktiengesellschaft für Maschinenpapierfabrikation in Aschaffenburg zu leiden, deren Schwierigkeiten allerdings auch durch unglückliche Angliederung herbeigeführt wurden (das Grundkapital wurde von 12 Mill. Mk. auf 6 Mill. Mk. ermäßigt).

Die Ergebnisse der kleineren Zellulosefabriken waren in den beiden ersten Kriegsjahren nicht gleichmäßig. Einige arbeiteten mit Verlust, andere jedoch konnten mäßigen Gewinn erzielen. Doch waren bereits 1915 bessere Konjunkturen vorauszusehen und zwar durch den steigenden Umfang des Papierverbrauchs, insbesondere durch die einsetzenden Ersatzstoffe. Wenn einst im Frieden die Milliardenziffern des Verbrauchs an Rohstoffen zusammengestellt werden, wird das deutsche Volk staunend erkennen, welchen Anteil die deutsche Zellstoff-, Holzschliff-, Papier- und Pappenerzeugung sowie die Papierverarbeitung an der Sicherstellung des Heeresbedarfs hatten, und wie nicht zuletzt auf ihrer Leistungsfähigkeit die Möglichkeit des Durchhaltens in der Heimat beruhte. Dutzende wichtiger Stoffe sind im Laufe der drei Kriegsjahre durch Papier ersetzt worden und von Tag zu Tag wächst die Verwendungsmöglichkeit dieses Erzeugnisses. Infolge des zunehmenden Verbrauchs entstand indessen bald ein fühlbarer Mangel an Rohstoffen, so daß regierungsseits Maßnahmen zur Sicherstellung des Papierbedarfs getroffen werden mußten. Die meisten Fabriken haben sich mehr und mehr auf Massenherstellung ganz besonders gangbarer Papiere eingestellt, zu denen die Spinnpapiere gehören. Indessen hat der Feinpapiermarkt durchaus nicht derart gelitten, wie man allgemein befürchtet hatte. Es konnten größere Geschäfte abgeschlossen werden, nur mußten die hohen Anforderungen der Besteller in bezug auf Leimung bei gutem Schreibpapier und in vielen Fällen bei feineren Sorten Holzfreidruck gegenüber den heutigen schwierigen Fabrikationsverhältnissen zurücktreten. Wie sich nun die Rentabilität der Papierfabriken, von denen eine ganze Anzahl in den ersten Kriegsjahren dividendenlos geworden war, inzwischen gehoben hat, geht aus der nachstehenden Zusammenstellung hervor:

Gesellschaft	Grund-kapital (in Mill. Mk.)	Reingewinn ohne Vortrag (in 1000 Mk.)			Dividenden in %			Letzter Kurs vor dem Krieg	Steuer-kurs v. 31. 12. 1916
		1913 u. 13/14	1914 u. 14/15	1915 u. 15/16	1913 u. 13/14	1914 u. 14/15	1915 u. 15/16		
Königsb. Zellstoff	5	1162	545	646	22	15	12	$291\frac{3}{4}$	315
Nordd. Zellulose	4	606	127	—815	15	3	—	$160\frac{1}{4}$	170
Simonius Zellulose . . .	3	277	112	—245	5	—	—	90,10	120
Kostheimer Zellulose .	2,75	193	—602	—322	5	—	— [1])	$79\frac{1}{2}$	155
Aschaffenb. Maschinenp.	6	1203	—6504	—747	8	—	—	98	—
Feldmühle	8	1287	685	1018	12	6	8	130	188
Cröllwitz	1,50	322	8	295	6	7	12	185	184
Ammendorf	1,65	833	343	734	30	17	26	350	294
Reisholz	6	1379	115	847	18	8	10	220	212
Teisnach	1,60	111	11	328	5	—	8	117	171
Varziner	7	472	—542	—481	6	—	—	89	187
Penig	3	579	46	1174	9	4	12	$178\frac{1}{4}$	160
München-Dachau	1,20	379	387	396	15	15	15	260	252
Aschaffenb. Buntpapier .	1,75	289	80	52	10	4	3	165	108
Zellstoff Waldhof	32	5200	—9972	?	12	—	?	$139\frac{2}{4}$	175

Inzwischen soll bei der Cröllwitzer Aktien-Papierfabrik lt. Abschluß des am 30. Juni 1917 beendeten Geschäftsjahres eine Dividende von 16% vorgeschlagen werden.

Die Varziner Papierfabrik konnte in diesem Jahre einen reinen Betriebsgewinn von 1 544 606 Mk. erzielen. Durch Generalversammlungsbeschluß wurde der 12%-Dividendevorschlag genehmigt.

Erhebliche Konjunkturgewinne brachte den Simoniusschen Zellulosefabriken, A.-G., in Wangen im Allg. der Abschluß 1916/17. Aus dem interessanten Geschäftsbericht dieser Gemischtunternehmung entnehmen wir folgendes

„Das abgelaufene Jahr stand wieder ganz im Zeichen der allgemeinen Verteuerungen und Betriebshindernisse. Holz, Kohlen, alle Betriebsmaterialien, Löhne und Gehälter stiegen fortwährend, so daß mit der einsetzenden starken Nachfrage nach Zellulose (Zellulose spielt bekanntlich heute als Ersatzstoff in der Rüstungsindustrie eine maßgebende Rolle.

---

[1]) Die Dividende für 1916 wird mit 12% in Vorschlag gebracht.

D. V.) auch die Verkaufspreise allgemein erhöht und endlich den so teuren Herstellungskosten angepaßt werden mußten. Trotz allen Hindernissen gelang es, die Erzeugung nicht wesentlich unter diejenige des Vorjahres sinken zu lassen, wobei die reichlichen Vorräte der Gesellschaft an Holz auch sehr dazu behilflich waren, nach zwei dividendenlosen Jahren wieder einen Gewinn herauszuwirtschaften, Über die Aussichten des neuen Jahres ist es sehr schwierig, sich irgendwie zu äußern. Die Herstellungskosten bewegen sich noch in steigender Richtung, die nötigen Chemikalien, wie auch Riemen, Filze, Siebe usw. sind immer schwieriger zu beschaffen, tüchtige Arbeitskräfte fehlen immer mehr und dazu gesellte sich auch Kohlenmangel, welcher schon wiederholt zu Betriebseinstellungen nötigte. Dem entgegen sind die Verkaufspreise die gleichen wie im 3. Quartal 1916 geblieben, ja sie mußten unter behördlichem Drucke für Zellulose zu gewissen Zwecken sogar noch ermäßigt werden. An Absatz würde es nicht fehlen, aber die Erzeugungsmöglichkeit ist durch vorgenannte Umstände leider arg beschränkt.

Sägereien. Diese Abteilung wurde betrieben, soweit es die Umstände erlaubten; auch hier ermöglichten die alten Holzvorräte und die höheren Verkaufspreise die Erzielung eines Gewinnes.

Papierfabrik. Die Aufrechterhaltung des Betriebes und die erzielte angemessene Produktion war mit den größten Anstrengungen und Schwierigkeiten verknüpft. Auch die Beschaffung der benötigten Rohstoffe und Materialien war außerordentlich erschwert, ganz abgesehen davon, daß dieselben fortgesetzt Preissteigerungen erfuhren. Demgegenüber konnten allerdings entsprechende Preise für das Fertigfabrikat mit Ausnahme von maschinenglattem Zeitungsdruckpapier erzielt werden, so daß diese Abteilung befriedigend abschloß. Ganz besonders machte sich der Mangel an geschulten Arbeitskräften geltend, so daß auch unter Berücksichtigung der Verwendung minderwertiger Werkzeuge und Materialien die gewohnte tadellose Instandhaltung der Anlage zu wünschen übrig ließ.

Kohlenwerk und Holzschleifereien. Diese Werke hatten in verschärftem Maße unter den bestehenden Verhältnissen zu leiden, namentlich die Schleifereien, in denen geradezu unerschwingliche Preise für Holz gezahlt werden mußten. Bei Bemessung der Abschreibungen auf den Anlagekonten war dem Umstand Rechnung zu tragen, daß Gebäude, Maschinen, Apparate, Fuhrpark usw. in der Kriegszeit infolge Mangels an geeignetem Material aller Art und an entsprechendem Wartepersonal bei weitem nicht in der gewohnten Weise unterhalten, gepflegt und ergänzt werden konnten.

Der Gesamtumsatz der Unternehmung betrug 12 786 890,40 Mk. Nach Abschreibung der nötigen Rücklage für die Kriegsgewinnsteuer wurde dabei ein Nettogewinn von 1 160 302,60 Mk. erzielt. Es wird beantragt, denselben wie folgt zu verwenden: 4 Prozent Dividende aus 3 000 000 Aktienkapital 120 000 Mk, Sonderabschreibungen auf diverse Konten 534 235,64 Mk.,

Tantiemen an Aufsichtsrat, Vorstand usw. 119 370,45 Mk., 6 Prozent Superdividende 180 000 Mk., Zuweisung an Unterstützungsfonds 30 000 Mk., Zuweisung an Depositenfonds zur Ergänzung auf 400 000 Mk. 162 109,43 Mark = 1 145 715,52 Mk. und den Saldo von 14 857,08 Mk. auf neue Rechnung vorzutragen. Der Unterstützungsfonds wurde bloß für die üblichen Beiträge in Anspruch genommen, während 38 905,13 Mk. für Unterstützungen an ausgerückte Krieger und deren Familien direkt über Betrieb verbucht wurden."

Der vorstehend näher beschriebene Werdegang der Cröllwitzer, Varziner und Simoniusschen Unternehmungen pro 1916/17 läßt darauf schließen, daß wohl bei der gesamten Papierindustrie eine steigende Emporbewegung zu erwarten ist. Jedenfalls hat die Zellstoff- und Papierfabrikation, nachdem sie anfänglich durch den Krieg stark zu leiden hatte, wieder die Grundlage für eine gedeihliche weitere Entwickelung gefunden. Abgesehen von der volkswirtschaftlichen Bedeutung der Papierindustrie wurden mit Rücksicht auf die Sicherstellung des Heeresbedarfs an Papier und Papierersatzstoffen die meisten Unternehmungen von den Kriegsamtstellen als kriegswichtig im Sinne des § 2 des Hilfsdienstgesetzes anerkannt, wodurch die Zuführung von Arbeitskräften (Hilfsdienstpflichtige) gewährleistet ist.

7. DIE KONSERVENINDUSTRIE.

In immer zunehmendem Maße konnte sich die Konservenindustrie als wichtiger Faktor der Kriegswirtschaft emporbewegen. Infolge des Massenverbrauchs an Konserven, Dörrgemüsen und Fleischkonserven seitens des Heeres und der Marine waren gleich zu Anfang des Krieges die Konservenfabriken bis zu ihrer Höchstleistungsfähigkeit beschäftigt. Später hörte die Fabrikation der Fleischkonserven ganz auf, ferner mußte, um die restlose Erfassung und Verwertung der Gemüse und Obsterzeugung und Bestände zu verwirklichen, die behördliche Regelung Platz greifen. Indessen ist die Konservenindustrie durch diese Regelung in keiner Weise zu kurz gekommen, denn die Organisation der Nahrungsmittelversorgung des deutschen

Reiches räumte ihr ein weites Betätigungsfeld ein. Als Grundsatz für die Gesamtverteilung wurde seitens der Reichsleitung festgehalten, daß neben der Sicherstellung der Lieferungsverträge der wichtigste Zweck der Bewirtschaftung an Nahrungsmitteln vor allem darin besteht, den verarbeitenden Industrien genügend Ware zuzuführen, um den außerordentlich gesteigerten Bedarf des Heeres und der Marine an Konserven, Sauerkraut, Salz- und Dörrgemüse unter allen Umständen zu sichern. Ferner mußte genügend Ware verarbeitet werden, damit der Zivilbevölkerung ausreichende Zuweisungen gemacht werden konnten. Daraus ergab sich, daß die Lieferungen von Gemüse, Obst usw. in der Hauptsache der Industrie zugeführt wurden, während der geringere Prozentsatz zur Versorgung des Frischverbrauchs der Märkte und der Kommunalverbände freigegeben wurde.

Für die Konservenindustrie kommen seit Inkrafttreten der Verordnungen des Reichskanzlers vom 5. 8. 1916 folgende behördliche Organisationen in Betracht: Zunächst als aufsichtsführendes Organ die Reichsstelle für Gemüse und Obst mit deren Geschäftsabteilung G. m. b. H. Durch Vermittelung der Kriegsgesellschaft für Obst und Marmelade (Koma) in Berlin, der Gemüsekonservengesellschaft in Braunschweig, ferner der Kriegsgesellschaft für Sauerkraut in Berlin, und der Kriegsgesellschaft in Berlin, erhalten die Unternehmungen ihre Kontingente an Roherzeugnissen prozentual ihrer Leistungsfähigkeit zugeteilt. Die Blechemballagen werden ihnen durch Vermittelung der Gemüsekonservengesellschaft in Braunschweig von der Dosenverteilungsstelle, der Bedarf an Zucker durch die Kriegsgesellschaft Berlin von der Reichszuckerstelle zugestellt. Die Kontingentierung erfolgt durch Feststellung der Produktionsverhältnisse nach einem Verteilungsschlüssel je nach Höchstleistungsfähigkeit auf Grundlage der Friedensproduktion. Die Zuweisungen der Roherzeugnisse erfolgen indessen durch die Geschäftsabteilungen der Landesstellen bzw. Bezirksstellen für Gemüse und Obst auf Grund der von den Kriegsgesellschaften erteilten Bezugsscheine bzw. der Lieferungsverträge. Die Fabriken haben sich danach laufend mit den bewirtschaftenden Stellen (Landesstellen oder Bezirksstellen) wegen Zuteilung von Ware in Verbindung zu setzen. Die Landesstellen bzw. Bezirksstellen haben wiederum in jeder Ortschaft ihres Wirkungskreises Agenten und Vertrauensmänner, auch Händler, die die Übernahme des Obstes oder des Gemüses beim Produzenten besorgen und den Versand übernehmen. Durch diese Organisation ist, obwohl die einzelnen Unternehmungen bei den Kriegsgesellschaften vertreten sind, die vollständige Ausschaltung der freien Entschließung des einzelnen Unternehmers bewirkt worden. Der Wettbewerb der Produzenten untereinander und die freie Beweglichkeit des kaufmännischen Unternehmens sind unterbunden. Die freie individualistische Wirtschaftsmethode ist durch eine staatssozialistische ersetzt worden. Dies trifft um so mehr zu, als nicht nur die Produktionsregelung, sondern auch die Absatzverhältnisse durch behördliches Eingreifen geregelt wurden. Infolge der im Frühjahr 1917 erfolgten Beschlagnahme der Produkte der Konservenfabriken wird die Ware nicht mehr dem Handel unmittelbar zugeführt, vielmehr wird sie durch Vermittelung der Kommunalverbände an die Gemeinden zur Verteilung an den Handel abgesetzt. Durch eine kluge Preispolitik ist indessen dafür gesorgt worden, daß den Unternehmungen durch diese behördliche Regelung ein Schaden nicht erwächst. Für jede einzelne Ware ist ein bestimmtes Kalkulationsschema eingeführt und zwar einheitlich für das ganze deutsche Reich. Zwischen den festgesetzten Höchstpreisen und den Einkaufspreisen wird den Fabriken ein gewisser Spielraum überlassen. Eine nachträgliche ausgleichende Berechnung erfolgt dann seitens der Kriegsgesellschaften über die von den Fabrikanten zu viel oder zu wenig bezahlten Beträge.

Anfänglich war diese behördliche Regelung mit großen Schwierigkeiten verknüpft, weil ein richtiger Ausgleich zwischen Überschuß- und Bedarfsbezirken nicht gefunden werden konnte. So kam es vor, daß Roherzeugnisse aus großen Entfernungen den Bedarfsbezirken zugewiesen wurden, wobei die Roherzeugnisse durch lange Transporte notgelitten. Nach und nach wurde die Zuweisung besser geregelt. Jetzt erhalten die Fabrikanten durchweg ihre Roherzeugnisse aus den nächst der Produktionsstelle gelegenen bewirtschaftenden Stellen zugeteilt. Welches sind nun die Vorteile und die Nachteile dieser behördlichen Regelung? Ein Vorteil ist zweifelsohne der, daß die gesamten Roherzeugnisse restlos erfaßt werden, so daß zu Spekulationszwecken Produkte nicht zurückbehalten werden können. Für den letzten Abnehmer hat die Regelung indessen den Nachteil der Preisverteuerung. Es versteht sich von selbst, daß zur Deckung der an die Beauftragten zu zahlenden Provisionen, sowie zur Legung ihrer eigenen Unkosten, die an der Organisation beteiligten Gesellschaften ihre Zuschläge auf die Erzeugerpreise erheben. Für die Geschäftsabteilung der Reichsstelle für Gemüse und Obst beträgt dieser Zuschlag beispielsweise 10. Pfg. pro Zentner. Der Gesamtaufschlag beläuft sich in der Regel auf 70 bis 80 Pfg. pro Zentner, bei billigeren Arten von Gemüsen, und wenn der Versand in großem Umfange erfolgt, wird unter Umständen der Zuschlag wesentlich niedriger angesetzt. Mit der behördlichen Verteilung des Fertigfabrikats durch die Gemeinden, Kommunalverbände vermittelst der von ihnen eingerichteten Vertriebsstellen verteuert sich letzteres außerdem um 14 bis 15% (s. später über Lebensmittelversorgung). Es muß hiernach festgehalten werden, daß, obwohl diese monopolistische Bewirtschaftung der Konservenindustrie manche Vorzüge in sich schließt, die in den Verbraucherkreisen durch Einführung der neuen Wirtschaftsmethode erweckten Hoffnungen auf Verbilligung der Konserven sich nicht erfüllt haben. Ich erinnere hierbei an die im Jahre 1916 in der Presse unter Hinweis auf die seitens verschiedener Firmen eingebrachten großen Gewinne erschienenen Artikel über gewaltige Preisaufschläge in der Konservenindustrie. Man brachte in Unkenntnis der maßgebenden Faktoren die Preisaufschläge über Gemüsekonserven usw. in ursächlichem Zusammenhange mit den guten Konjunkturen der betr. Firmen. Man vergaß aber den Erscheinungen der damaligen Produktionsregelung in der freien Wirtschaftsmethode — Verteuerung der Rohware —, wesentlich höherer Preis der Dosen und Emballagen und schließlich wesentlich erhöhte Löhne und gesteigerte Betriebsspesen — Rechnung zu tragen. Nicht durch den Preisaufschlag auf das Fertigfabrikat, sondern nur durch die gewaltige Nachfrage und gesteigerten Leistungen war es den

Unternehmungen möglich gewesen, größere Gewinne zu erzielen. Ein Kapital von 1 Million, das im Frieden 3 mal und im Kriege vielleicht 6 mal umgesetzt wird, wirft im letzteren Falle selbstverständlich einen größeren Gewinn ab.

Und in der Tat haben die meisten Unternehmungen in der Konservenindustrie mit gewaltig gesteigerten Leistungen gearbeitet, wodurch ihnen große Gewinne in den Schoß fielen. Als Beispiel führe ich die Elsässische Konservenfabrik und Import-Gesellschaft Ungemach A.-G., Straßburg i. Els., an. Der Steuerkurs war 1917 230% gegen den letzten Friedenskurs 150%. An Dividende wurde 1917 gezahlt 15% gegenüber 10% 1914. Der buchmäßige Bruttogewinn am 31. März 1917 zeigt 4 239 792,03 Mark gegenüber 1 727 534,94 Mk. am 31. März 1914. Durch den Vergleich der Bilanzen 1917 und 1916 gewinnen wir den Eindruck, daß die Unternehmung trotz der behördlichen Regelung eine weitere Emporbewegung zu verzeichnen hat. Die Bilanzsumme pro 1917 beträgt 18 667 424,79 Mk. gegenüber 15 269 054,99 Mk. im Vorjahre. Das Dividendenkonto beträgt 1917 395 000 Mk. gegenüber 384 840 Mk. 1916. Die Abschreibungskonti 1917 betragen 2 801 751,70 Mk. gegenüber 2 343 882,68 Mk. pro 1916. An Rücklagen für außerordentliche Bedürfnisse sind beispielweise pro 1917 750 000 Mk. gegenüber 500 000 Mk. pro 1916 festgesetzt.

Die Unternehmung beschäftigte

im Jahre 1914	durchschnittlich	ca. 600	Arbeiter
„ „ 1915	„	„ 1000	„
„ „ 1916	„	„ 800	„
„ „ 1917	„	„ 700	„

Die Einschränkungen der Arbeitskräfte sind in der Hauptsache zurückzuführen auf den Wegfall der Kaffeeabteilung und auf die infolge Rohstoffmangels erfolgte Betriebseinschränkung in der Konditoreiabteilung. Es werden zurzeit in der Hauptsache nur verarbeitet Äpfel, Pflaumen, Zwetschgen, Fallobst, Straßenobst, Bohnen und Erbsen. Für die Heeresverwaltung werden ausschließlich Faßbohnen hergestellt. Die zum Heeresdienst einberufenen Beamten und Arbeiter werden tunlichst durch Hilfsdienstpflichtige, Kriegsinvaliden und auch Gefangene ersetzt. Indessen herrscht wie überall Mangel an Facharbeitern. Eine glückliche Lösung der Lebensmittelversorgung der Stadt Straßburg war die Mitbeteiligung der Firma Ungemach A.-G. an der Gründung der Gesellschaft für Volksernährung m. b. H. als Vertriebsstelle des Kommunalverbands Straßburg und des Unter-Elsasses, worauf wir noch später zurückkommen werden. Die Ungemach A.-G. stellt die kaufmännische Organisation der gesamten Geschäfte.

Einen gewaltigen Aufschwung hat durch den Krieg die in Friedenszeiten kaum beachtete Dörrgemüseindustrie erfahren, da das Dörrgemüse als Massenverpflegungsmittel von jeder einigermaßen leistungsfähigen Dörrgemüsefabrik zu lohnenden Preisen abgesetzt werden konnte. Wie die Pilze schossen die Dörrgemüsebetriebe aus der Erde, bald waren es 500 (vor dem Krieg 25), ohne die nebenbei verwendeten Trockeneinrichtungen der notleidenden Industrie wie Ziegeleien usw. zu zählen. Leider hat es sich gezeigt, daß viele improvisierte Dörrgemüsebetriebe in qualitativer Hinsicht ihrer Aufgabe nicht gewachsen waren, so daß de Erzeugnisse nicht selten zurückgewiesen wurden. Bei der Knappheit an Frischgemüsen könnte daher eine Kontingentierung der Dörranstalten zu begrüßen sein.

In demselben Maße wie die Konservenindustrie konnte die übrige Nahrungsmittelindustrie zu gutem Verdienst gelangen. Auch hier hat die monopolistische Bewirtschaftung der Erzeugnisse Platz gegriffen, so daß die gesamte Nahrungsmittelversorgung des deutschen Volkes der behördlichen Regelung unterworfen ist. In Anbetracht der für die Bedarfsverhältnisse des Heeres und der Marine und für die Volksernährung so wichtigen Konserven- und Nahrungsmittelindustrie sind die Unternehmungen ohne weiteres als kriegswichtig im Sinne des § 2 des Hilfsdienstgesetzes anerkannt worden, wodurch denselben die Vorteile des Gesetzes erwachsen.

8. DIE ZUCKERINDUSTRIE.

Tief eingreifende Wirkungen hat auch die behördliche Regelung der Zuckerindustrie herbeigeführt, inwieweit und mit welchem Erfolg wird uns die nachstehende Untersuchung zeigen. Durch die Bekanntmachung des Reichskanzlers vom 2. 12. 1916 [1]) dürfen die Rüben verarbeitenden Fabriken in Verträgen über Lieferung von Zuckerrüben für das Betriebsjahr 1917/18 keinen niedrigeren Preis für 50 kg vereinbaren als 0,95 Mk. über dem im Betriebsjahr 1913/14 von ihnen für Kaufrüben gezahlten Preis. Die Fabriken sind indessen berechtigt, von Rübenbauern, die ihnen Zuckerrüben aus der Ernte 1916 zu liefern verpflichtet sind, für das Erntejahr 1917 Lieferung von Zuckerrüben von einer gleichgroßen Anbaufläche wie 1916 zu verlangen, dabei gelten die für das Erntejahr 1916 vereinbarten Bedingungen, soweit nicht die oben angegebene Vereinbarung zustande kommt. Die Rübensamen bauenden Landwirte sind nun verpflichtet, eine bestimmte Bodenfläche mit Rüben zu bebauen, d. h. die Zuckerrüben werden seitens der meisten [2]) Fabriken akkordiert. Die Bauern erhalten dafür den Samen umsonst geliefert, sind aber verpflichtet, den gesamten Rübenbetrag den Fabriken zu dem von der Regierung festgesetzten Höchstpreis abzuliefern. Der bebauende Landwirt hat in gewöhnlichen Zeiten noch das Recht, auf die ausgelaubten und getrockneten Rübenschnitzel zur Verwendung als Futtermittel. Infolge behördlicher Regelung erhalten sie neuerdings nicht ganz die ihnen zukommende Menge, sondern 85% (im Vorjahre sogar nur 75%), der übrigbleibende Prozentsatz an Schnitzel muß an die Bezugsvereinigung der deutschen Landwirte [3]) G. m. b. H. seitens der Zuckerfabriken abgeliefert werden. Ähnlich verhält es sich mit der Melasse, die nun zum größten Teil zu dem von der Regierung festgesetzten Höchstpreis durch Vermittlung derselben Gesellschaft zur Verwendung als Viehfutter und zuletzt auch als Kunsthonig auf Bezugsscheine verkauft wird, während die Rüben verarbeitenden

---

[1]) Inzwischen durch § 3 der Verordnung vom 8. 10. 17 aufgehoben.

[2]) In manchen Gegenden indessen sind die Bauern Mitaktionäre der Fabrik. Die Verrechnung geschieht hier nach Rechnungsabschluß durch Differenzierung der erzielten Dividende und des Wertes der jeweils gelieferten Rüben.

[3]) Aufgabe der Bezugsvereinigung der deutschen Landwirte ist: Einfuhr, Beschaffung von Futtermitteln und Verteilung an die Landwirtschaft.

Zuckerfabriken an Rohzuckermelasse nur im Gesamtgewichte von 1/8 vom Hundert der gelieferten Rüben an die liefernden Landwirte zurückliefern dürfen. Durch diese Maßnahme sieht der Rübenpflanzer den ihm bisher zugefallenen Vorteil wesentlich eingeschränkt, umsomehr als die nicht akkordierenden Landwirte ebenfalls durch die genannte Vereinigung mit zuckerhaltigen Futtermitteln bedacht werden. Dazu kommt noch der oben erwähnte Eingriff der Reichsregierung in die Preisgestaltung der Roherzeugnisse. Die Rübensamen bauenden Landwirte zeigen daher wenig Lust, zu den behördlicherseits festgesetzten niedrigen Preisen Samen zu bauen, so daß überall nur ein kleiner Teil der seitherigen Rübenpflanzer zum Rübenbau bewegt werden konnte. Der Anbau von Zuckerrübensamen ist 1917 von 80 000 Morgen auf 40 000 Morgen zurückgegangen. Infolgedessen ist auch die Aussaat an Stecklingen für 1918 sehr mäßig. Es sind nun Befürchtungen entstanden, daß unter den gegebenen Verhältnissen von 1919 an eine große Knappheit an Samen und demnach auch an Zucker eintreten werde. Als Beleg hierfür bringe ich einiges statistisches Material:

1. Aus der Elsässischen Zuckerfabrik Erstein:

Die Gesamtrübenverarbeitung betrug	1913/14	396 736	dz
„ „ „	1914/15	309 885	„
„ „ „	1915/16	45 639	„
„ „ „	1916/17	79 595	„

Aus der Zuckerfabrik Stralsund:

Die Gesamtrübenverarbeitung betrug	1913/14	2 687 420	Ztr.
„ „ „	1914/15	2 605 820	„
„ „ „	1915/16	1 424 000	„
„ „ „	1916/17	1 367 560	„

Die Gesamtrohzuckererzeugung Deutschlands betrug

1914/15	2 600 000	Tonnen
1916/17	1 500 000	„

Aus diesen Zahlen und den obigen Ausführungen dürfte zur Genüge der ursächliche Zusammenhang unserer Knappheit an Zucker zu ersehen sein. Wenn auch dieses Jahr einen hervorragend günstigen Rübenstand aufweist, so kann er dennoch infolge der durch den Rückgang im Anbau verursachten Mindererzeugung nicht ausgeglichen werden. Selbst bei einer vollen Ernte dürfte die Erzeugung höchstens 34 Millionen Zentner im Rohwert erreichen, während in den letzten Friedensjahren über 50 Millionen Zentner erzeugt wurden. Mit allen Mitteln muß nun dahin gestrebt werden, den Rübenanbau wieder auf die Höhe der Friedensjahre zu bringen, andernfalls der Zuckermangel nicht verschwinden wird. Daß unter den obwaltenden Umständen die gesamte deutsche Zuckerindustrie schwer zu leiden hat, dürfte außer Zweifel stehen. Dazu kommt ferner noch, daß die Aufrechterhaltung der Betriebe ununterbrochen durch ungünstige Arbeiterverhältnisse, eine außergewöhnliche Steigerung der Löhne — 60% gegenüber dem Vorjahre — und durch die Schwierigkeit bei der Beschaffung der notwendigsten Materialien usw. ganz bedeutend verteuert und erschwert wurde, während hingegen eine Erhöhung des Rohzuckerpreises infolge des festgesetzten stabilen Höchstpreises nicht vorgenommen werden konnte. Eine interessante Zusammenstellung der täglich auf 1 Zentner Rüben entfallenden Gesamtunkosten von 1912 ab bis jetzt bringt uns die Zuckerfabrik Stralsund in der nachstehenden Tabelle. Danach sind die auf 1 Zentner Rüben entfallenden Unkosten von 22,14 Pfg. auf 47,91 Pfg. gestiegen.

	Pfennig pro Zentner				
	1912/13	1913/14	1914/15	1915/16	1916/17
Löhne und Gehälter	9,95	8,52	7,97	16,48	20,33
Geschäftsunkosten	0,24	0,15	0,28	0,40	0,37
Steuern	0,95	1,17	1,13	2,25	3,57
Versicherungsbeiträge	0,34	0,27	0,31	0,95	1,05
Betriebskosten	1,36	1,22	1,00	2,32	2,76
Hilfsstoffe	1,24	1,12	0,90	1,99	2,32
Koks und Kalk	2,18	2,27	2,12	3,25	3,40
Kohlen	6,32	7,51	8,50	12,18	15,45
Preßtücher	0,47	0,43	0,55	0,88	1,66
	23,05	22,66	22,76	40,77	50,91
Zinsen	0,91	0,80	0,02	1,89	3,—
Gesamtunkosten	22,14	21,86	22,74	38,86	47,91

Da der freie Handel mit Rohzucker unterbunden ist, kommt für die Belieferung der Raffinierien die Reichszuckerstelle in Betracht. Sie erhalten ähnlich, wie wir es bei den Konservenfabriken gesehen haben, die Zuweisungen des Rohzuckers von den Rohzuckerfabriken durch die Unterabteilung der Reichszuckerstelle, die Verteilungsstelle für Rohzucker auf Grundlage der Friedensproduktion. Die liefernde Fabrik beliefert den Rohzucker zu dem von der Regierung festgesetzten Grundpreis (Basis 88% ausbringbarer Zucker). Die Reichszuckerausgleichsstelle ihrerseits übernimmt insbesondere den Ausgleich der Zuckerpreise z. B. durch Verrechnung der Frachten der einzelnen Fabriken. Vielfach wurde über die Maßnahmen geklagt, daß die Zufuhr des seitens der behördlichen Verteilungsstelle zugeteilten Rohzuckers nur auf dem Wasserwege erfolgen dürfte, so daß er nur schleppend eintraf und durch wiederholte Umladungen, Lagerungen usw. schon von vornherein Verluste brachte, die sich durch die von der Regierung festgesetzten Preise niemals ausgleichen ließen.

Die Zuckerfabriken und Raffinerien sind von den Kriegsamtstellen durchweg im Sinne des § 2 des Hilfsdienstgesetzes als kriegswichtig anerkannt worden. Indessen wurde in Erwägung gezogen, ob zwecks Ersparung an Kohlen eine Zusammenlegung der Unternehmungen nicht zu bewerkstelligen sei. Nach sachverständiger Beurteilung mußte der Plan fallen gelassen werden. Zunächst käme durch eine Zusammenlegung keine Kohlenersparnis in Betracht. Für jeden Zentner herzustellenden Zuckers ist eine bestimmte Menge von Kohlen zu rechnen. Haben einzelne Fabriken mehr Rüben zu verarbeiten, so brauchen sie auch mehr Kohlen. Außerdem steigt der prozentuale Kohlenverbrauch mit der Länge der Dauer des Betriebes einer Fabrik, was sich aus der Verrußung der Feuerungsanlagen von selbst ergibt, Fabriken, die bis in den Februar hinein zu arbeiten haben, verbrauchen schließlich bis 30% mehr Kohlen für die Herstellung einer bestimmten Einheit von Zucker als zu Anfang. Ferner würde eine Zusammenlegung eine erhebliche Belastung der Eisenbahn bedeuten, während jetzt viele Fabriken die Rüben vom Felde direkt durch Gespanne erhalten. Schließlich würde auch die Erzeugung von

Zucker durch die Zusammenlegung vermindert werden, denn erfahrungsgemäß geht die Ausbeute der Rüben durch längere Lagerung zurück. Durch Zusammenlegung müßte sich die Ausbeute infolge der sich häufenden größeren Quantitäten länger hinziehen, was naturgemäß für die Verwertung der Zuckerrübe von großem Nachteil sein würde.

9. VERSCHIEDENE SONSTIGE KRIEGSWICHTIGE INDUSTRIEN UND UNTERNEHMUNGEN.

Die Gummiindustrie ist mit ihrem hauptsächlichen Rohprodukt vom Ausland unbedingt abhängig, sodaß sie sich von ihren früheren Bezugsquellen für Rohmaterial abgesperrt sieht. Einige Abhilfe wurde Ende 1916 durch die glücklichen Fahrten der „Deutschland" geschaffen. Indessen kann nicht abgeleugnet werden, daß der Mangel an Rohmaterial eine empfindliche Einbuße für diese wichtige Industrie ist. In der Hauptsache wird die Heeresverwaltung von den noch arbeitenden Industrien beliefert. Durch behördliche umsichtige und weitgehende Beschlagnahme an Guttapercha, Balata, Asbest, Altgummi, Gummiabfällen und Regeneraten nebst ihren Erzeugnissen, ferner Kraftfahrzeug- und Fahrradbereifungen konnten die Industrien noch einigermaßen aufrecht erhalten bleiben. Aus beiliegender Tabelle ist zu ersehen, daß diese Industrie, deren Kriegswichtigkeit ohne weiteres anerkannt wurde, trotz der vorliegenden Schwierigkeiten verhältnismäßig gut abgeschnitten hat.

Gummi-Fabriken.

Stücke zu Mk.	Dividende			G.-Vs. oder ex. Div.	Gesch.-Jahr	Namen	Steuerkurs	Letzter Kurs 1914
	1914	1915	1916					
300. 1500	8	12	—	—	Juli	Harburg-Wiener Gummi	170	122,— b
500. 1000	—	4	4	27. 4.	Jan.	Leipziger Gummiwaren	103	110,75 B
1000	7	7	9	4. 4.	Jan.	Müller Gummifabrik	90	99,— G
300. 1000	4	4	6	31. 3.	Jan.	Norddeutsche Gummi	88	75,50 et. b G
1000	7	8	10	31. 3.	Jan	Vereinigte Berlin-Frankf. Gummi	112	107,— G
1000	5	8	10	13. 4.	Jan.	Vereinigte Hanfschlauch Gotha	139	96,50 b G

Die Elektrizitätsindustrie nahm eine befriedigende Entwicklung, da auch ihr Kriegsbestellungen zuflossen. Da aber in der Starkstromindustrie große Kapitalien arbeiten, war die Erhöhung der Dividenden, wie aus der unten angeführten Tabelle zu ersehen ist, nur mäßig, so bei der A. E. G. von 11 auf 12%, bei Schuckert von 6½ auf 8%, während Siemens & Halske bei 12% stehen blieben. Die Kurse haben mit Ausnahme von Bergmanns, E. W., die einen Aufstieg von 97½ auf 195% zu verzeichnen haben, keine großen Veränderungen erfahren.

Elektrizitäts-Gesellschaften.

Dividende 1914	1915	1916		Letzter Kurs 1914	Steuerkurs	Kurse am: 1917
11	12	—	Allg. Elektr. Ges.	219,75	220	14. 2. = 221,25% 19. 2. = 223% 14. 3. = 216¾%
5	10	10	Bergmann Elektr. Werke	97	182	10. 4. = 195%
5	5	—	Elektr. Licht- u. Kraftanl.	121	102	2. 3. = 101%
6	6	5	Gesellschaft für elektr. Unternehm.	137,10	117	14. 2. = 123% 24. 2. = 139%
6½	8	—	Schuckert Elektriz.	124	145	15. 1. = 143,25%
12	12	—	Siemens & Halske	194	225	18. 1. = 217% 2. 2. = 207,75%

Der Mühlenindustrie war zu Beginn des Krieges die Abstoßung vorhandener Getreidevorräte mit erheblichem Nutzen möglich. Dann kam die Errichtung der Reichsgetreidestelle, wodurch die Mühlen nur noch in Lohnarbeit stehen; aber auch unter diesen Verhältnissen, welche auf der anderen Seite den Vorteil haben, daß die Müllerei dem Einfluß der Getreidepreisschwankungen entgeht, arbeiteten die meisten Mühlen mit befriedigendem Erfolg.

Die Sägemühlenindustrie. Nach Eintreten der Mobilmachung war in der Sägemühlenindustrie ein merklicher Stillstand eingetreten. Die Zahl der Arbeitskräfte war gewaltig zurückgegangen. Die meisten Unternehmungen, in der Hauptsache Einzelunternehmungen, fanden den zur Aufrechterhaltung ges Betriebes notwendigen Absatz infolge des vollständigen Stillstandes der Möbelindustrie nicht mehr. Erst allmählich nach Einsetzen des Bedarfs an Heereshölzern fand die Umsetzung der Werke auf den Heeresbedarf statt. Nach Einführung des Hilfsdienstgesetzes hat sich nun in der Sägewerksindustrie infolge des außerordentlichen Bedarfs an Fronthölzern, Propellerhölzern und Gewehrhölzern ein großer Aufschwung vollzogen. Werke, die stillgelegt waren, wurden durch Eingreifen der Kriegsamtstellen wieder in Betrieb gesetzt. Bestehende Unternehmungen haben eine Erweiterung erfahren. Ferner ist auch eine außerordentlich große Nachfrage nach Sägewerksanlagen bemerkbar. Große Umsätze in Schneidemühlen haben auch in letzter Zeit stattgefunden. Besonders in den Reichslanden konnten die Sägewerke ungeahnte Konjunkturgewinne einbringen. Hier werden in der Hauptsache beliefert die Etappenintendanturen, die Artilleriewerkstatt Straßburg, die Flugzeugfabrik Friedrichshafen, die Propellerfabriken Berlin und Frankfurt a. M., die Gewehrfabrik Erfurt und die vielen kriegswichtigen Betriebe. Die Zahl der Arbeiter schwankt in der Regel zwischen 10 und 40.

Die Tabakindustrie. Durch den Massenbedarf des Heeres und der Marine an Rauch- und Kautabak, an Zigarren und Zigaretten hatten die Unternehmungen in der Tabakindustrie gute Konjunkturen aufzuweisen, wobei die Hauptgewinne durch die Verwertung der reichlich vorhandenen Lager erzielt wurden. Vor dem Krieg hatte der Konsum an Rauchtabak durch den Aufschwung der Zigarren- und vornehmlich der Zigarettenindustrie erhebliche Einbuße erlitten, sodaß die Produktion an Rauchtabak entsprechend zurückging. Der Krieg hat dann eine Wandlung geschaffen, denn plötzlich kam die Pfeife, hauptsächlich die Shagpfeife zu ungeahnten Ehren. Unsere Feldgrauen befreundeten sich in der Eintönigkeit des Lagerlebens sehr bald mit dem gemütlichen Pfeifchen, und die Nachfrage nach Rauchtabak wurde ganz bedeutend; bald wurden vielfach die großen Vorräte aufgebraucht und es trat im Juli 1916 die erste Stockung in der Belieferung der Händler ein. Im Oktober 1916 trat dann die behördliche Reglementierung in Form der Kontingentierung ein, nach vorheriger Bestandsaufnahme der Tabakvorräte. Vom 1. Februar 1917 mußte die Produktion an Zigarren, Kautabak und Schnupftabak um 20%, an Rauchtabak und schwarzen Zigaretten um 30% gegenüber dem Produktionsjahre 1915 eingeschränkt werden. Seit 1. Mai 1917 ist die Kürzung sogar auf 40% und für Rauchtabak sogar auf 50% festgesetzt worden. Von diesen 40 bezw. 50% der zugelassenen Produktion sind für die Heeresverwaltung 75% beschlagnahmt, während nur 25% für den Zivilbedarf freigegeben ist. Mit dieser Einschränkung ist aber weiter noch die Kalamität verbunden, daß durch andere Maßnahmen, wie zeitweilige Schließung der Zigarettenfabriken zwecks Sicherstellung der Feldarbeiten und der Ernte, eine weitere unfreiwillige Produktionseinschränkung stattfinden mußte, sodaß es den Fabrikanten vielfach sogar schwer fiel, auch nur den Stand zu erreichen, der heute noch gestattet ist. Daß unter diesen Verhältnissen ein großer Mangel an Rauch- und Schnupfmaterial entstanden ist, läßt sich leicht erkennen.

Die Unternehmungen haben durchweg gut abgeschnitten, so erreichten die Kursnotierungen der Elsässischen Tabakmanufaktur Straßburg März 1917 250% gegenüber 175% im Vorjahre, und 149% im Jahre 1914. Die Frage, ob die Tabakmanufakturen als kriegswichtig anzuerkennen wären, wurde von den Kriegsamtstellen verschiedentlich beurteilt. In Straßburg wurde sie verneint, indessen wurden die Maschinisten, Tabakröster, Heizer und Mechaniker dem Einberufungsausschuß zur Berücksichtigung anempfohlen.

Eine der jüngsten kriegswichtigen Industrien will ich nicht unerwähnt lassen, und zwar d i e F l u g z e u g i n d u s t r i e.

Neben Heer und Marine, die getreu ihrer Überlieferung zu Land und zu Wasser seit nun mehr als 3 Jahren das deutsche Reich gegen eine Welt von Feinden verteidigen, haben sich im Verlaufe des Feldzuges die erst im Kriege geborenen Luftstreitkräfte den traditionellen Überlieferungen ihrer Schwesterwaffen ebenbürtig erwiesen und unvergänglichen Ruhm erworben.

Hervorgegangen aus wagemutigen Versuchen junger Offiziere, die unter Einsetzung ihres eigenen Lebens das Fundament für das jetzt ins Riesenhafte gewachsene Gebäude geschaffen haben, trug die Fliegertruppe für die Allgemeinheit bis zu Beginn des Krieges mehr den Charakter eines gefährlichen Sportes als eines tatkräftigen Hilfsmittels der Truppe. Welche Bedeutung der Flieger für die Truppenführung besaß, trat im vollen Umfange gleich in den ersten Tagen des Feldzuges mit außerordentlicher Schärfe hervor. Die Überlegenheit unserer westlichen Feinde in der Luft zwang die junge Waffe von Kriegsbeginn an zu einem Ausbau, wie er bisher in der militärischen Geschichte noch nicht erlebt wurde. Mit fieberhaften Kräften wurde an der Organisation der Fliegertruppe in sich, an dem Ausbau und der Nutzbarmachung aller Firmen, die für die Flugzeugindustrie in Frage kamen, gearbeitet. Das ständige Fortschreiten der Technik, das rastlose Arbeiten unserer Gegner, die genau, wie wir, die Bedeutung der Luftherrschaft erkannt hatten, stellt die Offiziere der Luftstreitkräfte und die Ingenieure der Flugzeugindustrie vor täglich wachsende neue Aufgaben. In anerkennenswerter Selbstlosigkeit hat nun die gesamte deutsche Flugzeugindustrie, ohne Rücksicht auf die Möglichkeit der späteren Ausnutzung im Frieden, die Vergrößerung ihrer Anlagen und Vermehrung ihres Arbeitspersonals und Maschinenstandes trotz der täglich ungünstiger werdenden Verhältnisse vorgenommen.

Eine Besserung der Arbeitsverhältnisse trat erst nach Einführung des Hilfsdienstgesetzes ein. Daß die Unternehmungen gut abschnitten, wird bei dem steten Mehrbedarf und der entgegenkommenden Unterstützung, die sie seitens der Heeresverwaltung erfahren, ohne weiteres zugegeben werden müssen.

Die bayerische Flugzeugwerke, A.-G., in München bringen folgenden Jahresabschluß:

„Im ersten Geschäftsjahr bleibt ein Reingewinn von 1 355 444 Mk., woraus 1 100 000 Mk. zu Rückstellungen verwendet, 20% Dividende verteilt und 55 444 Mk. vorgetragen werden. In der Bilanz erscheinen Vorräte mit 1,67 Mill. Mk. Von der Heeresverwaltung wurden 1,50 Mill. Mk. Anzahlung für später abzuliefernde Flugzeuge geleistet.“

B. DIE FRIEDENSWIRTSCHAFT ODER DIE SOGEN. „STIEFKINDER“ DER KRIEGSKONJUNKTUR.

Nachdem wir im vorigen Abschnitt den Verlauf der wichtigsten, durch die Kriegskonjunktur mehr oder weniger begünstigten Industrien kennen gelernt haben, erscheint es nicht uninteressant, einen Blick auf jene Unternehmungen zu werfen, die vom Kriege keinen Nutzen zogen und sich auch nicht auf die Kriegswirtschaft einrichten konnten. Auch hier kann man nicht verallgemeinern, denn Wesensverschiedenheiten in den Unternehmungen gibt es in jeder Industrie. Es darf daher nicht abgestritten werden, daß auch manche jener Industrieunternehmungen, die mit militärischen Bestellungen wenig oder gar nichts zu tun hatten, in den Stand gesetzt wurden, die ihnen innewohnenden Produktivkräfte zu verwerten.

1. DIE KALIINDUSTRIE.

Diese Industrie war in den letzten Jahren Gegenstand sehr lebhafter Besprechungen. Das erklärt sich schon daraus, daß sie eine Sonderstellung einnimmt, wie sie kein anderer Industriezweig zu verzeichnen hat. Das Kalisalz, als wichtiges Düngemittel, scheint die Natur ausschließlich dem deutschen Boden zum Geschenk gemacht zu haben, denn es wurden trotz vieler Mutungen in anderen Ländern bisher keine abbauwürdigen Kalisalze gefunden. Man kann daher mit Recht von einem Kalimonopol Deutschlands sprechen, da die Landwirtschaft fremder Länder darauf angewiesen ist, von Deutschland das hervorragende Düngemittel zu beziehen. Durch den Krieg wurde die Kaliindustrie, wie viele andere, in hohem Maße betroffen, und ihre Leiden werden noch dadurch verschärft, daß am 28. 1. 1915 ein Ausfuhrverbot für Kalisalze erlassen wurde. Da Ausfuhrbewilligungen nur in geringem Umfange erteilt wurden, mußte sich der Absatz in der Hauptsache auf den Inlandsmarkt beschränken, der bei den unzureichenden Preisen, wie sie durch das Kaligesetz hierfür festgesetzt sind, schon in Friedenszeiten wenig lohnend war und jetzt infolge der erheblich gestiegenen Ausgaben für Löhne und Materialien häufig nur mit Verlust benutzt werden konnte. Erleichterungen wurden allerdings der Kaliindustrie dadurch zugeführt, daß auf die gesetzliche 60-Pfg.-Abgabe gemäß § 27 des Kaligesetzes verzichtet und die Preise wiederholt mäßig erhöht wurden. Durch die neue Preiserhöhung fällt der Kaliindustrie allerdings ein erhöhter Gewinn zu, der jedoch zum Teil, etwa zur Hälfte, durch Mehrkosten und Löhne für Materialien wieder aufgebraucht wird. Daß die Kaliindustrie unter den obwaltenden Umständen schwer zu kämpfen hatte, geht daraus hervor, daß von den 204 Kaliwerken nur ganz wenige eine Ausschüttung vornehmen konnten. Am schlechtesten schnitt allerdings die Oberelsässische Kaliindustrie ab. Die unterbundene Kaliausfuhr der größtenteils im Operationsgebiet liegenden oberelsässischen Kaliwerke im Kreise Mülhausen einerseits, wie der auch in der Kaliindustrie sich fühlbar machende Arbeitermangel, haben der jungen aufstrebenden Industrie Halt geboten. Auch die höher gesetzten Verkaufspreise haben die Fehlbeträge der drei Kriegsjahre nicht einzuholen vermocht. Auf Gewerkschaft Marx hat das letzte Geschäftsjahr eine Erhöhung des Verlustes auf 523 000 Mk. ergeben, bei der Gewerkschaft Marie ist die Unterbilanz auf 522 000 Mk. gestiegen, die Gewerkschaft Marie-Luise in Wittenheim arbeitet mit einem Geschäftsverlust von 565 000 Mk., wofür eine Zubuße von 250 000 Mk. eingezogen werden muß.

In der Hauptsache nun wird in der Kaliindustrie erst mit dem Frieden eine bessere Konjunktur zu erwarten sein, wie denn auch die Kaliwerte stets nur als sogenannte Friedenswerte angesprochen werden. In allen Auslandsstaaten sind die Kalivorräte vollständig geräumt. Es ist daher wohl möglich, daß nach dem Krieg in der Ausfuhr der Kaliprodukte ziemlich weitherzig verfahren wird, denn man wird geeignete Exportartikel finden müssen, um die zu erwartende Hochflut unserer Einfuhr zu bezahlen.

2. DIE ZEMENTINDUSTRIE.

Die Zementindustrie gehört zu denjenigen Industriezweigen, die durch den Krieg außerordentlich zu leiden haben, da die Bautätigkeit vollständig darniederliegt. Ihre Lage ähnelt in mancher Beziehung derjenigen der Kaliindustrie. Bei beiden wurde schon vor dem Krieg darüber geklagt, daß durch die fortwährende Gründung neuer Werke eine Überproduktion entstanden sei, welche die Unternehmungen unrentabel mache. Umsomehr machte sich durch den Krieg eine große Notlage geltend. Eine gewisse Gesundung trat erst ein durch die Zementverordnung vom 29. Juni 1916, welche indessen als zweischneidiges Schwert, nicht ohne Eingriff prinzipieller Natur in die bisherige Wirtschaftsordnung verblieb, und zwar durch die Ausschaltung des Grundsatzes der Gewerbefreiheit und des freien Wettbewerbs. Der wesentliche Inhalt der Verordnung lautet wie folgt:

„Verträge über Lieferung von Zement, durch welche eine Lieferungspflicht für die Zeit nach dem 31. Dezember 1916 begründet wird, dürfen vor dem 1. Dezember 1916 nicht abgeschlossen werden. Der Reichskanzler kann für die Zeit nach dem 30. November 1916 weitere Beschränkungen für den Abschluß von Verträgen über Lieferung von Zement anordnen.

Verträge über Lieferung von Zement sind nichtig, soweit sie der Vorschrift im Absatz 1 oder den auf Grund des Abs. 2 erlassenen Bestimmungen zuwider angeschlossen sind.

Die Errichtung neuer und die Erweiterung bestehender Anlagen zur Herstellung von Zement wird verboten; das gleiche gilt von der Umwandlung bestehender Anlagen in Anlagen zur Herstellung von Zement. Der Reichskanzler kann Ausnahmen von diesen Vorschriften zulassen.

Die Vorschriften u. Abs. 1 finden auf Anlagen, mit deren Errichtung, Erweiterung oder Umwandlung bereits vor Inkrafttreten dieser Verordnung begonnen ist, keine Anwendung. Der Eigentümer ist verpflichtet, bis zum 15. Juli 1916 dem Reichskanzler von solchen Arbeiten Anzeige zu machen und auf Erfordern nähere Auskunft zu geben. Der Reichskanzler kann die Fortsetzung der Errichtung, Erweiterung oder Umwandlung der Anlagen verbieten.

Zement im Sinne dieser Verordnung sind Portlandzement, Eisen-Portlandzement, Hochofenzement, Schlackenzement und zementähnliche Bindemittel.“

Diese Verordnung über Beschränkungen des Absatzes und der Erzeugung von Zement mit ihren verschiedenen Ergänzungen war zweifelsohne die Anbahnung zu einem Zwangssyndikat bzw. einer Zwangskontingentierung. Um indessen einer staatlichen Zwangssyndizierung aus dem Wege zu gehen, schlossen sich die Unternehmungen und die bereits vorhandenen einzelnen Syndikate im Wege der Selbsthilfe zu einem wirtschaftlichen Verbande zusammen. Wohl mußte hier und da ein persönliches Opfer gebracht werden. Nachdem diese Einigung herausgearbeitet worden war, konnten die Wirkungen der Zementverordnung erst für die Zementindustrie von Nutzen sein. Die Industrie war geeinigt; sie hatte eine Stelle, mit der die Reichsregierung, und nicht zuletzt auch die Heeresverwaltung, rechtsverbindlich und rechtsverpflichtend verhandeln konnte. Wie steht sich nun der Verbraucher zu dieser Syndizierung gegenüber? Zunächst muß vorausgesetzt werden, daß Zement eine Qualitätsware ist. Im Syndikat gilt indessen der beste Portlandzement nicht mehr als der schlechteste. Die naheliegende Folge der Syndizierung bringt die Gefahr mit sich, daß die Qualität der gesamten Zementherstellung heruntergedrückt wird. Der Zusammenschluß wird natürlich auch auf die Erhöhung der Zementpreise hinauslaufen. Diese Argumente haben sich auch bewahrheitet. Die von dem deutschen Arbeitgeberbund für das Baugewerbe im vorigen Jahre in ihrer Eingabe an den Bundesrat gehegten Befürchtungen hinsichtlich der zu erwartenden ungünstigen Wirkungen der Ausschaltung des Wettbewerbs sind eingetroffen. Preiserhöhungen mußten verschiedentlich mit Genehmigung der Reichsstelle für Zement vorgenommen werden, wobei nicht in Abrede gestellt werden kann, daß auch die starke Erhöhung der Selbstkosten hierbei ebenfalls eine Rolle gespielt hat. Neuerdings ist der private Bedarf ganz in den Hintergrund getreten. Durch behördliche Anordnung (Reichsstelle für Zement) wird Zement außer für direkte Heereszwecke zur Deckung des indirekten Kriegsbedarfs nur dann geliefert, wenn die Dringlichkeit nachgewiesen ist. Indessen wird aus wirtschaftlichen Gründen (Verbesserung unserer Valuta) die Belieferung des neutralen Auslandes nicht ganz vernachlässigt. Aus Rheinland-Westfalen gehen fortgesetzt nicht unbeträchtliche Mengen Zement nach Holland. Leider hält sich die Zementherstellung und der Versand nicht ganz auf der Höhe des Vorjahres.

Der Rechnungsabschluß vom 31. 12. 1916 der Lothringer Portland-Zement-Werke (Straßburg) brachte 1916 0% Dividende gegenüber 9% im Jahre 1913. Das abgelaufene Geschäftsjahr weist einschließlich 48 338,25 Mk. Vortrag einen Betriebsüberschuß von 354 398,86 Mk. aus. Dagegen wurden 206 038,21 Mk. zu Unkosten usw., 8000 Mk. für Vergütungen an Beamte und Meister, 63 291,25 Mk. für Teilschuldverschreibungen-Zinsen und 219 630,36 Mk. zu Abschreibungen verwendet, so daß sich ein Verlust von 142 560,96 Mk. ergibt, der auf neue Rechnung vorgetragen werden soll. Das Geschäftsjahr 1916 brachte keine Besserung gegenüber den ungünstigen Verhältnissen des voraufgegangenen Jahres. In den ersten Monaten des Jahres zeigte der Versand eine beachtenswerte Zunahme; im Mai setzte aber ein stetig wachsender Rückgang ein. Die Syndikatsabrufungen wurden infolge der mehr und mehr erlahmenden Bautätigkeit im Syndikatsgebiet immer geringer. Der Zementbedarf der Militärverwaltung für die den Werken der Gesellschaft nächstgelegenen Teile des besetzten Gebiets wurde zumeist von rechtsrheinischen Werken gedeckt zu Preisen, die wesentlich unter den Kriegsgestehungskosten der Gesellschaft lagen. Erst gegen Ende des Jahres trat eine Änderung ein, die der Gesellschaft gestattete, wieder an den Lieferungen für die Militärbehörde teilzunehmen.

3. DAS BAUGEWERBE, TERRAIN- UND BAU-GESELLSCHAFTEN.

Am härtesten ist zweifelsohne das Baugewerbe durch den Krieg betroffen worden. Im Laufe der Zeit mußte die private wie auch die öffentliche Bautätigkeit fast ganz ruhen. Bauten dürfen jetzt von Privaten ohne Genehmigung der Kriegsamtstellen überhaupt nicht begonnen werden. Bei dem immer fühlbarer werdenden Mangel an Arbeitskräften — die wenig übrig gebliebenen werden noch dazu durch Wirkung des Hilfsdienstes anderen kriegswichtigen Berufsarten zugeführt — und Rohstoffen ist eine Geschäftsbelebung kaum mehr zu erwarten. Nur die für Heereszwecke und für die Landesverteidigung notwendigen Bauten werden mit den wenigen zur Verfügung stehenden Leuten weiter gefördert. In letzterem Falle wird die Tätigkeit im Baugewerbe als vaterländischer Hilfsdienst angesehen. Zur Veranschaulichung des Rückgangs im Baugewerbe bringe ich nachfolgend eine Tabelle verschiedener Terrain- und Baugesellschaften:

Terrain- und Baugesellschaften.

Stücke zu Mk.	Dividende 1914	1915	1916	C.-Vs. oder ex. Div.	Gesch.-Jahr	Namen	Steuerkurs	Letzter Kurs 1914
500	—	10	12	26. 4.	Jan.	Akt.-Ges. für Bauausführungen	112	84,— b G
2000	—	—	—	19. 6.	Jan.	Allgem. Boden-Akt.-Ges.	60	—
300. 1200	—	—	—	9. 3.	Jan.	Allgemeine Häuserbau	35	41,25 G
2000	—	—	—	26. 6.	Jan.	Bauland Seestraße-Nordpark	60	77,— B
600	—	—	—	26. 2.	i. Li.	Berliner Neustadt (M. p. St. zgz. 966 M.)	30	38,— b
1000	—	—	—	27. 4.	Jan.	Berlin-Nordost	130	153,— B D
1000	8	10	12	18. 4.	Febr.	Beton- und Monierbau	145	144,50 B
600	—	—	—	19. 5.	i. Li.	Birkenwerder Vorz.-Akt.	8	11,50 G
2000	—	—	—	—	Jan.	Boden A.-G. am Amtsgericht Pankow	25	42,— G
2000	—	—	—	25. 5.	Jan.	Bodenges. Berlin-Nord	25	39,— b G
1000	—	—	—	20. 3.	Jan.	Bodenges. Hochb. Schönhauserallee	50	55,75 b
1000	—	—	—	12. 5.	Jan.	Borsigwalder Terrain	52	54,— B
600	—	—	—	10. 3.	i. Li.	Cement Bau-Ges. (M. p. St. zgz. 960 M.)	300	450,— B
300. 1000	4	4	3V	3. 4.	Jan.	Dresdener Bau-Gesellschaft	115	119,50 G
1000	—	—	—	5. 4.	Jan.	Frankfurter Chaussee	60	71,50 G
1000	—	—	—	19. 6.	Jan.	Handelsgesellschaft für Grundbesitz	130	151,— G
1000	4½	3½	2V	1. 6.	Jan.	Handelsstätte Belle-Alliance	91	98,25 G
300. 500	—	—	—	30. 5.	Jan.	Hannoversche Baugesellschaft	50	51,25 et b G
1000	5	5	5	26. 3.	Jan.	Hannoversche Immobilien	85	122,— G
3000	—	—	—	26. 3.	Jan.	Heilmannsche Immobilien-Ges.	62	62,50 b
1000	10	12V	—	23. 2.	Okt.	Held & Francke	152	142,— b G
1000	—	—	—	—	Juli	Hohenzollernkanal	65	71,— G
300	9	7½	7½	30. 4.	Jan.	International. Bau-St.Pr.	155	200,— G
500	—	—	—	—	Okt.	Kaiser Wilhelmstraße i. Liquid.	30	38,25 b G

4. DIE TON- UND ZIEGELINDUSTRIE.

Der Krieg hat der Ziegelindustrie ganz unvorhergesehen einen großen Schaden zugefügt. Allerdings war die Lage derselben bereits vor dem Krieg nicht als glänzend anzusprechen. Durch scharfen Wettbewerb und Übererzeugung infolge der verminderten Bautätigkeit während der letzten Jahre vor Kriegsausbruch waren die Preise sehr gedrückt, so daß oft die Selbstkosten nicht gedeckt wurden. Die Versuche, eine Besserung herbeizuführen, waren nicht überall von Erfolg begleitet, sondern nur da, wo ein Zusammenschluß oder eine Verkaufsvereinigung geregelte Preise einführen konnte. Durch die Kriegsereignisse fand nun eine stetige sich steigernde Abnahme der Beschäftigung in der Ziegelindustrie statt, die mit dem Rückgang der Bautätigkeit Hand in Hand ging. Nur einigen Werken war es infolge ihrer günstigen Lage vergönnt, ihren Betrieb nach kurzer Unterbrechung bald wieder ganz aufzunehmen. Infolge des beständig steigenden Bedarfs an Heereslieferungen waren viele Unternehmungen der Kriegsindustrie gezwungen, ihre Werke auszubauen; eine große Zahl bedeutender Neuanlagen und Fabrikbauten wurde geschaffen, um dem Bedarf gerecht zu werden. Die nun in der Nähe solcher industriellen Werke befindlichen Ziegeleien oder solche mit günstiger Bahnverbindung waren daher befriedigend beschäftigt. Hingegen erlitten die abgelegenen Werke und besonders die kleinen Ziegeleien in den drei Kriegsjahren bedeutenden Schaden. Von den wenigen kleinen Ziegeleien, die im letzten Jahre Arbeiter beschäftigt haben, hat nur ein kleiner Teil überhaupt Ziegelwaren neu hergestellt. Verschiedene Werke haben alte Halbfabrikate gebrannt, und andere haben versucht, Nebenbeschäftigungen aufzunehmen, so durch Herstellung von Dörrgemüsen usw. Da in den wenigsten Fällen Ziegeleien von den Kriegsamtstellen als kriegswichtig bezeichnet werden, so wird es sich kaum vermeiden lassen, daß noch weitere Stillegungen erfolgen. Um einer Zwangssyndizierung und einer damit verbundenen zwangsmäßigen Stillegung einzelner Unternehmungen zu entgehen, suchen die Ziegeleibesitzer einen umfassenden Zusammenschluß mit örtlichen Verkaufsvereinigungen im Wege der Selbsthilfe herbeizuführen.

Wohl die wenigsten Werke, insoweit Gesellschaftsunternehmungen in Frage kommen, haben in den Kriegsjahren Ausschüttungen vorgenommen. In den meisten Fällen wurde mit Verlust gearbeitet. So bringen beispielsweise die Reudener Ziegelwerke, vormals Clemens Dehnert, Akt.-Ges. (Reuden bei Zeitz) folgenden Jahresabschluß pro 1916.

Dividende 0%. Herstellungserlös einschließlich 3743,26 Mk. Pachtzinsen = 250 260,55 Mk. Es erforderten allgemeine Unkosten, Gehälter, Zinsen usw. 280 606,55 Mk., so daß sich ein Verlust von 30 346 Mk. ergibt, um den sich der Fehlbetrag aus 1915 auf 69 058,76 Mk. erhöht, der auf neue Rechnung vorgetragen werden soll. Die Abschreibungen auf Anlagen in Höhe von 22 922,51 Mk. wurden dem Erneuerungsfonds entnommen.

Ähnlich ergeht es den Steingut- und Porzellanfabriken.

Die Steingutfabrik Grünstadt, A.-G. (Grünstadt Pfalz), bringt pro 1916 folgenden Abschluß:

„Es ergibt sich für das abgelaufene Geschäftsjahr bei 11 239,10 Mk. Abschreibungen ein Verlust von 49 794,67 Mk., um den sich der Verlustvortrag auf 63 330,42 Mk. erhöht.“

In der Porzellanerzeugung war die Einträglichkeit nicht günstig, wofür die Abschlüsse zahlreicher Aktienunternehmungen sprechen. Besonders gilt dies für die Luxusporzellanherstellung. Der langandauernde Krieg hat die mißliche Lage der Luxus-Porzellanindustrie noch mehr verschärft. Durch die Unterbindung eines wesentlichen Teiles der Ausfuhr sind die Unkosten zur Aufrechterhaltung der Betriebe bedeutend gestiegen, so daß die Gestehungskosten mit den Verkaufspreisen nicht mehr im Einklang standen. In jüngster Zeit haben infolgedessen die Vereinigten Thüringer Luxus-Porzellanfabriken eine allgemeine Preiserhöhung von 30—40% eintreten lassen. Was die Porzellangeschirrherstellung anlangt, so haben hier die wirtschaftlichen Verhältnisse etwas besser gelegen, weil durch den festen Zusammenschluß der Hersteller die Preisfrage leichter zu regeln gewesen ist. Als Ergebnis des Geschäftsjahres 1916 bringt die Porzellanfabrik Fraurent:

Die Hauptversammlung genehmigte den dividendenlosen Abschluß und stimmte dem Antrage zu, den Gewinnüberschuß von 75 816 Mk. zu Abschreibungen auf Gebäude zu verwenden.

Ferner die Porzellanfabrik Kahla (Sachsen-Altenburg):

Die Hauptversammlung genehmigte den einen Verlust von 296 123 Mk. aufwerfenden Abschluß. Geheimrat Strupp teilte mit, daß der Geschäftsgang im neuen Jahre (1917) sich erheblich gebessert habe und ein günstiger Abschluß zu erwarten sei.

Die Porzellanfabrik Schönwald (Oberfranken):

In der Hauptversammlung wurde der dividendenlose Abschluß einstimmig genehmigt. Die Verwaltung teilte mit, daß der Geschäftsgang im laufenden Jahre (1917) insofern eine Besserung erfahren habe, als die Nachfrage erheblich gestiegen sei. Wenn nicht die Gesellschaft zurzeit noch mit einigen Schwierigkeiten wegen der Kohlenzufuhr zu kämpfen hätte, so würde unzweifelhaft ein besseres Ergebnis als im Vorjahre zu erzielen sein.

5. DIE GLASINDUSTRIE.

Zu jenen Industrien, die während des Krieges manche Wandlungen mitgemacht haben, gehören die Glasfabriken. Bald nach Kriegsausbruch ergab sich die Notwendigkeit, die Fabrikation stark zu drosseln und Einschränkungen von 50% und mehr in der Erzeugung vorzunehmen. Mit einem Schlage war der immerhin bedeutende Export abgerissen worden. Die Lagerbestände waren noch sehr erheblich und dieser Zustand hielt bis in das Jahr 1915 an. Dann setzte langsam eine Besserung ein, so daß bis zur Einführung des Hilfsdienstgesetzes über Arbeitsmangel nicht geklagt wurde. Die Nachfrage nach Tafelglas war geradezu stürmisch geworden. Die chemische Industrie hat einen lebhaften Bedarf an Erzeugnissen der Glasfabrikation, Flaschen und Gläser wurden in großen Mengen benötigt und manchem Glasindustriellen machte die Schwierigkeit, sich Rohmaterial und Arbeitskräfte zu beschaffen, mehr Kopfzerbrechen als die Frage, wie die Erzeugung verwertet werden soll. So erreichten im

Jahre 1916 viele Glasfabriken die Höhe der letzten Friedensjahre, es erreichte beispielsweise bei der Aktiengesellschaft Gerresheimer Glashütten-Werke, vorm. Ferd. Heyc, Düsseldorf, die vorjährige Ausschüttung 14% gegen 10 und 8 in den beiden Vorjahren. Der Geschäftsbericht gibt indessen bekannt, daß der Verkauf der größtenteils niedrig zu Buch stehenden Lagerbestände das Gewinnergebnis nicht unerheblich beeinflußt hat.

Nach Einführung des Hilfsdienstgesetzes wurde die Frage der Zusammenlegung der Unternehmungen dieser Industrie erwogen. Als Hauptgrund wurden geltend gemacht die sich immer schwieriger gestaltenden Fabrikationsverhältnisse und die verminderte Belieferung an Kohlen. Die Zusammenlegung ist nun so weit geregelt, daß etwa die Hälfte der Unternehmungen infolge behördlicher Maßnahmen stillgelegt wurden. Die Entschädigungsfrage für die stillgelegten Unternehmungen wurde durch Errichtung von Entschädigungsgesellschaften gelöst, beispielsweise der Entschädigungsgesellschaft „Deutsche Weißhohlglashütte, G. m. b. H.". Gegenstand des Unternehmens ist die Aufbringung von Mitteln zur Entschädigung der infolge der Verfügung des Reichskommissars für Kohlenverteilung oder des Kriegsamtes ganz oder teilweise zum Stillstand gekommenen Weißhohlglashütten und Regelung deren Wiederinbetriebsetzung. Als Entschädigung wird für jeden infolge behördlicher Maßnahmen kaltgestellten Ofen ein vom Aufsichtsrat zu bestimmender Prozentsatz der tatsächlich an Arbeiter und Betriebsbeamte bezahlten Löhne und Gehälter, die der Glasberufsgenossenschaft nach § 10 Ziffer 6 der Geschäftsanweisung nachgewiesen worden sind, gezahlt.

Über diese Regelung wäre an und für sich nichts einzuwenden, wenn nicht die Entschädigung der stillgelegten Unternehmungen auf den letzten Abnehmer abgewälzt würde. So liegen mir einige Formulare von Glasfabriken vor, die ihrer Kundschaft einen Aufschlag von hundert und mehr Prozent ankündigen, wobei die 15% Reichszuschlag zur Entschädigung der stillgelegten Unternehmungen noch besonders in Rechnung gestellt werden. Die Kristallglasfabrik Tritschler, Winterhalter & Co. in Neustadt-Wald-Naab berechnet nach dem in Abschrift hierunter abgedruckten Zirkular 150% Gesamtzuschlag.

Neustadt W. N., den . . . .

An die Firma . . . .

Die sich immer schwieriger gestaltenden Fabrikationsverhältnisse, die demnächst in Kraft tretende 20prozentige Kohlensteuer sowie Güterverkehrssteuer, ganz besonders aber die durch regierungsseitige Maßnahmen veranlaßte Stillegung etwa der Hälfte unserer Betriebswerkstätten und die damit selbstredend im Zusammenhang stehende Frage der Entschädigung der davon betroffenen Betriebe zwingt die Industrie, vom 1. August ab einen weiteren Teuerungszuschlag in Anrechnung zu bringen. Wir bitten hiervon Kenntnis zu nehmen und verweisen im übrigen auf nachstehende Ausführungen.

Der Ausschuß der Weißhohlglasindustrie für die Still- und Zusammenlegung von Betrieben.

Unter Bezugnahme auf die obige Bekanntmachung teilen wir mit, daß wir vom 1. August 1917 ab einen Zuschlag von 150% auf alle bis zu diesem Zeitpunkt noch nicht erledigten Aufträge in Anrechnung bringen werden.

Hochachtungsvoll

Tritschler, Winterhalter & Co.

Ähnliche Schicksale haben bzw. werden noch sämtliche sogenannte „Stiefkinder" der Kriegskonjunktur, worunter auch die Möbelindustrie und die Bierbrauereien zu rechnen sind, erleiden müssen. Bei den letzteren wäre noch zu erwähnen, daß trotz der gewaltigen Einschränkung des Bierkonsums infolge Rohstoffmangel die Unternehmungen meist gut abgeschnitten haben und zwar durch entsprechende Aufschläge auf die festgesetzten Grundpreise. Ihre schönen Tage sind nun auch gezählt, da die Zusammenlegung bereits von Berlin aus geregelt ist.

C. ZUSAMMENFASSENDER UND KRITISCHER RÜCKBLICK.

Wer sich nun der Mühe unterzieht, einen Rückblick auf den historischen Werdegang der einzelnen Industrien, der mehr oder weniger ausführlich in den vorhergehenden Abschnitten geschildert ist, zu werfen, wird die in ganz verschiedener Art und Weise zum Ausdruck gebrachte Umklammerung der Industrien durch staatliches Eingreifen deutlich erkennen. Die Vorbedingungen hierzu waren durch die Kriegskonjunktur gegeben. Des weiteren gab dann die Organisation des Hilfsdienstes dem Staate eine gewaltige Handhabe, die produktive Tätigkeit der Industrien nach dem ihm gestellten Endziel, nämlich der Durchführung der Landesverteidigung, allmählich einzurichten. Die Einwirkung der kriegswirtschaftlichen Maßnahmen auf unsere Industrie hat sich nun in verschiedener Weise, einesteils in hemmender, andernteils in fördernder Art geäußert. Hemmend insofern, als sie die freie Entwicklungsart der bisherigen auf Gewerbefreiheit und freier Konkurrenz beruhenden Wirtschaftsweise erheblich zu unterbinden bestrebt sind, fördernd, als sie dem bereits durch die Kriegskonjunktur begünstigten Aufschwung der Kapitalmacht der Großindustrie, insbesondere der Rüstungsindustrie durch Zusammenziehung der Kräfte in Kartellen und Syndikate indirekt Vorschub leisteten. So sehen wir, daß die Interessen der jetzigen Staatspolitik, die auf das Gesamtwohl der Nation gerichtet sind, sich keineswegs immer mit den Gesamtbedürfnissen des wirtschaftlichen Lebens decken. Die Aufgabe der Staatspolitik richtet sich insbesondere darauf, die Nation als solche zu erhalten und ihr die nötigen Kampfmittel zu verschaffen, um siegreich aus dem ihr aufgezwungenen Kriege hervorzugehen. Aus diesem Grunde mußte das volkswirtschaftliche Interesse gegenüber den Forderungen des Krieges zurückstehen, woraus wir manche behördliche Maßnahmen, die häufig dem volkswirtschaftlichen Interesse zuwiderlaufen, erklären müssen. Zweifellos haben diese Maßnahmen weite Kreise des Erwerbslebens geschädigt, insbesondere durch Stillegung zahlreicher mittlerer und kleiner Betriebe. Weitere werden noch in Mitleidenschaft gezogen werden, da die rationelle Erfassung unserer sämtlichen wirtschaftlichen Kräfte rastlos voranschreitet. Um ein anschauliches Bild über die amtliche Auffassung der Lage vorzuführen, bringe ich in dem am Schlusse dieses Kapitels stehenden Exkurs den Wortlaut eines vor Interessenten von einem Beauftragten der Kriegsamtstelle Posen am 14. Juli 1917 gehaltenen Vortrages. Man mag sich darüber klar sein, daß der Staat sich durch die gegebenen Umstände in eine gewisse Zwangslage versetzt sieht, immerhin darf nicht vergessen werden, daß die geschädigten und ausgeschalteten mittleren und kleineren Betriebe wertvolle Bestandteile unserer sozialen und wirtschaftlichen Gemeinschaft sind. Die zahlreichen kleinen selbständigen Gewerbebetriebe, die ein überaus wichtiges und glückliches Zwischenglied zwischen den großen Fabrikanten und den eigentlichen unselbständigen Fabrikarbeitern bildeten, waren von einer weit über das Schicksal des Einzelnen hinausreichenden Wichtigkeit. Schon der Verlauf der ersten Kriegsjahre bot alle Anzeichen dafür, daß einesteils Wohlstand und Spannkraft der kleinen Gewerbetreibenden erheblich zurückgegangen sind (siehe auch Handwerk Kapitel 4), andernteils Reichtum und Macht anderer Schichten der Bevölkerung in stetem Wachsen begriffen waren. Deutlich traten zwei Erscheinungen zutage, einmal das Anwachsen des Kapitalismus in der Rüstungs- und Kriegsindustrie, dann auch das durch die gewaltige Nachfrage nach Arbeitskräften bedingte Anwachsen des Lohnarbeitertums. In viel höherem Maße trifft dies zu nach Einführung des Hilfsdienstgesetzes, welches durch seine Organisation den Umschichtungsprozeß in schnellem Tempo zum Nachteil der sogen. Friedensindustrie und der kleinen Gewerbetreibenden fördert. Abgesehen davon, daß eine Volkswirtschaft, die nur mehr die beiden Extreme von Fabrikbesitzern und Fabrikarbeitern besitzt, in sozialer Hinsicht ungleich schwächer fundiert ist, als eine andere, in der sich ein nennenswerter Stand von selbständigen kleinen Gewerbetreibenden dazwischen schiebt, liegt in dem System die Gefahr, daß bei Stillstand vieler Betriebe die Produktionsmittel aus denselben herausgezogen werden. Dieser Umstand würde bei Wiederherstellung des Friedens Nachteile von nicht zu übersehbarer Tragweite haben. Man denke nur an die vielen Arbeitskräfte, die durch das plötzliche Aufhören der Kriegsindustrie sich der Friedenswirtschaft zuwenden müssen. Die Nachfrage nach Arbeit würde sinken, was unausbleiblich schwere Folgen für unsere Arbeiterschaft und für unsere gesamte Volkswirtschaft nach sich ziehen würde. Dabei müssen wir die Frage aufwerfen: Wie sollen die Millionen der aus dem Felde heimkehrenden, tapferen und um das Vaterland hochverdienten Krieger untergebracht, beschäftigt und wie wird ihnen eine auskömmliche Existenz gesichert werden, wenn die mittleren und kleinen Betriebe geschlossen sind und nur Riesenbetriebe arbeiten? Hieraus geht hervor, daß diese Lebensfragen unserer Volkswirtschaft nicht durch einen Federstrich beseitigt werden können, daß sie vielmehr den Gegenstand ernsthafter Erörterungen für unsere Übergangswirtschaft bilden werden. Wir müssen uns hierbei der Hoffnung hingeben, daß unser heutiges Wirtschaftssystem, das uns mit großen Schritten dem Staatssozialismus näherführt und im großen und ganzen nur wenig erfreuliches gebracht hat, nur ein auf den Kriegsbedarf eingestelltes anormales ist und den Krieg wohl nicht über das notwendige Maß hinaus überdauern wird. Wir fassen nun unsere Betrachtungen hinsichtlich der Entwicklung unserer Industrie zusammen und geben zu dem Zweck folgenden kritischen Gedankengängen Raum.

1. DIE MONOPOLISTISCHE ZUSAMMENZIEHUNG DER KRÄFTE IN KARTELLEN UND SYNDIKATEN.

Der wirtschaftliche Zusammenschluß bestimmter Industriezweige vollzieht sich im allgemeinen — abgesehen vom Trust — in drei Arten, nämlich dem Syndikat, dem Kartell und der Verkaufsvereinigung. Ein durchgreifender tatsächlicher Unterschied zwischen ihnen besteht indessen nicht, da die Namengebung vielmehr ziemlich willkürlich erfolgt. Die Grenzen sind allmählich verwischt, sodaß man gewöhnlich den wirtschaftlichen Zusammenschluß mit Kartell bezeichnet.

Nach Liefmann [1]) sind die Kartelle entweder a) Kartelle niederer Ordnung, beschränkende Kartelle, und zwar entweder Vereinbarungen zur Beschränkung des Angebots (Angebotskartelle) oder Verständigung über die Absatzgebiete (Gebietskartelle) oder solche zum Zwecke der Preisregulierung (Preiskartelle), oder sie sind b) Kartelle höherer Ordnung, verteilende Kartelle „Kontingentierungen", und zwar auch wieder zur Verteilung der Gesamtangebotspolitik (Angebotskontingentierungen) oder der Befriedigung der Gesamtnachfrage (Nachfragekontingentierungen) oder des Gesamtgewinnes (Gewinnkontingentierung)." In der jetzigen Kriegswirtschaft sind alle Formen der Kartelle vertreten. Zu unserem Zwecke wollen wir sie zusammenfassen in Kontingentierungs- und Verkaufsvereinigungen, da in der Hauptsache zunächst die Mitglieder die Regelung des Erzeugungsumfangs durch Kontingentierungen erstreben, dann aber auch den Verkauf der von ihren angeschlossenen Werken hergestellten und in den Handel gebrachten Erzeugnisse in der Weise regeln, daß sich die Mitglieder festgelegten Verpflichtungen unterwerfen, beispielsweise in der Art, daß sie ihre Waren nicht selbständig, sondern durch eine von der Vereinigung hierfür besonders geschaffene Zentralstelle verkaufen, oder aber den Gewinn der einzelnen Mitglieder festlegen und nach einem bestimmten Verhältnisse untereinander ausgleichen. Die von der gegenwärtigen Staatspolitik [2]) vertretene Ansicht der Notwendigkeit an Ersparung an Material und Arbeitskräften und der Steigerung der Produktivität wirkt auf die Förderung des Zusammenschlusses der Unternehmungen. Jede Ersparung an Material und Arbeitskraft und die Steigerung der Produktivität der Produktion überhaupt macht eine

---

[1]) Die Unternehmerverbände (Volkswirtschaftliche Abhandlungen der Badischen Hochschulen Bd. I 1897 und Kartelle und Trusts.

[2]) Siehe Exkurs-Vortrag des Bauftragten der Kriegsamtstelle Posen, der die amtliche Auffassung wiedergibt, Seite 107.

größere nationale Bedürfnisbefriedigung möglich. Dagegen ist die Steigerung der Ergiebigkeit der einzelnen Unternehmungen nicht unbedingt auch volkswirtschaftlich nützlich; es hängt vielmehr von der Preisbildung bei den Produkten und den Arbeitslöhnen, überhaupt von der Einkommensverteilung ab, ob sie auch weiteren Kreisen zugute kommt. Wenn auch nach volkswirtschaftlichen Begriffen der Zusammenschluß die Produktion verbilligt, so geschieht dies nur, so lange freie Konkurrenz besteht. Ist letztere wie bei der monopolistischen Bewirtschaftung der jetzigen Kriegswirtschaft ausgeschlossen, so stehen wir vor einem gewaltigen Machtfaktor der Organisationen der Produktion hinsichtlich Umfang der Produktions-, Preisbildungs- und Absatzverhältnisse. Es entsteht nun die Frage, werden diese Organisationen, die in der Hauptsache die Erhaltung und Erhöhung des geschäftlichen Reinertrages der angeschlossenen Unternehmungen bezwecken, ihre volkswirtschaftlichen Funktionen erfüllen und ihre Macht weder gegenüber den Konsumenten, noch gegenüber ihren Arbeitern mißbrauchen? Was besonders die Konsumenten angeht, so muß dem Gedanken entgegengetreten werden, als ob die Warenpreissteigerung keine allzu große Bedeutung habe, wenn nur die Arbeitermassen, wie es auch in der jetzigen Zeit tatsächlich der Fall ist, ein gesichertes Einkommen erlangen. Je höher die Preiskurve sich bewegt, desto schwerer wird der Massenkonsum belastet und je größer werden die Einschränkungen, die der Einzelhaushalt sich auferlegen muß. So wird der Bauherr teurer bauen, je mehr die Baustoffe kosten. Er muß höhere Mieten verlangen, wodurch alle Mieter, also die Mehrheit, betroffen werden. Die Höhe der Preisbildung wird sich nach der Macht, die die Verkaufsvereinigung erlangen, richten. Hier besteht demnach die Gefahr, daß eine unangemessene Steigerung der Preise nicht auf sich warten lassen wird; den Beweis hierfür haben unsere Untersuchungen bereits erbracht. Eine andere Gefahr liegt auch in dem System der Kontingentierungs- und Verkaufsvereinigungen, nämlich, daß Qualitätsware durch schlechte Massenware ersetzt wird. Das Bestreben der einzelnen Unternehmungen nach Herstellung der früher im freien Wettbewerb so begehrten Qualitätsware wird, angesichts der Tatsache, daß der Hersteller minderwertiger Ware denselben Vorteil aus der Organisation erhält, wie derjenige, der in seinem Werke bessere Ware herzustellen vermag, auf ein Minimum beschränkt. Sind wir uns über die Tragweite einer Verschlechterung unserer Ware bewußt? Von einem gesunden aufnahmefähigen Export wird in der Hauptsache nach Friedensschluß das volle wirtschaftliche Einsetzen aller Kräfte unserer Heimat abhängig sein. Ein Export ist aber nur dann gesund, wenn die Ware vermöge ihrer Qualität einen solchen Ruf genießt, daß der Ausländer sie trotz des durch Transport und Zoll verteuerten Preises kauft.

2. DIE ZUSAMMENLEGUNG UND STILLEGUNG VON UNTERNEHMUNGEN.

Soweit für Zwecke der Kriegführung oder der Volksversorgung eine vollkommene Ausnutzung der Arbeitskräfte und der Rohstoffe und Hilfsmittel der Gütererzeugung, sowie eine Ersparnis an Feuerung, Licht usw. erforderlich ist, wird unter möglichster Berücksichtigung der Eigenart des einzelnen Betriebes gegen die Zusammenlegung mehrerer gleichwertiger Unternehmungen zu einer einzigen Unternehmung nichts einzuwenden sein. Wenn hierbei auf der einen Seite ein erheblicher Gewinn an menschlicher und mechanischer Kraft entsteht, so werden auf der anderen Seite geldliche Verluste unausbleiblich sein. Diese harten Kriegsmaßregeln dürfen jedoch nur nach sorgfältiger Prüfung aller in Betracht kommenden Verhältnisse und nur dann getroffen werden, wenn dem erreichbaren Vorteil keine überwiegenden Schädigungen gegenüberstehen.

Wir haben im Verlaufe unserer Untersuchungen verschiedene Arten von Zusammenlegungen kennen gelernt. Überall lassen sie sich nicht durchführen, wie wir es z. B. auch in der Zuckerindustrie in ausführlicher Darstellung gesehen haben. Ein weiteres Beispiel hierfür bringt ein Bericht des Feststellungsausschusses Straßburg über die Metalltuchfabriken in Schlettstadt. Die Zusammenlegung der drei Firmen wurde als nicht durchführbar bezeichnet, weil jede Fabrik ein anderes Erzeugnis herstellt. Außerdem wurde geltend gemacht, daß die Webstühle der drei Fabriken derart verschieden voneinander sind, daß ein Arbeiter, der an der einen Maschine gearbeitet hat, nicht in der Lage sei, die Maschinen der anderen Fabrik zu bedienen. Wir sehen daher, daß Zusammenlegungen vielfach aus Zweckmäßigkeitsgründen unterbleiben. Auf weitere unzweckmäßige, obwohl von vielen Kriegsamtstellen geplante Zusammenlegungen in Handwerkerbetrieben werden wir noch zurückkommen.

Wie wir bereits gesehen haben, suchen große Industriezweige der behördlichen Zwangszusammenlegung durch ihren freiwilligen wirtschaftlichen Zusammenschluß zu entgehen. Aber auch hier läßt sich die Stillegung mancher Unternehmungen nicht vermeiden.

Die Entschädigungsfrage für die stillgelegten Unternehmungen ist verschieden gelöst worden. Bei den freiwilligen Verkaufsvereinigungen ist der Warenpreis so festgesetzt worden, daß aus dem Überschuß jene Entschädigungen gezahlt werden können. Aus der Abhandlung über die Glasindustrie haben wir leider erfahren müssen, daß tatsächlich der letzte Abnehmer die stillgelegten Unternehmungen entschädigt, d. h. daß eine Überwälzung der Entschädigung stattgefunden hat. Eine eigenartige Zusammenlegung hat die Schuhindustrie in Form von Zwangssyndikaten erfahren, wie wir bereits kennen gelernt haben. Die Entschädigung der stillgelegten Betriebe wird durch die verschiedenen Herstellungs- und Vertriebsgesellschaften getragen, wohl aber auch auf Kosten der Abnehmer. Nicht zu leugnen ist indessen, daß die Entrichtung von Entschädigungsbeiträgen der weiterarbeitenden Unternehmungen zugunsten der stillgelegten zu einer gewaltigen Verteuerung der Erzeugnisse führt.

Im Verlaufe unserer Untersuchungen haben wir gesehen, daß in einer Reihe von Industrien die höchstleistungsfähigsten Unternehmungen als kriegswichtig erklärt, während weniger leistungsfähige zum Stillstand verurteilt wurden. Die Frage steht nun offen, ob der Vorteil einer rationellen wirtschaftlichen Ausnutzung im Verhältnis zu den ungeheuren Nachteilen steht, die eine solche Regelung unausbleiblich zur Folge hat. Wenn auch in manchen Fällen die stillgelegten Unternehmungen einen gewissen Schutz genießen, beispielsweise bei der Zusammenlegung der Schuhfabrikationsbetriebe, und zwar dadurch, daß die weiterarbeitenden Unternehmungen verpflichtet sind, ihre Waren nach den Weisungen des Überwachungsausschusses herzustellen und der Gesellschaft zum Zwecke des Absatzes zu überlassen, daß auch die Bezeichnung einzelner Fabrikmarken verboten ist, so läßt es sich doch nicht leugnen, daß erstere ihre geschulten Arbeiter, ihre eingearbeiteten Angestellten verlieren, ihre Kundschaft an die Großbetriebe abgeben müssen, wodurch sie nach Einsetzen der Friedenswirtschaft im erheblichen Nachteil sich befinden und unter schwierigen Verhältnissen ganz von vorn beginnen müssen. Diejenigen Unternehmungen, deren Produktionsmittel aus den Betrieben herausgezogen worden sind, werden sich schwerlich wieder emporringen können.

3. DIE BEHÖRDLICHE REGELUNG DER PRODUKTION UND DIE STAATSMONOPOLISTISCHE WIRTSCHAFTSWEISE.

Der Ausbau der behördlichen Organisation hat unter anderem auch zur vollständigen staatsmonopolistischen Wirtschaftsweise, wie wir sie in der Konservenindustrie gesehen haben, geführt. Die Argumente, die wir hinsichtlich der Kartelle und Syndikate angeführt haben, treffen im wesentlichen auch bei dieser Wirtschaftsweise zu. Insbesondere können wir nicht umhin, dem Wesen dieser Produktions- und Absatzregelung eine preisverteuernde Wirkung nachzurühmen.

Wenn einerseits das staatliche Eingreifen zugunsten der monopolistischen Wirtschaftsweise in dem Falle verteuernd wirkte, so konnten wir erleben, daß andererseits die behördliche Regelung der Produktion in der Zuckerindustrie, die den Zweck hatte, auf die Preisbildung hemmend einzuwirken, nicht den gewünschten Erfolg hatte, vielmehr, daß dieselbe in ihrer Wirkung einen Rückgang der Produktion nach sich zog. Daraus ergibt sich, daß die zwar auf das Gesamtwohl gerichteten wirtschaftlichen Kriegsmaßregeln nicht immer den zu erwartenden volkswirtschaftlichen Bedürfnissen entsprechen.

Mit dem grundlegenden Gedanken der Kräftekonzentration haben wir gesehen, daß das kapitalistische Wirtschaftssystem, das System des freien Eigentums, der Selbständigkeit und Verantwortung zurzeit einem eigentümlichen Schickal unterliegt, dadurch, daß eine gänzlich andere Machtverteilung auf dem Markte und somit auch in der Verfassung der Volkswirtschaft Platz greift. Die auf Gewerbefreiheit und freie Konkurrenz beruhende bisherige Gesellschaftsordnung scheint sich teils selber, teils im Wege der Staatshilfe aufzuheben.

Mit den zutreffenden Worten, die Dr. Gustav Stresemann, M. d. R., in seiner „isolierten Industrie" bereits am 1. Oktober 1916 brachte, schließen wir unsere Betrachtungen über die Industrie:

„Niemand widerstrebt dem Staatssozialismus, der heute notwendig ist. Niemand wird sich, wenn namentlich finanzielle oder Staatsnotwendigkeiten vorliegen, dem Zwange von Monopolen widersetzen, die daraus geboren werden. Aber man verkenne das eine nicht, daß Deutschland die Höhe seines wirtschaftlichen Schaffens nur erreicht hat durch den kühnen Wagemut und die Schaffensfreudigkeit seiner Einzelunternehmer und daß nichts den Wirtschaftskampf unserer Gegner mehr fördern würde, als wenn man auch nach dem Kriege aus ganz Deutschland eine einzige Z. E. G. machen würde!"

Exkurs.

Ausführungen eines Beauftragten der Kriegsamtstelle Posen gelegentlich eines am 14. Juli 1917 vor Interessenten gehaltenen Vortrages [1]):

---

[1]) Mit diesen Ausführungen möchte ich mich indessen durchaus nicht identifizieren, was auch der Leser im Verlaufe der kritischen Betrachtungen herausfinden wird.

„Meine Herren!

Die lange Dauer des Krieges zwingt uns zu einschneidenden wirtschaftliche Maßnahmen. Im Kriegsamt Berlin wurde monatelang über diese Frage beraten; der ständige Ausschuß für Zusammenlegung der Betriebe ist bei einigen Betriebsgruppen, wie z. B. Textilindustrie, Glasfabrikation, Lederverarbeitung usw. zu einem Abschluß gelangt. Die Arbeiten von einer zentralen Stelle aus gehen jedoch zu langsam vorwärts. Es ist daher den Kriegsamtstellen die Aufgabe übertragen, so rasch als möglich eine Stillegung, Einschränkung und Zusammenlegung von Betrieben wegen des geringen Kohlenvorrats vorzunehmen. Es kann natürlich nicht geleugnet werden, daß durch die getroffenen Maßnahmen der eine oder andere Betrieb dadurch weniger schonend erfaßt wird. Denn leider sind die Verhältnisse heute mächtiger, als der Wunsch, schonend umzugehen. Es ist notwendig, in kurzer Zeit eine starke Zusammenlegung und Stillegung der Betriebe vornehmen zu lassen. Unsere Front bedarf immer mehr Menschen, um dem Feinde Widerstand zu leisten. Durch Herausnahme der Mannschaften aus unseren Betrieben vermindern wir gewissermaßen die Produktion. Dies muß vermieden werden, indem eine wirtschaftliche Ausnutzung der zurückbleibenden Leute erfolgt. Zu dem tritt die verminderte Belieferung mit Kohlen. Der volle Kohlenbedarf für alle Bedürfnisse, Heer, Kriegswirtschaft, Volkswirtschaft ist nicht mehr vorhanden. Es stehen nur etwa 70% der Kohlen zur Verfügung. Einzelne Betriebe müssen nun voll mit Kohlen beliefert werden, nämlich die Eisenbahn und die Marine. Von einer Einschränkung des Eisenbahnverkehrs muß abgesehen werden. Dieser muß auf der Höhe gehalten werden wie bisher. Ebenfalls kann eine verminderte Belieferung der Bevölkerung mit Kohle für Heiz- und Kochzwecke im kommenden Winter nicht stattfinden. Das ganze Manko an Kohle muß daher durch die Industrie aufgebracht werden. Da nun die vorerwähnten Betriebe voll beliefert werden sollen, geht der Anteil, der der Industrie zusteht, unter 70% herab.

Es gibt verschiedene Wege, um zu möglichst wirtschaftlichem Arbeiten mit der restierenden Kohle und den Leuten zu gelangen und zwar der Wirtschaftlichkeit nach:

1. Eine vollkommene Zentralisation in einigen wenigen Größtbetrieben. Das ist örtlich unmöglich.
2. Eine Zentralisation innerhalb der Provinzen und Städte usw. Dies ist jetzt der gangbarste und beste Weg.
3. Eine vollkommene Dezentralisation, durch die alle Betriebe mit Aufträgen bedacht werden, so daß der kleine Handwerksmann, der nur mit ein oder zwei Personen arbeitet, mit Kriegsarbeit oder Arbeit für die Volkswirtschaft versehen wird, ist ausgeschlossen. Die Auftragserteilung erfolgt dann durch Mittels-

leute, die den Auftrag in immer kleinere Teile zerteilen und wodurch eine ungeheure Kräfteverschwendung stattfindet. Dazu kommt die Arbeitsvergeudung für die Revision all dieser kleinen Betriebe, die Sonderung bezüglich der Abnahme. Besonders treten außerordentliche Transportschwierigkeiten bei Holz, Eisen, Kohle, Chemikalien usw. auf infolge der Verteilung der Rohmaterialien an die vielen Betriebe.

Einzelne Betriebe wissen mit dem Abfallmaterial vielfach nichts anzufangen;; sie können dasselbe nicht weiter verwenden; es geht verloren. Eine Dampfmaschine oder Elektromotor mit z. B. 5 PS wird oft nur mit 2—3 PS ausgenützt. Bei kleineren Betrieben mangelt es am nötigen Verständnis für die wirtschaftliche Ausnutzung der Maschinen. Zu einer wirtschaftlichen Ausnutzung im modernen Sinne gehört Serienfabrikation; diese läßt sich im kleinen Betrieb kaum durchführen. Ebenso wird an Aufsichtspersonal und an Verbrauch von leitenden Kräften zu große Verschwendung getrieben. Der Leiter ist Einkäufer, Verkäufer, Betriebsleiter; er muß sämtliche Korrespondenz erledigen; er wird zwar von morgens bis abends spät beschäftigt sein, so daß er abends sehr ermüdet ist, eine wirtschaftliche Ausnutzung der Arbeitskraft ist hierin nicht gegeben. Es geht zuviel Energie verloren. Alle diese Erwägungen drängen uns dazu, daß eine Zusammenlegung und Stillegung von Betrieben erfolgen muß. In erster Linie kommen alle Luxusbetriebe in Betracht. Luxuskleider, Luxusblusen, Luxusmöbel können heute nicht mehr angefertigt werden. Es ist für die Kriegswirtschaft unstatthaft, daß in solchen Betrieben Wehrpflichtige oder Hilfsdienstpflichtige verwandt werden. Ihre Unterbringung in andere kriegswirtschaftliche Betriebe ist außerordentlich notwendig. Ebenso dürfen kräftige weibliche Personen nicht verwandt werden. Sie sind kriegswirtschaftlich besser auszunutzen. Es sind noch viele ältere Frauen und Mädchen, die an die Scholle gebunden sind, für diese Betriebe vorhanden. So würden z. B. für die Luxusbetriebe vielfach noch Frauen, deren Männer im Felde stehen, zur Verfügung stehen. Auch muß bei diesen Betrieben an Licht gespart werden. Die Unterbindung an Beleuchtung in diesen Geschäften kann in erster Linie mit dazu beitragen, die Spitzen der Beleuchtungsdiagramme der Gas- und Elektrizitätswerke zu verringern. Ich komme zur Frage der Stillegung von kleineren und mittleren Handwerksbetrieben von volks- und kriegswirtschaftlichem Interesse. Alle kleineren Betriebe — ich wähle als Beispiel die Bäckereien — können zusammengelegt werden. Ein gutes Vorbild hierfür gibt uns die Stadt Trier. Es ist dort gelungen, nur einige wenige Bäckereien, 8 Stück von 96, in Betrieb zu erhalten und ist dadurch der Vorteil einer außerordentlichen Ersparnis an Kohlen gegeben. Bei der Zusammenlegung solcher Betriebe ist dann etwa nur die Hälfte Kohle erforderlich.[1])

[1]) Siehe demgegenüber Kapitel IV, Seite 000.

Auch wird durch die Zusammenlegung eine erhebliche Ersparnis von Mehl erzielt, weil in der kleineren Bäckerei viel Mehl nutzlos und durch Unachtsamkeit verloren geht. Diejenigen Städte, die eine solche Zusammenlegung der Betriebe erstreben, können bei der Kriegsamtstelle eine Anregung des Oberbürgermeisters von Trier einsehen.

Zusammenlegung von Metzgereien: Eine Zusammenlegung ist hier kaum noch möglich, da die maschinellen Arbeiten schon in den Schlachthöfen vorgenommen werden und eine weitere Ersparnis von Menschen schwer zu erzielen ist.

Eine bedeutende Einschränkung der Möbelfabrikation muß erfolgen. Die Möbel können zum größten Teil gebraucht gekauft werden. [1])

Ebenfalls sollen auch andere Fabriken, wie Bilderrahmenfabriken, Drechslereien usw. ihren Betrieb einschränken und ihre Arbeitskräfte anderweitig zur Verfügung stellen.

In der Kriegsindustrie komme ich zunächst zu den Gießereien. Es gibt zwei Arten: reine Gießereien und Gießereien, welche Maschinenfabriken angeschlossen sind. Die reinen Gießereien sind, soweit sie nur wenige Leute, bis etwa 25, beschäftigen, nach Möglichkeit zu beseitigen. Es ist zweckmäßig, wenn sie Maschinenfabriken angeschlossen werden, da dort in den meisten Fällen die Weiterverarbeitung der gegossenen Produkte stattfindet. Gießereien mit veralteten Kupolöfen müssen ruhen.

Drehereien für Zünder und Geschoßteile: Es gibt noch viele kleine Drehereien, in welchen den Meistern 1—2, auch 3 Drehbänke zur Verfügung stehen. Dort findet meistenteils eine Verschwendung an Energie, Aufsichtspersonal und Material statt. [2]) In vielen solcher kleinen Drehereien habe ich die Beobachtung gemacht, daß mit den Abfällen sehr unrationell gewirtschaftet wird; ich habe nur wenige Drehereien gefunden, in denen dies nicht der Fall gewesen wäre. Auf meine Rüge wurde mir dann immer die Antwort: Auf die paar Späne kommt es nicht an. Allein, wenn alle Drehereien in ganz Deutschland einen solchen Gedanken hegen, so erhalten wir eine außerordentliche Verschwendung an Material.

Fahrzeugherstellung: Es gibt viele Meister und kleine Fabriken, in denen nur 2—6, höchstens 8 Fahrzeuge zugleich hergestellt werden. Eine Serienfabrikation ist daher nicht vorhanden. Es ist zweckmäßiger, wenn sich die kleinen Fabrikanten genossenschaftlich zusammenschließen und in einer großen Schreinerei arbeiten. Die kleinen Meister könnten dann als Vorarbeiter tätig sein, und müssen sich an regelmäßige, andauernde Tagesarbeit gewöhnen. Zugleich erfolgt für die Fahrzeugfabriken eine Zu-

---

[1]) Siehe hingegen die Ausführungen unter Kapitel VI, Abschnitt V hinsichtlich des Möbelmarktes S. 000.

[2]) Siehe demgegenüber Ausführungen unter Kapitel IV, Abschnitt 3 Einwirkung des Hilfsdienstgesetzes auf das Handwerk.

teilung von Beschlag und sonstigen Teilen in kleinen Mengen von allen möglichen Orten aus. Bei Maschinenfabriken ist eine Zusammenlegung schwieriger. Die Verschiedenheit der herzustellenden Produkte bedingt eine sorgfältige Auswahl.

In gleicher Weise ist die Zusammenlegung der chemischen Fabriken schwer möglich, da meist chemische Spezialprodukte hergestellt werden und die Fabriken voll belastet sind.

Die Zusammenlegung von Glasfabriken ist schon fast geregelt. Porzellanfabriken besitzen wir nur wenige (im Bezirk Posen). Diejenigen, die nur etwa 20—40 Personen beschäftigen, können sich einer größeren Firma in Schmiedeberg anschließen. Ebenso soll die Zusammenlegung der Brauereien von Berlin aus geregelt werden. Es wird empfohlen, möglichst weitgehende Schritte schon jetzt zu unternehmen.

Es gibt zu viel Ziegeleien. Der Ziegeleibetrieb muß so viel wie möglich eingeschränkt werden. Nur die Ziegeleien, welche für direkte Fabrikneubauten der Heeresleitung arbeiten, sollen aufrecht erhalten bleiben. Vor allem muß ein Transport von Ziegeln auf der Eisenbahn unter allen Umständen vermieden werden. Für sonstige kriegs- und volkswirtschaftliche Zwecke genügen in der Provinz ein oder zwei Ziegeleien. Selbstredend kommen nur moderne Ziegelien mit möglichster Ersparnis an Arbeitern und besonders an Kohle in Frage. In gleicher Weise soll bei der Tonwarenindustrie (Töpferwaren) vorgegangen werden. Chamottesteine sind notwendig. Eine Einschränkung und Zusammenlegung kann nicht stattfinden mit Rücksicht auf die Lagerstätten. Sägewerke sind nicht stillzulegen. Zu berücksichtigen ist hierbei, daß verschiedene Sägewerke mit alten Dampfkesseln arbeiten, die neben dem Verbrauch von Sägespänen unwirtschaftliche Ausnutzung der Kohle haben; solche sind stillzulegen und die Aufträge sind benachbarten Sägewerken zu übertragen.

Die Zuckerindustrie läßt sich nicht einschränken. Es ist jedoch zu beachten, daß die Zuckerrüben heute nicht mehr aus entfernten Gegenden herangezogen werden dürfen. Die Fabrikanten sollen sich gegenseitig untereinander einigen.

Steinbruchbetriebe: Viele solcher Betriebe bezeichnen sich als kriegswichtig, weil sie für das Ausland Steine zu liefern haben. Es hat sich gezeigt, daß diese Aufträge zum Teil schon aus der Zeit vor dem Kriege stammen und zum Teil schon erledigt sind. Es dürfen nur diese Betriebe weiter aufrecht erhalten bleiben, die tatsächlich nur durch Vermittlung des Kriegsamts Berlin Erlaubnis zur Ausfuhr haben. Für Kriegsbedarf, einschließlich der Eisenbahnen, ist eine gewisse Erzeugung notwendig. Sie ist von den modernsten Werken mit günstigsten Transportverhältnissen unter Beachtung des Rohmaterials auszuführen.

Die großen wirtschaftlich arbeitenden Mühlen sollen arbeiten.

Es wird ferner Sorge zu tragen sein, daß in erster Linie Wassermühlen mit stetiger Wasserkraft Berücksichtigung finden. Wo solche stilliegen und nicht beliefert werden, ist der Kriegsamtstelle Posen Mitteilung zu machen.

Gas-, Wasser- und Elektrizitätswerke: Wenn durch irgend welche Verhältnisse bei den Werken eine sofortige Maßnahme, z. B. Ausschaltung von Betrieben, stattfinden muß, so müssen sich die betroffenen Werke mit den getroffenen Maßnahmen abfinden. Dies geschieht jedoch nur, wenn Gefahr im Verzuge ist und selbständiges Handeln dieser Werksleistungen nötig ist. Die Kriegsamtstelle ist sofort zu benachrichtigen und hat enventl. eine Umlegung der stilliegenden und in Betrieb befindlichen Werke je nach augenblicklicher Lage des Kriegsbedarfs vorzunehmen. Es muß verhütet werden, daß die Werke durch irgendwelche Zwischenfälle lange Zeit außer Betrieb gesetzt werden. Durch zweckmäßiges Zusammenlegen der Betriebe und durch wirtschaftliches Ausnutzen aller Arbeitsmaschinen kann trotzdem noch eine Produktionserhöhung erzielt werden. Dies ist, wie mir auch von anderen Stellen gesagt wurde, möglich. Es soll nicht erstrebt werden, nur Produktion auf der alten Höhe zu erreichen, sondern die Produktion ist zu erhöhen.

So viel wie möglich soll die Industrie des Korpsbezirks gewahrt werden. Dies kann möglich sein, da diese Einschränkung der Energiezuführung auch in anderen Korpsbezirken stattfindet. Wir haben uns entschlossen, Sie, meine Herren, heranzuziehen, weil wir hoffen, daß wir auf Ihre verständige Mitarbeit rechnen können.

Es ist nun noch die Entschädigungsfrage in Betracht zu ziehen; jedoch vor der Entschädigungsfrage kommt die Frage an Ersparnis von Kohle, die Frage der Stillegung und Zusammenlegung. Die Frage der Kohlenersparnis ist ebenso dringend wie die Erhaltung oder besser Erhöhung der Produktion. Es sollen daher nachfolgende Erwägungen angestellt werden. Beim Anschluß kleinerer Firmen an größere wird behauptet, daß große Firmen teurer arbeiten. Die Beschaffung des Materials bei großen Firmen ist im allgemeinen billiger als bei kleinen Firmen. Die Löhne sind zwar allgemein bei großen Firmen höher als bei kleineren. Doch dabei ist zu berücksichtigen, daß der Mann bei großen Firmen weit intensiver ausgenutzt wird als bei kleinen. Der höhere Stundenlohn ergibt jedoch infolge zweckmäßigerer Verwendung der Arbeiter und der Maschinen, besonders bei Serienfabrikation, eine viel geringere Lohnsumme für eine bestimmte geleistete Arbeit als im Kleinbetriebe. Diese Lohnsumme wird außerdem in kürzerer Zeit erreicht, sodaß eine größere Arbeitsleistung in einem Zeitabschnitt erfolgt. Die Handarbeit beim Feilen, Hobeln wird oft besser durch Maschinenarbeit ersetzt. Der Facharbeiter für diese Handarbeit kann höhere Arbeit erhalten, die Maschinenarbeit kann durch geringwertigere Kräfte ausgeführt werden. Um nun die

Selbstkosten zu erhalten, sind die Generalunkosten zu berücksichtigen, die in erster Linie von den Löhnen abhängen. Diese sind meist bei großen Firmen höher als bei kleinen. Wenn ein kleiner Betrieb von einem großen übernommen wird, so ist ohne Zweifel notwendig, daß die bis jetzt übernommenen Aufträge mit einer Gewinnanteilnahme des stillzulegenden Betriebes stattfinden müssen. Es fragt sich nun, wie die Zusammenlegung zweckmäßig geleitet wird. In anderen Korpsbezirken, wie z. B. im Regierungsbezirk Liegnitz, ist man zu der Erkenntnis gelangt, daß die Träger dieser Tätigkeit die Magistrate in den Städten und die Landräte auf dem Lande sind; ferner sind die Handelskammern, Dampfkesselüberwachungsvereine und Gewerbeinspektionen zu Rate zu ziehen. Diese sollen den Magistraten und Landräten zweckentsprechende Vorschläge unterbreiten, welche diese mit oder ohne Gutachten an uns weitergeben. Ich schlage vor, daß die Vorschläge der Magistrate bezüglich der Zusammenlegung und Stillegung etwa bis zum 8. August hier einzureichen sind. . Sind die Vorschläge derartig, daß die Magistrate einig sind, so tragen wir in den meisten Fällen keine Bedenken, ihren Vorschlägen nachzukommen. Sollten sich Differenzen ergeben, daß eine Einigung nicht erzielt wird, so sind die Verhältnisse kurz darzulegen. Die Entscheidung, welcher Betrieb weiter arbeitet und welcher sich zu fügen habe, wird dann von der Kriegsamtsstelle getroffen. Daß dies nicht ohne Härten und rücksichtsloses Zugreifen zugeht, ist klar. Derjenige, der Nachteile erhält, muß berücksichtigen, daß er für das Große und Ganze arbeitet, derjenige, der Vorteile erhält, muß zugunsten der Stillgelegten zu einer Entschädigung beitragen. Eine Zusammenlegung von Bergwerken darf nicht stattfinden, da in erster Linien die Kohlenproduktion gefördert werden muß. Ebensowenig dürfen gelernte Facharbeiter und ungelernte Arbeiter, am allerwenigsten Bergleute, solchen Betrieben entzogen werden."

III. Kapitel.

DIE ARBEITERFRAGE.

Die Arbeiterfrage als Bestandteil der sozialen Frage ist durch das Hilfsdienstgesetz nicht zuungunsten des Arbeiters geregelt worden. Wenn auch im Verlaufe der Kriegszeit eine Reihe von Arbeiterschutzbestimmungen auf Grund des Gesetzes vom 4. August 1914 insbesondere hinsichtlich der gesetzlichen Beschäftigungsbeschränkungen außer Kraft getreten sind, so hat der Arbeiter weitgehende Kompensation durch immer besser werdende Arbeitsgelegenheit und Lohnverhältnisse erhalten, denn je mehr sich unsere Volkswirtschaft der Kriegswirtschaft angepaßt hat, desto größer war die Nachfrage und Bewertung der Arbeitskraft als Produktionsfaktor. Da das Hilfsdienstgesetz sein Endziel in der Mobilmachung aller Kräfte für die Verteidigung des Vaterlandes sieht, so werden vor allem der hochbezahlenden Rüstungsindustrie die notwendigen Arbeiter zugeführt. Die Folge hiervon ist der sich immer mehr fühlbar machende Mangel an ausreichenden und geeigneten Arbeitskräften in den anderen Industrien, wie wir es auch in manchen Geschäftsberichten gelesen haben. Der Mangel an Arbeitsangebot brachte manche Unternehmungen dazu, anderen Konkurrenzbetrieben fortdauernd Arbeiter durch scharfe Lohntreiberei zu entziehen. Sie sorgen zwar dafür, daß der Abgang der abspenstigen Arbeiter sich ordnungsmäßig vollzieht; die Kündigungsfrist wird eingehalten und durch die Beschaffung günstigerer Arbeitsbedingungen in Gemäßheit des § 9 des Hilfsdienstgesetzes werden auch die gesetzlichen Voraussetzungen für die Erteilung des Abkehrsscheines geschaffen. Dieses Verfahren kann wirtschaftlich auf zwei Arten schädigend wirken; zunächst leistet es einem künstlich und schließlich auch ohne wirtschaftliche Not hervorgerufenen Arbeiterwechsel Vorschub, sodann wirkt dieser Wettbewerb verteuernd auf die Arbeitskraft. Wohlgemeinte Belehrungen und Ermahnungen seitens des Kriegsamts haben indessen wenig genützt. Schließlich bemühen sich die Arbeitgeberverbände, ihren ganzen Einfluß bei den Mitgliedern geltend zu machen und sie darauf hinzuweisen, Solidarität zu üben und sich nicht gegenseitig die Arbeiter wegzunehmen, aber einschneidende und genügende Erfolge darf man sich von diesem Selbstschutze der Arbeitgeber nicht versprechen.

1. DER ARBEITSMARKT.

Zur Durchführung des Hilfsdienstgesetzes war eine restlose Erfassung der Arbeitskräfte erforderlich. Die Hauptarbeit liegt hier bei der freiwilligen Arbeitsvermittlung, dem sogenannten freien Arbeitsmarkt. Durch die Bundesratsverordnung vom 14. Juli 1916, wonach die Gemeinden zur Errichtung öffentlicher unparteiischer Arbeitsnachweise verpflichtet wurden, sind dem Hilfsdienstgesetz die Wege hierzu geebnet worden. Die Arbeitsvermittlung bedeutet nicht die Schaffung von Arbeitsgelegenheit, sie bringt aber den Nachweis vorhandener Arbeitsgelegenheit und vorhandener Arbeitskräfte. Die Organisation der Arbeitsvermittlung liegt sowohl im Interesse der Arbeitgeber wie der Arbeitnehmer; sie verhindert Brachliegen und unwirtschaftliches Hin- und Herschieben der Arbeitskräfte und ermöglicht die Ausnutzung der Konjunktur. Mit Wirkung des Hilfsdienstgesetzes ist der Ausbau der Vermittlungsorganisation der öffentlichen Arbeitsnachweise zentralisiert worden, zunächst in der Stadt, dann in der Provinz und endlich im Reiche.

Die Handhabung der Arbeitsnachweise erfolgt in den meisten Fällen streng paritätisch, sodaß Arbeitnehmer und Arbeitgeber das gleiche Zutrauen in die Institution besitzen. In vielen Fällen sind den öffentlichen Arbeitsnachweisen auch

Berufsberatungsstellen angegliedert, die den Zweck haben, Arbeitskräfte auf ihre körperliche und geistige Eignung für bestimmte kriegswirtschaftliche Berufe zu prüfen und ihnen bei der Einarbeitung in einen neuen Beruf beratend und helfend zur Seite zu stehen.

Aus einer Übersicht über die Vermittlungstätigkeit der Arbeitsnachweise im deutschen Reiche[1]) ergibt sich aus der Gegenüberstellung für August 1917 mit August 1916 auf Tausende abgerundet, eine Abnahme der Arbeitsgesuche um rund 72 000, eine Zunahme der offenen Stellen um rund 71 000 und eine Abnahme der besetzten Stellen um rund 21 000.

Aus den Zahlen der nachstehenden Vergleichsmonate:

Im Monat	Arbeitsuchende		Offene Stellen		Besetzte Stellen	
	männl.	weibl.	männl.	weibl.	männl.	weibl.
	in Tausend					
August 1916	204	189	281	133	149	93
Juli 1917	150	169	322	204	117	108
August 1917	151	177	308	205	115	113

ersehen wir, daß die Zahl der männlichen und weiblichen Arbeitsuchenden im Vergleich zum Vorjahre abgenommen hat, während die Zahl der offenen Stellen gestiegen ist.

Verhältnis der Arbeitsgesuche zu den offenen Stellen bei den wichtigsten Berufsarten.

Wichtige Berufsarten	Zahl der Vermittlungen im August 1917	Auf 100 offene Stellen kamen ..... Arbeitsgesuche im		
		August 1917	August 1916	Juli 1917
A. Männliche Personen.				
Land- u. forstwirtschaftliche Arbeiter .	8762	74	81	71
Gärtner, Gartenarbeiter	2017	84	92	77
Berg-, Hütten-, Salinenarbeiter u. Torfgräber	4995	15	21	19

[1]) Nach dem Reichs-Arbeitsblatt.

Wichtige Berufsarten	Zahl der Vermittlungen im August 1917	Auf 100 offene Stellen kamen ..... Arbeitsgesuche im		
		August 1917	August 1916	Juli 1917
Schmiede, Grobschmiede	536	19	33	18
Bauschlosser	836	44	61	37
Klempner, Blechner, Installateure auf Gas u. Wasser	797	35	59	38
Sonstige Eisenarbeiter	3751	31	52	30
Maschinenschlosser, Werkzeugmacher, Mechaniker, Monteure, Kesselschmiede	3032	27	46	26
Arbeiter in der chemischen Industrie	1268	51	73	47
Tischler, Schreiner, Parkettbodenleger, Masch.-Arbeiter, Fräser usw.	2606	49	61	41
Bäcker, Konditoren	1397	82	114	91
Metzger, Fleischer	506	86	134	69
Schneider	721	53	122	52
Maurer, Putzer, Gipser, Stukkateure	1315	21	39	16
Zimmerer, Treppenmacher	666	20	37	18
Maler, Anstreicher, Lackierer	1484	73	106	62
Buchdrucker, Schriftsetzer	811	39	97	47
Maschinisten u. Heizer	1396	54	78	52
Fabrikarbeiter ohne nähere Bezeichnung	13350	59	90	53
Kellner	12244	102	111	98
Kochpersonal aller Art in Gastwirtschaften	558	85	154	76
Fuhrleute, Kutscher für gewerbliche u. geschäftliche Zwecke	2449	64	110	65
Ausgeher usw., Packer, Lagerarbeiter u. Magaziniers	18446	60	104	57
Dienstboten u. Hauspersonal aller Art	361	51	106	40
Erdarbeiter, Bautagelöhner	4517	27	57	25
Sonstige Tagelöhner	15256	59	87	56
Freie Berufsarten	1389	69	142	70
B. Weibliche Personen.				
Landwirtschaftliche Arbeiterinnen	4462	58	71	55
Metallarbeiterinnen	20830	88	131	81
Arbeiterinnen in der chemischen Industrie	2165	67	97	59
Spinnstoffarbeiterinnen (einschl. Färberei- u. Appreturarbeiterinnen)	3112	268	495	315
Buchbinderei- u. Kartonnagearbeiterinnen usw.	1127	65	143	62
Arbeiterinnen in der Lederindustrie	1013	81	106	74

Wichtige Berufsarten	Zahl der Vermitt-lungen im August 1918	Auf 100 offene Stellen kamen ..... Arbeits-gesuche im		
		August 1917	August 1916	Juli 1917
Tabakarbeiterinnen usw.	1688	89	140	86
Schneiderinnen, Putzmacherinnen usw.	10465	111	184	110
Büglerinnen, Wäscherinnen in Wasch- u. Plättanstalten usw.	723	89	128	81
Buchdruckereiarbeiterinnen	1606	78	122	59
Fabrikarbeiterinnen	13762	88	173	74
Angestellte im Handelsgewerbe . . .	2165	213	399	206
Kellnerinnen, Büfettfräuleins	7514	109	140	103
Hotelzimmermädchen, Beschließerinnen	520	77	174	55
Kochpersonal in Gastwirtschaften . .	602	73	119	64
Herd- u. Küchenmädchen in Gastwirtschaften	2950	60	85	63
Putz-, Wasch- u. Lauffrauen, Aufwärterinnen usw.	16338	79	120	82
Dienstboten, Hauspersonal	10733	43	98	40
Sonstige Taglöhnerinnen	8693	105	119	98
Freie Berufsarten	620	231	369	192

Nach der Übersicht über die Berufsarten ist überall eine Verminderung der Andrangziffern im Berichtsmonat gegen die des vorjährigen August erkennbar; dagegen zeigt sich bei fast allen Berufen eine Steigerung des Andrangs gegen den Juli 1917. Ausgenommen hiervon sind nur Berg-, Hütten- und Salinenarbeiter, Klempner, Blechner usw., Bäcker und Konditoren, Buchdrucker und Schriftsetzer, Fuhrleute usw., freie männliche Berufsarten, Spinnstoffarbeiterinnen, Herd- und Küchenmädchen in Gastwirtschaften und Putz-, Wasch- und Lauffrauen, bei denen ein Rückgang der Andrangziffern gegen die des Vormonats bemerkbar ist.

Der Monatsbericht der Landeszentrale elsaß-lothringischer Arbeitsämter für Juli 1917 lautet:

„Bei den meldepflichtigen Arbeitsnachweisen wurden 11 308 offene Stellen angemeldet, von denen 4 437 (39,23%) besetzt werden konnten. Auf den örtlichen Arbeitsmarkt entfallen 8 282 Stellenangebote und 3 627 Stellenbesetzungen (2203 dauernde und 234 vorübergehende). Auf den zwischenörtlichen Markt entfallen 3 024 Stellenangebote und 810 Stellenbesetzungen.

Für männliche Arbeitsuchende waren 6 944 offene Stellen angemeldet, von denen 2 355 (33,92%) besetzt werden konnten, darunter Aushilfsstellen 77. Von den 4 364 offenen Stellen für weibliche Arbeitsuchende konnten 2 082 (47,71%) besetzt werden, darunter 147 Aushilfsstellen. Die Zahl der männlichen Arbeitsuchenden betrug 1 879, davon 86 Auswärtige und Zugereiste, diejenige der weiblichen 8 710, davon 191 Auswärtige und Zugereiste. Insgesamt 10 589 Arbeitsuchende auf 11 308 offene Stellen."

Aus den vorliegenden Statistiken ist zu ersehen, daß die Nachfrage bei weitem das Angebot auf den Arbeitsmarkt übersteigt. Charakteristisch ist das Verhältnis der arbeitsuchenden Männlichen und der Weiblichen in Elsaß-Lothringen. Nach dem obigen Monatsbericht der Landeszentrale entfielen auf 8 710 weibliche Arbeitsuchende nur 4 364 offene Stellen. Hier ist demnach ein gewaltiges Überangebot an weiblichen Arbeitskräften zu verzeichnen.

Aus den vorstehenden Zusammenstellungen können indessen nur mit gewissen Einschränkungen Schlüsse über die Gesamtarbeiterbewegung im Reich gezogen werden, da nur die Zahlen des freiwilligen Arbeitsmarktes zur Verfügung stehen, während die Zahlen der durch die Einberufungsausschüsse zur Arbeit Einberufenen durch diese Statistik nicht erfaßt sind. Immerhin wird man wohl sagen können, daß die Zahl der Arbeitsuchenden, die schlechthin nicht alle als Arbeitslose angesehen werden können, da von den Arbeitsnachweisen die noch in Stellung befindlichen Arbeitsuchenden mitgezählt werden, gegenüber der Nachfrage im steten Sinken begriffen ist. Daß die Zahl der Arbeitslosen im Verhältnis zu den Friedensjahren bedeutend zurückgegangen ist, beweisen aus den Ausgaben der Zentralverbände folgende Zahlenunterschiede:

An gezahlter Arbeitslosenunterstützung

1913		1914		1915		1916	
Absolut Mk.	pro Kopf Mk.	Absolut Mk.	pro Kopf Mk.	Absolut Mk.	pro Kopf Mk.	Absolut Mk.	pro Kopf Mk.
11 532 930	4,52	23 718 902	11,56	3 485 423	3,04	1 449 133	1,52

Der Verlauf der Arbeitslosenziffern bei den 6 größten Arbeiterverbänden wird durch folgende Aufstellung veranschaulicht:

Fachverbände	Mitgliederzahl Ende August 1917	Arbeitslosigkeit v. H. der vom Bericht erfaßten Mitglieder					
		Ende August	Ende Juli	Ende Juni	Ende Mai	Ende August	Ende August
		1917				1916	1914
Metallarbeiter (G) .	351767	0,2	0,1	0,2	0,2	0,7	21,5
Fabrikarbeiter (G) .	99414	0,1	0,1	0,2	0,2	0,5	16,3
Holzarbeiter (G) . .	85797	0,5	0,6	0,6	0,6	1,1	33,0
Bauarbeiter (G) . .	82642	0,1	0,1	0,1	0,2	0,2	16,4
Textilarbeiter (G) .	71687	4,2	4,3	4,1	5,2	14,5	28,2
Transportarbeit. (G)	60698	0,2	0,2	0,2	0,3	0,4	10,8

Auffallend ist hier der gewaltige Rückgang an Arbeitslosen im Jahre 1917, was wir mit der Wirkung des Hilfsdienstgesetzes hinsichtlich der restlosen Erfassung aller Arbeitskräfte in Verbindung bringen können.

2. DIE LOHNVERHÄLTNISSE.

Wie wir im vorigen Abschnitt gesehen haben, übersteigt die Nachfrage nach Arbeitskräften bei weitem das Angebot. Hierdurch verschiebt sich die Lohnfrage wesentlich zugunsten des Arbeiters. Die Frage des Minimallohnes ist mit den Ereignissen des Krieges zum mindesten ein Problem der Gesetzgebung geworden. Sie stand vor dem Krieg schon teilweise vor der Lösung, z. B. für die Hausarbeiter durch gesetzlichen Eingriff, ferner durch Festsetzung von Tarifverträgen seitens der Gewerkschaften, sodaß ein Minimallohn für viele Arbeiterschichten bereits praktisch festgelegt war. Durch den Krieg ist der Gebrauch der Festsetzung von Löhnen so weit fortgeschritten, daß die Gesetzgebung nach dem Kriege vorbereiteten Boden für die allgemeine Einführung des Minimallohnes finden wird. Entsprechend den verteuerten Lebensverhältnissen ist eine stete Aufwärtsbewegung der Löhne zu verzeichnen. Sie erfolgt indessen ungleichmäßig und sprungweise. In den Berufen, in denen eine größere männliche Arbeiterschaft vorhanden ist, oder wo die Berufsorganisation als Regulator des notwendigen Ausgleiches wirken kann, wird in der Regel zuerst und auch am stärksten der Arbeitslohn in die Höhe gedrückt. Die staatlichen und Heeresbetriebe aller Art sind darauf angewiesen, die technisch besten Kräfte der Arbeiterschaft an sich zu ziehen, und dies kann natürlich nur geschehen, wenn Arbeitslohn und Arbeitsverhältnis durch Höhe und Güte Anziehungskraft ausüben. Daher werden dort zum Teil recht hohe Löhne gezahlt. Es erwächst dadurch der Privatindustrie und dem Gewerbe eine gewaltige Konkurrenz. Die Privatarbeitgeber müssen in mehr oder weniger großem Maßstabe der Tendenz nach oben folgen. Fabriken, welche altes Stammpersonal beschäftigen, sind länger vor den höheren Lohnforderungen geschützt, als solche Betriebe, die mit einem großen Wechsel des Personals rechnen müssen. Unter der aufsteigenden Tendenz gewinnen selbst diejenigen Berufsstände, welche früher die schlechtesten Lohn- und Gehaltsverhältnisse aufwiesen, so z. B. die in Schreibstuben und derartigen Betrieben beschäftigten Personen, die früher sehr häufig mit Gehältern in Höhe von 40—60 Mk. pro Monat entlohnt wurden. Heute erhalten sie durchweg mindestens 100 Mk. monatlich. Frauenarbeit wird im Verhältnis zu früher sehr hoch bezahlt. Namentlich gilt dies für qualifizierte Angestellte und Arbeiterinnen und insbesondere für diejenigen, die schwere, sonst nur für Männer reservierte Arbeiten verrichten. Um ein anschauliches Bild über die Lage zu erhalten, wollen wir uns zunächst mit den Lohnverhältnissen im Bereiche der Kriegsamtstelle Straßburg befassen. Aus der vergleichenden Übersicht über die Lohnverhältnisse in Straßburg i. E. August 1914 — August 1917 ersehen wir, daß die Löhne in verschiedenen Gewerbezweigen und Berufsarten seit Kriegsanfang zum Teil recht beträchtlich gestiegen sind.

ÜBERSICHT ÜBER DIE LOHNVERHÄLTNISSE IN STRASSBURG i. Els.

Vergleichende Übersicht über die Lohn-
August 1914 bis

Gewerbegruppe und Berufsarten	Dieser gehören u. a. folgende Berufe bzw. Betriebe an:	m. = männl. Arb. Lohn- August 1914 Betrag	Lohnzeit
I. Landwirtschaft, Gärtnerei und Tierzucht	Landwirtschaftl. Betrieb, Gärtnereien, Baumschulen usw.	Mk. m. 30—35 w. 20—25 und freie Station	monatlich „
II. Forstwirtschaft und Fischerei	Städtische Waldungen, Privatforst Pourtalès	ca. 2,50	täglich
III. Bergbau, Hütten- u. Salinenwesen	Kommt für Straßburg-Stadt nicht in Betracht	—	—
IV. Industrie der Steine u. Erden	Steinbrüche, Stein- u. Marmorhauereien, Kies- u. Sandgruben, Gips- u. Zementwerke, Ziegeleien, Kalkbrennereien, Kittfabriken, Kunststeinfabriken, Brikettfabriken	Steinhauer ca. 5, weibliche Arbeiter nur in den Marmorwerken	täglich
V. Metallverarbeitung	Bandagisten, Blech- u. Blechwarenfabriken, Bronze- u. Bronzewarenfabriken, Drahtflechter, Metallgießereien aller Art, Feilenhauer, Galvanische Anstalten, Goldschmiede, Goldwarenfabriken, Kessel- u. Kupferschmiede, Schmiede, Klempner, Messerschmiede, Dreher, Schlosser, Schriftgießer	Schlosser ca. 3,50—4, Klempner ca. 4. Sonstige Arbeiter je nach ihren Fähigkeiten zwischen 4—8 bezahlt	täglich „

verhältnisse in Straßburg i. Els.
August 1917.

w. = weibl. Arb. höhe August 1917 Betrag	Lohnzeit	Bemerkungen
Mk. m. 40—45 w. 25—30 und freie Station	monatlich „	Die Erhöhung der Kosten des Arbeitgebers für die „freie Station" des Arbeiters ist ebenfalls als „Lohnerhöhung" anzusehen.
ca. 3,50	täglich	Meist alte Leute und Bauern aus den Dörfern in der Umgegend Straßburgs.
—	—	Es sind einzelne Büros dieser Betriebe am Orte; ausschl. Büropersonal.
Steinhauer ca. 6—8, Tagelöhner ca. 5,50	täglich „	Bauberuf mit allen Nebenberufen ruht mit Ausnahme einzelner Militär- bzw. öffentlicher Bauten; daher in dem Gewerbe IV ebenfalls fast völliger Stillstand. Steinhauer besitzen mit den Unternehmern vereinbarten Reichslohntarif; Sand-, Kies-, Ton- und sonstige Gruben sind häufig mit Landarbeitern und Kleinbauern der Umgegend besetzt; Entlohnung derselben ist verhältnismäßig gering.
Schlosser 8—10 ca. 6	täglich „	Schlosser und Klempner besitzen differenzierte Tariflöhne; Männer (zum Teil ungelernte) in den Blechwarenfabriken mit 3,50—4,50 Mk. entlohnt; Frauenarbeit ca. 1,80—2,— Mk. per Tag; Goldarbeiter und ähnliche Berufe werden stets etwas höher im Durchschnitt entlohnt; häufig Löhne von 8—10 Mk. per Tag. Viele Kleinmeister in der Schlosser-, Klempner- und Mechanikerbranche arbeiten fast ausschließlich mit einer großen Anzahl Lehrlinge, manche Meister haben ohne einen einzigen Gehilfen 6—8 Lehrlinge in Beschäftigung. In der Metallbranche (in der größten Mehrzahl Heereslieferungsbetriebe) sind Mannslöhne von 8—10 Mk., Frauenlöhne von 4—5 Mk. per Tag die Regel. (In einzelnen Betrieben, in denen ungelernte Arbeiter und Arbeiterinnen angelernt werden, wird der angegebene Betrag erst nach längerer Zeit bezahlt.)

Gewerbegruppe und Berufsarten	Dieser gehören u. a. folgende Berufe bzw. Betriebe an:	m. = männl. Arb. Lohn- August 1914	
		Betrag	Lohnzeit
VI. Industrie der Maschinen etc.	Alle Fabriken, welche sich mit der Herstellung von Maschinen und Maschinenteilen beschäftigen, ferner Büchsen- u. Instrumentenmacher, Fahrrad-Reparatur-Werkstätten, Installateure, Gas- u. Wassermesserfabriken, Uhrenfabriken, Uhrmacher, Optiker, Mechaniker, Orgelbauer, Orthopädische Fabriken, Elektrotechniker, Schiffbauer usw.	Mk. Maschinenbauer ca. 4, Mechaniker ca. 4,50, bessere Kräfte bis 6	täglich " "
VII. Chemische Industrie	Chem. Fabriken u. Laboratorien, Essig- u. Essenzfabriken, Farben- u. Lackfabriken, Gummi- u. Gummiwarenfabriken, Öl- u. Fettwarenfabriken, Wachswarenfabriken, Parfümerien, Fabriken für Hefe, Seife, Leim, Talg- u. Lichtartikel, Knochenverwertung, Kohlensäurewerke, Podisiereien usw.	m. 2,50—3 w. 1,20—1,50	täglich "
VIII. Textil-Industrie	Alle Fabriken zur Verwertung von Stoffaser und Gespinststoffen, ferner alle Betriebe, welche mit der Anfertigung von Waren aus solchen Stoffen beschäftigt sind (ausgenommen sind die Betriebe, welche unter das „Bekleidungsgewerbe" fallen!). Zur Textilindustrie gehören u. a.: Bandagen-, Bindfaden-, Filet-, Wagendecken-, Kokosmatten- u. dgl. Fabriken, Woll- u. Roßhaarspinnereien, Posamentenfabriken, Seilereien, Hasenhaarschneidereien (Hutstofffabriken), Lumpenverwertungsfabriken usw.	m. ca. 3,50 w. ca. 1,80	täglich "

höhe w. = weibl. Arb. August 1917 Betrag	Lohnzeit	Bemerkungen
Mk. Maschinenbauer ca. 8—10, Mechaniker ca. 7,50, jetzt werden Löhne für qualifizierte Arbeiter bis 12,50 bezahlt	täglich " "	Frauenarbeit ziemlich ausgedehnt seit Krieg; Löhne geringer als bei Mannsarbeit. Metallarbeiter besitzen zum Teil differenzierten Lohntarif. Hier gilt das gleiche wie oben!
m. 3—3,50 w. 1,50—2	täglich "	Es werden in dieser ganzen Gruppe verhältnismäßig sehr niedrige Löhne gezahlt; Frauenarbeit vorherrschend; großer Wechsel des Personals; ungelernte junge Arbeitsburschen und Arbeiterinnen vorherrschend.
m. ca. 4 w. ca. 2,20	täglich "	Da viel ungelernte Arbeiter und Arbeiterinnen beschäftigt werden, erstens: niedrige Löhne, zweitens: großer Wechsel; es werden selten mehr als die sog. „Ortslöhne" bezahlt, häufig darunter; qualifizierte Arbeiter und Arbeiterinnen etwas besser; vielfach Hausindustrie (Mattenflechten, Filetstricken, Posamentenarbeit usw.), Löhne ganz gering, häufig nur 50 Pfg. bis 1 Mk. per Tag.

Gewerbegruppe und Berufsarten	Dieser gehören u. a. folgende Berufe bzw. Betriebe an:	m. = männl. Arb. Lohn- August 1914 Betrag	Lohnzeit
IX. Papierindustrie	Papier- u. Pappenfabriken, Cellulose-(Holzstoffabriken), ferner alle Betriebe, welche mit der Verarbeitung von Papieren beschäftigt sind, ausgenommen solche, welche mit dem Bedrucken von Papieren beschäftigt sind (siehe unter „Polygraphische Gewerbe")	Mk. Papierfabr. m. 2,30—2,80 w. 1,20—1,40, Buchbinder m. 3,50—4 w. 1,50—1,80, Kartonnage m. 2—2,50 w. 1—1,80	 täglich „ „ „ „ „
X. Lederindustrie	Gerbereien, Lederfabriken, Lederzurichtereien, Pergamentfabriken, Sattler u. Portefeuillearbeiter, Lederwarenfabriken, Treibriemenfabriken usw.	Gerber ca. 3—3,50, Sattler ca. 4	 täglich „
XI. Industrie der Holz- u. Schnitzstoffe	Holzsägereien u. Hobelwerke, Schreinereien (Bau- u. Möbelschreinereien), Bilderrahmenfabriken, Glasereien, Holzzementfabriken, Drechsler, Besen- u. Bürstenfabriken, Billardfabriken, Faßfabriken u. Küfereien, Holzschuhfabriken, Kistenfabriken, Koffermacher, Korbwarenfabriken, Korkfabriken, Stuhlmacher, Siebmacher, Wagenfabriken, Leiternfabriken, Leistenfabriken usw.	Hobelwerke 2,80—3, Schreiner 4—4,50, auch für Küfer, Stuhlmacher, Wagner, Glaser usw. mehr oder weniger maßgebend	 täglich „

w. = weibl. Arb. höhe August 1917 Betrag	Lohnzeit	Bemerkungen
Mk. m. über 16 J. 5, unter 16 J. 2,40 w. über 16 J. 2,40. Außerdem Zulagen bei 12 Arbeitstagen 7—9	 täglich „ „	Papierfabrik Ruprechtsau zahlt niedrige Löhne, gewährt aber andererseits ihren Beschäftigten kleine Vergünstigungen. Löhne der ganzen Gewerbegruppe sind überhaupt recht gering und das Personal großem Wechsel unterworfen. Grund hierfür: meistens ungelernte Arbeiter, weiter vielfach durch Gefängnisarbeit verursachte Konkurrenz und ferner die besonders in der Kartonnageindustrie herrschende Heimarbeit, bei welcher höhere Löhne nur durch Ausnutzung von Kinderarbeit und überlange Arbeitszeit erzielt werden. Häufig wird jedoch auch dabei, trotz Kinderarbeit und 14—16stündiger Arbeit nur 1—1,50 Mk. per Tag verdient von der ganzen Familie.
Gerber 5—6 Sattler 6	täglich „	Lederarbeiter waren vor dem Kriege schlecht bezahlt. Den Großfabrikanten war es gelungen, den Einfluß der Gewerkschaften von der Fabrik fernzuhalten; teils waren die Arbeiter, die nebenbei vielfach noch etwas Feld besitzen, mit ihren geringeren Löhnen zufrieden, teils war es denselben durch irgendwelche Verbindlichkeiten der Firma gegenüber hinderlich, auf eine auskömmliche Entlohnung seitens der Firma zu dringen. — Sattler und sonstige Lederarbeiter sind besser entlohnt. Vielfach Akkordarbeit, besonders soweit sie Militärartikel betreffen. Hausarbeit bei letzteren ebenfalls stark vorherrschend; Lohnhöhe ausreichend.
Hobelwerke 4—4,50, Schreiner 6—7 (Bemerkung wie nebenstehend)	 täglich „	Schreiner haben Lohntarif. Sonstige Lohnsätze sind nur bei den Korbmachern, Hobelwerken, Besen- und Bürstenfabriken niedriger, besonders in den letzgenannten Fabriken; hier herrscht vielfach Heimarbeit, auch Konkurrenz durch Gefängnisarbeit.

<table>
<tr><th rowspan="2">Gewerbegruppe und Berufsarten</th><th rowspan="2">Dieser gehören u. a. folgende Berufe bzw. Betriebe an:</th><th colspan="2">m. = männl. Arb.
Lohn-
August 1914</th></tr>
<tr><th>Betrag</th><th>Lohnzeit</th></tr>
<tr><td>XII. Industrie der Nahrungs- und Genußmittel</td><td>Bäckereien, Konditoreien, Bisquit- u. Bonbonsfabriken, Schokoladefabriken, Kakesfabriken, Teigwarenfabriken, Metzgereien, Wurstlereien, Wurstfabriken, Bierbrauereien, Bierhandlungen, Branntweinbrennereien, Likör- u. dgl. Fabriken, Mineralwasserfabriken, Obstkeltereien, Weinküfereien, Eisfabriken, Kaffeeröstereien, Zukkerwarenfabriken, Konservenfabriken, Pasteten-, Sauerkraut- u. Senffabriken, ferner alle Genußmittelfabriken, Getreidemühlen, Tabak-, Zigarren- u. Zigarettenfabriken usw.</td><td>Mk.
Bäcker ca. 30 und freie Station,
Konditoreien dito,
Bisquit-, Schokolade-, Bonbonsfabr. u. Mühlenarbeiter ca. 4,50—5,
Zuckerwarenfabr. ca. 2,50—3 für m.
u. 1,50—1,80 für w.,
Tabak u. dgl. Fabr. m. ca. 3,50—4,
w. 1,50—2,50</td><td>
monatlich

„

täglich

„
„

„
„</td></tr>
<tr><td>XIII. Bekleidungsgewerbe</td><td>Schneider u. Schneiderinnen, Kleider- u. Wäschefabriken, Schürzen-, Schirm- u. Hutfabriken, Mützenfabriken, Pelzwarenfabriken (Kürschner), Handschuhfabriken, Modistinnen, Korsettenfabriken, Militäreffektenfabriken, Uniformfabriken, Schuhfabriken, Schuhmacher, Schuhzertrenner</td><td>Schneider zu 4—8 u. 6—10 je nach Qualifikation,
Näherinnen ca. 2—2,50 u. 3—4,
Schuhmacher ca. 3,50—4 u. 5—6</td><td>täglich
„
„</td></tr>
</table>

w. = weibl. Arb. höhe August 1917 Betrag	Lohnzeit	Bemerkungen
Mk. Bäcker ca. 35 und freie Station. Löhne gehen unter dem allgemeinen Druck der Konjunktur in die Höhe. Steig. ca. 1/3	monatl.	Bei den Gewerben, welche ihren Arbeitern freie Station gewähren (Bäcker, Konditoren, Metzger u. dgl.) sind die Barlöhne ziemlich gleichhoch, etwas höher bei den Metzgern, welche durch ihre Organisation sich etwas bessere Entlöhnung und kürzere Arbeitszeit errungen haben. Gut sind die Löhne in den Mühlen, in der Teigwarenindustrie, Konserven- und Genußmittelfabriken, ebenso in der Schokolade-, Bisquit- und Kakesfabrikation; herrscht in der Hauptsache Frauenarbeit; Löhne sind nur bei wenigen das ortsübliche Maß überschreitend; in der Regel wurden vor dem Krieg und auch jetzt noch per Tag 1,50 Mk. bezahlt. Das gleiche ist der Fall in der Tabakindustrie; hier herrscht z. T. noch Hausarbeit und hält durch ungemessene Arbeitszeit und Mithülfe aller Art (durch Kinder usw.) die Löhne niedriger als in geordneten Gewerben. Die Belastung der Krankenkassen infolge der häufig jeder hygienischen Anforderung hohnsprechenden häuslichen Verhältnisse, der frühzeitigen Ausbeutung minderjähriger Kinder, die, kaum der Schule entwachsen, die Sanatorien und Spitäler bevölkern, ist demnach gerade in diesem Berufe eine ungeheuer große. Ähnliche Verhältnisse herrschen in dem Bekleidungsgewerbe, soweit die Heimarbeit in Frage kommt.
Löhne zum Teil von 25—50% gesteigert	—	Schneider haben ihren Lohntarif und sind besser bezahlt; bei den Schuhmachern ist zwar auch Lohnregulierung durch die Gewerkschaft vorhanden; Verhältnisse sind aber schlechter, weil das Kleinmeistertum häufig nur ganz geringe Löhne zahlt, hier herrscht auch das System der „Freien Station" noch vor. Näherinnen in Fabriken verdienen pro Tag 2,50—3,— Mk., viel Heimarbeit entstanden durch die Kriegslieferungen des Bekleidungsamtes; Verdienst der Heimarbeit übersteigt selten 2,— Mk. pro Tag. Verdienst ist durch die Betriebseinschränkungen neuerdings wieder erheblich herabgesetzt worden. Stickereien werden ebenfalls fast ausschließlich in Heimarbeit hergestellt; vielfach sind es Kreise der besseren Klassen, welche dadurch eine Erhöhung ihres persönlichen Einkommens erzielen wollen. Die gezahlten Sticklöhne sind nicht hoch. Bezüglich der übrigen Heimarbeit gelten auch die Bemerkungen zum Schlusse des vorhergehenden Abschnittes.

Gewerbegruppe und Berufsarten	Dieser gehören u. a. folgende Berufe bzw. Betriebe an:	m. = männl. Arb. Lohn- August 1914 Betrag	Lohnzeit
XIV. Reinigungsgewerbe	Wäschereien, Färbereien, Büglereien, Bleichereien, Dekatieranstalten, Waschpritschen, Bettfedernreinigungsanstalten, Fensterreiniger, Reinigungsinstitute, Hundewaschanstalten, Bäder, Kammerjäger, Kaminfeger usw.	Mk. männliches Personal wenig vorhanden, Löhne ca. 3—3,50 für m. und ca. 2 für w.	täglich „
XV. Baugewerbe	Bauunternehmer aller Art, Maurermeister, Dachdecker, Gipsergeschäfte, Baumaterialienhandlungen, Ofenfabriken, Ofensetzer, Kaminbauer, Maler, Lackierer, Anstreicher, Verputzer, Pflästerer	Maurer usw. (gelernte Arbeiter) ca. 6,50, Hilfsarbeiter 5,70, Maler etwas niedriger	täglich „
XVI. Polygraphische Gewerbe	Buch- u. Steindruckereien, Klischeefabriken, Holzschneider (Xylographen), Filmfabriken, Graveure, Stempelfabriken, Medaillenfabriken, Tapetenfabriken usw.	Buchdr. ca. 5,50. Spezialberufe etwas höher bezahlt	täglich
XVII. Künstlerische Gewerbe.	Bildhauer für Steine, Holz und verwandte Stoffe, Dekorationsmaler, Glasmaler, Porzellanmaler, Kunstwerkstätten, Gemälderestaurateure, Kirchenornamentenfabriken, Geigenmacher, Stukkateure, ferner Kinematographen, Theaterbetriebe, Konzertunternehmer usw.	Holzbildhauer ca. 6, Steinbildhauer ca. 10	täglich „

höhe w. = weibl. Arb. August 1917 Betrag	Lohnzeit	Bemerkungen
Mk. keine Veränderung festzustellen, jedenfalls ist dieselbe gering	—	Löhne entsprechen in der Regel dem sog. ortsüblichen Tagelohn. Bessere Arbeiterinnen etwas höher bezahlt.
Maurer usw. (gelernte Arbeiter) 9,20, Hilfsarbeiter 8,20, Maler etwas weniger	täglich „	Das gesamte Baugewerbe besitzt tarifliche Vereinbarungen bezüglich Lohn- und Arbeitszeit. Im Winter ist bei Kälte und schlechtem Wetter die Arbeit meist eingestellt. Der Tarif sieht bezüglich Alter und Qualifikation der Arbeiter Differenzierung vor.
7,50	täglich	Buchdrucker besitzen differenzierten Lohntarif; Spezialfächer wie Maschinensetzer, Stereotypeure, Korrektoren usw. haben kleine Mehrbezüge. Spezialfabriken (Klischee- und sonstige Fabriken) zahlen ihren Arbeitern, je nach ihrer Qualifikation und wie das Angebot dieser Kräfte ist, etwas höhere Löhne. — Für Straßburg kommen nur die Buchdrucker in der Hauptsache in Betracht. Teuerungszulagen werden in Höhe von ungefähr 10% gewährt.
keine Lohnsteigerung bemerkbar. Betriebe meist ohne Arbeit	—	Bildhauer besitzen meines Wissens keine tarifliche Abmachungen mit den Arbeitgebern, jedenfalls nur örtliche. Durch den Krieg Arbeit meist eingestellt. Nur Münsterbau beschäftigt noch einige Leute dieser Art. Viele, vielleicht die meisten der „Kunsthandwerker", und die freien Künstler beschäftigen selten Hilfskräfte. Die Kinematographentheater zahlen zum Teil Teuerungszulagen.

Gewerbegruppe und Berufsarten	Dieser gehören u. a. folgende Berufe bzw. Betriebe an:	m. = männl. Arb. Lohn- August 1914 Betrag	Lohnzeit
		Mk.	
XVIII. Handelsgewerbe	Alle Handelsbetriebe, soweit sie nicht in erheblichem Maße mit der Herrichtung, Bearbeitung usw. der verkauften Waren beschäftigt sind, ferner Banken, Agenturen, Apotheker, Drogisten, Auskunftsbüros, Buchhandlungen, Kohlen- u. Holzhandlungen usw.	Hier herrscht kein einheitlicher Lohnsatz, weder für männliche noch für weibliche	—
XIX. Versicherungsbewegung		wie vorstehend	—
XX. Verkehrsgewerbe	Speditionen, Fuhrunternehmer, Kutschereien, Dienstmänner, Radler-(Eilboten)-Institute, Schiffsreedereien, Petroleumlagereien, Begräbnisbüros, Afficheure, Verkehrsinstitute usw.	ca. 4 Radler-Institute ca. 2,50—3, weil hier mit Trinkgeld gerechnet wird.	täglich „
XXI. Gast- und Schankwirtschaften	Alle Betriebe, welche mit der Beköstigung, Beherbergung und leichterer Unterhaltung (Bierkonzerte usw.) der Gäste beschäftigt sind.	m. ca. 30 und freie Station w. ca. 20—25 und freie Station	monatlich „

höhe w. = weibl. Arb. August 1917 Betrag	Lohnzeit	Bemerkungen
Mk. Durchweg bessere Lohnverhältnisse im Gesamtbild	—	Das Handelsgewerbe ist durch den Krieg mit am meisten betroffen. In großem Maße wurden im Anfang die Gehälter und Löhne herabgesetzt, vielfach sogar ohne Notwendigkeit. Durch die Bemühungen der Verbände und Einwirkung des Herrn Gouverneurs wurde bald wieder Verbesserung der Verhältnisse erzielt. Doch besteht immer noch große Einschränkung vieler Betriebe, ältere, hauptsächlich besser bezahlte Angestellte wurden entlassen, und junges, geringer bezahltes Personal eingestellt. Banken und größere solide Geschäfte, vielfach später auch kleinere Geschäfte, sahen überhaupt von jeder Reduzierung der Gehälter ab, gewährten sogar Teuerungszulagen und kamen ihren Angestellten auch sonst den Zeitverhältnissen entsprechend entgegen. Die Verhältnisse haben sich inzwischen durch den Leutemangel für die einzelnen Angestellten gebessert.
wie vorstehend	—	Hier gilt das gleiche wie vorstehend; an Stelle der zum Heere einberufenen zahlreichen jungen Männer tritt in der Hauptsache Frauenarbeit.
Es werden jetzt Löhne von 4,50—6,50 bezahlt	täglich	Da in der Regel hier nur starke, d. h. kräftige Arbeiter verlangt werden, ist bei dem geringen Angebot der Lohnsatz verhältnismäßig hoch hinaufgeschraubt worden, jedoch nicht durchgängig.
keine Veränderung	—	Männliches Personal nur noch in Hotels und Gastwirtschaften, selten in anderen Wirtschaften. (Dienstboten für Küche, Zimmer usw.) erhalten außer freier Station ca. 20—30 Mk. per Monat; Kellnerinnen sind selten mit Fixum beschäftigt, fast ausschließlich auf Trinkgelder angewiesen, die — je nach Qualifikation des Lokals — zwischen 1 und 8 Mk. per Tag schwanken. Seit dem Krieg dürfte hinsichtlich der letztgenannten Summe ziemliche Verschlechterung eingetreten sein. Kost und Logis an Kellnerinnen wird vom Wirt nur noch selten gewährt.

Gewerbegruppe und Berufsarten	Dieser gehören u. a. folgende Berufe bzw. Betriebe an:	m. = männl. Arb. Lohn- August 1914 Betrag	Lohnzeit
XXII. Häusliche Dienste und Lohnarbeit wechselnder Art	Dienstboten, Monats-, Stunden-, Putzfrauen usw.	Mk. Dienstboten ca. 20—25 und freie Station	monatlich
XXIII. Dienst, auch sog. freie Berufe	Militärische Betriebe, Städtische Betriebe, Sonstige Verwaltungen behördlicher Art, Privatverwaltungen,	siehe Bemerkungen	—
	Freie Berufe: a) Rechtsanwälte b) Rechtskonsulenten c) Gerichtsvollzieher d) Technische Büros (Patenanwälte)	große Schwankungen im Gehalt	
	e) Schulen aller Art f) Orthopädische Anstalten g) Krankenhäuser und Heilanstalten h) Photographen i) Friseure usw. usw.	siehe Bemerkungen	

w. = weibl. Arb. höhe August 1917 Betrag	Lohnzeit	Bemerkungen
Mk. Dienstboten bis zu 35 und freie Station etwas verbessert	monatlich	Dienstboten wurden im Anfang des Krieges vielfach ohne Barlohn, nur gegen Kost und Logis, beschäftigt. Mit der Abwanderung der Frauen in die Industrie besserte sich das Verhältnis wieder; die Dienstherrschaften konnten, als die Dienstboten ihre Stellen verließen, um in die Fabriken zu gehen, plötzlich wieder Barlöhne und sogar noch höhere zahlen. Für die gegenwärtig noch beschäftigten Dienstboten werden im allgemeinen etwas bessere Löhne gezahlt, wie vor dem Kriege.
—	—	Stadtverwaltung: meist Männer: 3,50—4,— Mk. per Tag. Sonstige Verwaltungen: meist Monatslöhne, die sich in den Grenzen von 120 bis 180 Mk. bewegen. Der Teuerung ist meist durch Gewährung von Familienzulagen Rechnung getragen. — Bei den Privatverwaltungen herrschen ähnliche Verhältnisse. (Das Büropersonal der Rechtsanwälte, Gerichtsvollzieher usw. setzt sich in der Regel aus den verschiedensten Altersklassen zusammen, in der Hauptsache gilt für Gehilfen ein Monatslohn von ca. 150 Mk., für Frauen ein solcher von 100 bis 120 Mk. als normal, dieser Betrag wird indessen selten gezahlt. Gehälter von ca. 60, 80 Mk. per Monat sind für junge Gehilfen häufig. Einzelne Arbeitgeber zahlen jedoch etwas höhere Gehälter wie vorher.) Privatschulen, Krankenhäuser usw. zahlen für ihr Personal und Dienstboten die üblichen differenzierten Löhne, das Privat-Lehrpersonal selbst bezieht, abgesehen von einigen besser bezahlten Kräften, nur gekürzte Gehälter, die ohnehin recht geringfügig waren; nur Privatunterricht in erheblichem Maße kann die Leute, wenn keine sonstige Leistungsmöglichkeit vorhanden, über Wasser halten. Photographen zahlen ca. 150 bis 200 Mk. im Durchschnitt per Monat; qualifizierte Arbeiter mehr, Frauenarbeit geringer. Friseure haben das System der „freien Station" für ihre Arbeiter; gegenwärtig werden fast nur Lehrlinge beschäftigt, selten Gehilfen; Gehilfen erhielten vor dem Krieg monatlich ca. 20—30 Mk. bar; Lehrlinge zahlen in der Regel noch Lehrgeld. Der Krieg hat die meisten Geschäftsinhaber mehr oder weniger in Mitleidenschaft gezogen. Im allgemeinen sei noch bemerkt, daß vielfach von Arbeitgebern an ihre zum Heere eingezogenen Gehilfen bzw. deren Familien Unterstützungsbeihülfen gezahlt werden; teilweise muß das übriggebliebene Personal die Arbeit der fehlenden mitbewältigen. Das ist jedoch nicht die Regel.

Wenn wir im Vergleich zu den eben geschilderten Lohnsätzen der Privatarbeitgeber, die Verdienstmöglichkeiten der annähernd auf 8000 geschätzten in den militärisch betriebenen Instituten, wie Artilleriedepot, Artilleriewerkstatt, Munitionsanstalten und Proviantämter beschäftigten Arbeiter näher untersuchen, so müssen wir zugeben, daß die in diesen Betrieben festgelegten Löhne unter Anrechnung der zugebilligten Familien- und Kinderkriegsbeihülfen, Teuerungs- und Kriegszulagen, welche auch auf die eingestellten und noch einzustellenden Hilfsdienstpflichtigen Anwendung finden, weit über das für hiesige Verhältnisse, selbst bei den heutigen Kosten der Lebenshaltung Notwendige, hinausgehen. Der Grundlohn der Männer ist bei den militärischen Betrieben auf 4,68 Mk. pro Tag und für Frauen auf 2,97 Mk. festgesetzt. Dazu kommt noch 1,50 Mk. pro Tag Reichszulage und 1 Mk. Teuerungszulage, ferner für jedes Kind 0,20 Mk. pro Tag. Der Durchschnittslohn würde demnach ohne Berechnung der Kinderzulage für Männer 7,18 Mk. und für Frauen 5,47 Mk. betragen. Indessen werden die wenigsten auf Grund dieser Taxe entlohnt. Bei weitem der größte Teil der in den militärischen Betrieben beschäftigten Arbeiter und Arbeiterinnen wird auf Schichtarbeit im Akkord entlohnt. Legen wir die nachstehend abgedruckte Berechnung der Durchschnittsstücklohnverdienste der Stücklohnarbeiter zugrunde, so können wir entnehmen, daß beispielsweise in der Anschlägerei ein Handwerker (Lohnklasse 1) bei 10stündiger Arbeit 17,58 Mk. und ein Nichthandwerker oder Jugendlicher (Lohnklasse 4) in derselben Arbeitszeit 11,51 Mk. verdient hat. Wären die beiden Arbeiter zufällig Vater und 15jähriger Sohn, so hätten sie in ihrem gemeinsamen Haushalt 527,40 Mk. + 345,30 Mk. = 872,30 Mk. monatliches Einkommen. Bei 1½ Arbeitsschicht oder sogar doppelter Arbeitsschicht würde sich das Einkommen entsprechend vermehren. Auch die Löhne der Arbeiterinnen stehen im Durchschnitt recht hoch, so verdient eine Bürstenmacherin (Gewerk A 1) bei 10stündiger Arbeit 7,29 Mk.

Es ist daher erklärlich, daß der Zudrang der Arbeitskräfte zu den staatlichen und Heeresbetrieben ein weit größerer ist, als zu den Privatunternehmen, die namentlich was die kleineren anbetrifft, meistens nicht in der Lage sind, den hohen Sätzen der militärisch-technischen Institute zu folgen. Die geschilderten Verhältnisse haben aber noch einen weiteren, und wenn sie im ganzen Reiche bestehen, vielleicht verhängnisvollen Nachteil. Sie entziehen dem Teil unserer Volkswirtschaft, von dessen Gedeihen der siegreiche Ausgang des Krieges abhängt, namentlich der Landwirtschaft, wertvolle Arbeitskräfte. Es bedarf keiner weiteren Ausführung, daß Löhne, wie sie von den staatlichen Anstalten nach Vorstehendem gezahlt werden, den landwirtschaftlichen Markt desorganisieren und die zur jetzigen Zeit besonders verhängnisvolle Flucht vom Lande in die Stadt nicht allein begünstigen, sondern geradezu hervorrufen müssen. Eine im Juni 1917 vorgenommene Statistik bei den militärischen Betrieben über die dortselbst beschäftigten Personen aus der Landbevölkerung hat ergeben, daß aus der näheren Umgebung von Straßburg 1353 Arbeiter und Arbeiterinnen dortselbst Beschäftigung gefunden hatten; zumeist fahren die Leute morgens zur Arbeit und kehren abends wieder nach Hause zurück. Aus dem geht bereits deutlich hervor, daß ein nicht unerheblicher Prozentsatz von Arbeitskräften der Landwirtschaft entzogen wird. Im Vergleich zu dem hier zu Lande bezahlten ortsüblichen Tagelohn für landwirtschaftliche männliche Arbeiter von 2,20 Mk. bis 2,50 Mk. und für weibliche von 1,30 Mk. bis 1,50 Mk. pro Tag nebst Beköstigung haben natürlich die von den technischen Instituten bezahlten hohen Löhne ihren besonderen Anreiz zur Abwanderung. Erst durch Verordnung der Armee-Abteilung B vom 2. August 1917 betr. Arbeitshülfe in der Land- und Forstwirtschaft wurde dieser sich immer weiter ausdehnenden Abwanderung einigermaßen Einhalt geboten.

Berechnung
der Durchschnittsstücklohnverdienste der Stücklohnarbeiter in einem militärischen Betriebe — Kriegszulage inbegriffen.

Lohnberechnungsabschnitt vom 24. 7. bis 20. 8. 1917.

Gewerk	Lohnklasse 1	Lohnklasse 2	Lohnklasse 3	Lohnklasse 4	Arbeiterinnen
	Im Durchschnitt in 1 Stunde Pfg.	Im Durchschnitt in 1 Stunde Pfg.	Im Durchschnitt in 1 Stunde Pfg.	Im Durchschnitt in 1 Stunde Pfg.	Im Durchschnitt in 1 Stunde Pfg.
A.					
1. Holzarbeitergewerk, Tischler, Stellmacher, Bürstenmacher u. Holzmaschinenarbeiter	147	126,8	106,5	75,5	72,9
2. Anstreicherei	—	131,7	108,4	—	—
3. Sattlerei	139,1	130,1	110,4	85,3	53,3
B.					
1. Schmiede	156,7	137,5	122	113	—
2. Anschlägerei	175,8	149,6	126,7	115,1	65,5
3. Dreherei	155,7	149,4	105,8	69,9	59,6
4. Maschinenmeisterei	136,1	113,9	86,4	—	—
5. Schlosserei u. Klempnerei	168,8	148,7	119,8	99,6	66,6
6. Fräserei	—	116,8	108,6	86,4	52,4
7. Instandsetzungswerkstatt. Alle Handwerker vertreten	145	123	101,6	—	49,2
Durchschnitt aller Gewerke	156	136,6	112,7	101,4	61

Durchschnitt der Meistergehilfen 156 + 15 % (23,4) = 179,4 Pfg.
„ „ Vorarbeiter Lohnklasse 1 156 + 10 % (15,6) = 171,6 Pfg.
„ „ „ „ 2 137 + 10 % (13,7) = 150,7 „
„ „ „ „ 3 113 + 10 % (11,3) = 124,3 „
„ „ „ „ 4 102 + 10 % (10,2) = 112,2 „
„ „ Aufseherinnen = 61 + 10 % (6,1) = 67,1 „

Im übrigen Deutschland ist nach den Lohnstatistiken der verschiedenen Ortskrankenkassen, bei denen die Angaben über die Lohnverhältnisse erfahrungsgemäß immer eher niedriger als höher auszufallen pflegen, ebenfalls eine stete Aufwärtsbewegung zu verzeichnen.

Der Bericht der Ortskrankenkasse Leipzig[1]) für das 2. Vierteljahr 1917 bringt beispielsweise folgendes Interessante:

„Die Verbesserung der Lohnverhältnisse bei den Mitgliedern der Leipziger Ortskrankenkasse, wie sie für die letzten Vierteljahre im Reichs-Arbeitsblatt festgestellt werden konnte, hat sich auch im 2. Vierteljahr 1917 fortgesetzt. Es macht sich eine ziemlich erhebliche Steigerung in der Besetzung der höchsten Lohnklasse nicht nur beim männlichen, sondern vor allem auch beim weiblichen Geschlecht bemerkbar. Die Zunahmebewegung erweist sich noch bedeutsamer, wenn die Ergebnisse mit denen des entsprechenden Zeitraumes des Vorjahres[2]) verglichen werden. Die Anzahl der männlichen Mitglieder ist Ende Juni d. Js. (57 887) etwas geringer als Ende März (58 450). Im April und Mai zeigte sich vorübergehend eine Zunahme der männlichen Pflichtmitglieder. Es war dies zum Teil eine Folge des Eintritts der schulentlassenen Jugendlichen ins Erwerbsleben. Die weibliche Beschäftigtenzahl verzeichnet in der Berichtszeit eine ununterbrochene Zunahme. Sie ist allerdings vom Mai (69 533) zum Juni (69 717) wesentlich schwächer als vom März (66 325) zum April (68 299).

An dem Rückgang der männlichen Beschäftigtenzahl vom Mai zum Juni sind in erster Linie die Maschinen- und Metallindustrie und das Handels- und Verkehrsgewerbe beteiligt. Eine geringe Zunahme der männlichen Pflichtmitglieder ist nur in der Industrie der Steine und Erden zu bemerken. Die Steigerung der weiblichen Beschäftigtenzahl vom Mai zum Juni ist besonders beträchtlich im Maschinenbau. In einzelnen Berufsgruppen, wie im Handelsgewerbe, in der Bekleidungsindustrie, im Spinnstoff- und Nahrungsmittelgewerbe, zeigt sich vom Mai zum Juni ein Rückgang der weiblichen Mitgliederzahl.

Unter den männlichen Mitgliedern waren Ende April d. J. bereits etwas über die Hälfte (51,7 v. H.) in der höchsten Lohnstufe, die einen Tagesverdienst von 5,51 Mk. und mehr umfaßt, versichert. Ende Juni gehörten ihr aber 56,3 v. H. an. Im Jahr zuvor, Ende Juni 1916, wies die gleiche Lohnstufe nur einen Anteil von 39,5 v. H. aller männlichen Mitglieder auf. Während also im Vorjahre noch nicht ganz $^2/_5$ aller Männer einen Tagesverdienst von mehr als 5,50 Mk. hatten, sind es in diesem Jahre gegen $^3/_5$. Zusammen mit der nächstfolgenden Lohnstufe stellte sich die Besetzung der Lohngruppe 5 Mk. und mehr auf 62,0 v. H. gegen 58,3 v. H. Ende April und gegen nur 47,8 v. H. Ende Juni 1916. Die übrigen Lohnstufen zeigen im Verlaufe des Berichtsvierteljahres einen Rückgang des Anteils, insbesondere auch dieses Mal wieder die Lohnklasse X, welche die Lehrlinge und jugendlichen Arbeiter umfaßt.

[1]) Aus dem Reichs-Arbeitsblatt.

[2]) Reichs-Arbeitsblatt 1916 S. 732 fg.

Im einzelnen stellt sich der Anteil der höchsten Lohnstufe (5,51 Mk. und darüber) am erheblichsten im Maschinenbau und im Baugewerbe. Dieser Stufe gehörten Ende Juni 70,2 v. H. bezw. 68,6 v. H. der männlichen Pflichtmitglieder gegen 65,2 bezw. 65,9 v. H. Ende April d. J. an. Auch in der Holzindustrie (64,8 v. H.) und in der Metallverarbeitung (58,3 v. H.) sind mehr Männer als im Gesamtdurchschnitt Ende Juni vorhanden. Am schwächsten vertreten ist die höchste Lohnstufe in der Land- und Forstwirtschaft wie im Beherbergungsgewerbe. Auch hier zeigt sich aber während des 2. Vierteljahres 1917 ein Ansteigen. Bei der Land- und Forstwirtschaft waren im April 25,2, Ende Juni 26,4 v. H., im Beherbergungsgewerbe im April 22,8, Ende Juni 27,7 v. H. der männlichen Beschäftigten auf Grund eines Tagelohnes von 5,51 Mk. und darüber versichert.

Die weiblichen Mitglieder, die einen Tagesverdienst von mehr als 4 Mk. aufweisen, erhöhten ihren Anteil vom April bis Ende Juni d. J. von 8,9 v. H. auf 14,7 v. H. gegenüber 5,7 v. H. Ende Juni 1916. Bei Zusammenfassung mit der nächstfolgenden Stufe (3,51—4 Mk.), d. h. bei Betrachtung des Lohnverdienstes von 3,51 Mk. und darüber, ergibt sich eine Steigerung von 16,2 v. H. Ende April, auf 23,4 v. H. Ende Juni d. J. Früher war am stärksten die Lohnstufe VII, die einen Tagesverdienst von 2,51—3,25 Mk. umfaßt, besetzt; da diese Stufe Ende des Berichtsvierteljahres nur noch einen Anteil von 21,7 v. H. aufweist, so bleibt dieser hinter dem Anteil der Frauen und Mädchen mit einem Lohn von 3,50 Mk. und darüber zurück."

Es steht nun außer Zweifel, daß die gewaltige Lohnsteigerung wesentlich zur Verteuerung der Erzeugnisse beiträgt. Die Unternehmungen haben durchweg mit gesteigerten Löhnen und Gehältern zu rechnen, womit auch die Gesamterzeugungsunkosten eine Steigerung erfahren. Ein anschauliches Bild hiervon haben wir bereits in der Zuckerindustrie (Tabelle der Zuckerfabrik Stralsund) gewonnen. Wir haben gesehen, daß die entfallende Geschäftsunkostenquote für Löhne und Gehälter pro Zentner von 9,95 Pfg. (1912/13) auf 20,33 (1916/17) gestiegen ist, wobei die Gesamtunkosten auf 1 Zentner 1912/13 22,41 Pfg., 1916/17 47,91 Pfg. betrugen. Die durch die verteuerte Arbeitskraft verursachte Verteuerung der Produkte fällt auf den Konsumenten und in erster Linie den Arbeiter selbst zurück. Indessen ist die Kaufkraft des Lohnarbeiters im allgemeinen derart gestiegen, daß er im Vergleich zu anderen wenigen Bevölkerungsschichten, die nicht in der Lage waren, die Kriegskonjunktur auszunutzen (Festbesoldeten), sich über die allgemeine Teuerung leicht hinwegsetzen kann. In vielen Fällen ist er sogar in der Lage, seinen Bedarfsüberschuß in Spargeldern anzulegen. Dies dürfte aus der Tatsache hervorgehen, daß die Sparkassenguthaben sich in den Kriegsjahren in steigender Weise vermehrt haben. Aus dem Jahresbericht der Sparkasse Straßburg i. E. für das Rechnungsjahr 1916 ist beispielsweise zu ersehen, daß die Sparbücherzahl sich im letzten Jahr von 117 320 auf 118 208 vermehrt hat, ferner, daß die Einlegerguthaben von 36 251 474,91 Mk. am 31. 3. 1914 auf 48 264 972,08 am 31. 4. 1917, also um über 12 Mill. Mark gestiegen sind. Es ist allerdings nicht von der Hand zu weisen, daß manche kleinere Geschäftsleute und Handwerker ihr brachliegendes Kapital auf die Sparkasse gebracht haben, immerhin wird wohl ein guter Prozentsatz der neuen Sparguthaben aus erspartem Gelde der Arbeiter eingelegt worden sein.

Zum Schlusse möchte ich noch erwähnen, daß eine Neufestsetzung der sogenannten „Ortslöhne“ [1]) auf Grund der jetzt tatsächlich bezahlten Lohnsätze unerläßlich erscheint. Wenn man die nach § 151 der R. V. O. festgesetzten „Ortslöhne“ mit den tatsächlichen Lohnverhältnissen vergleicht, so muß man zu dem Schlusse kommen, daß die damals festgestezten Ortslöhne allgemein viel zu niedrig und nicht mehr zeitgemäß sind. Die wesentlichste wirtschaftliche Wertung haben die „Ortslöhne“ auf dem Gebiet der Unfallversicherung. Hier bestimmt sich die Höhe der Unfall- und Hinterbliebenenrenten in der Hauptsache nach den Ortslöhnen. In der Krankenversicherung kann bei den Landkrankenkassen die Satzung den „Ortslohn“ als den für die Höhe des Krankengeldes maßgebenden Grundlohn bestimmen. Auch bei den Hausgewerbetreibenden gilt für die Kassenleistungen der „Ortslohn“ als Grundlage. In der Invalidenversicherung endlich ist die Höhe des Ortslohnes für die Zugehörigkeit vieler Versicherten von großer Bedeutung.

---

[1]) Inzwischen durch Verordnung des Reichskanzlers vom 22. 11. 1917 neu festgesetzt.

3. DER ARBEITERSCHUTZ.

Es ist ein volkswirtschaftliches Bedürfnis, daß mit der menschlichen Arbeitskraft, die für wirtschaftliche Arbeit zur Verfügung steht, sorgfältig und vorsichtig umgegangen wird, da sonst die Gefahr besteht, daß Kraft, Gesundheit und Leben der Arbeitenden vorzeitig verbraucht werden. Durch den Krieg sind die Errungenschaften der modernen Sozialpolitik insbesondere hinsichtlich der besonderen Schutzbestimmungen für die Arbeiterinnen und jugendlichen Arbeiter zum Teil durch die in weitgehendem Maße zugelassenen Ausnahmen aufgehoben worden. In den weitaus meisten Fällen werden Arbeiterinnen und jugendliche Arbeiter in der Kriegsindustrie und in den militärischen Instituten infolge der vorherrschenden Schichtarbeit zu Arbeiten während der Nacht oder über die in der Gewerbeordnung festgesetzte höchste Dauer der Arbeitszeit hinaus beschäftigt. Auch werden vielfach Kürzungen oder anderweitige Regelung der Pausen vorgenommen und Arbeiterinnen und jugendliche Arbeiter an Sonn- und Festtagen beschäftigt. Es ist nicht selten, daß eine regelmäßige, tägliche Beschäftigung bis zu 15 Stunden einschließlich der Pausen zugelassen wird. Meist sind die Bewilligungen ohne jeden Vorbehalt erteilt, so daß dem Unternehmer in bezug auf die Personen, die er zur Überarbeit oder Nachtarbeit heranziehen will, ganz freie Hand gelassen wird. Nur in einzelnen Staaten und Bezirken scheint grundsätzlich vorgeschrieben zu sein, daß schwache, kränkliche, schwangere und stillende Personen nicht zur Nachtarbeit oder Überarbeit herangezogen werden dürfen. Die Bewilligung so zahlreicher und weitgehender Ausnahmen muß zu ernsten Bedenken Anlaß geben, denn, abgesehen von den ethischen Nachteilen, steht es zu befürchten, daß durch die übermäßig lange Arbeitszeit und die Nachtarbeit sowohl die Gesundheit der Arbeiterinnen und jugendlichen Arbeiter Schaden leidet, als auch ihre Leistungsfähigkeit bedeutend zurückgeht. Lesen wir die Geschäftsübersichten der Ortskrankenkassen nach, so werden wir sehen, daß gerade durch Ausnutzung der Frauenarbeit insbesondere die Krankenkassen mit Krankengeldaufwendungen in letzter Zeit erheblich belastet worden sind. Die infolge des Krieges und der Wirkung des Hilfsdienstgesetzes immer mehr in Erscheinung getretene Frauenarbeit ist es auch, welche im wesentlichen mit zu ungünstigen Krankheitsbewegungen geführt haben, vor allem dadurch, daß viele Frauen, die durch die Verhältnisse des Krieges zur Lohnarbeit gezwungen, den Anforderungen, die namentlich in den Munitionsfabriken hierbei in Frage kommen, weniger gewachsen sind und daher schon bald wohl oder übel den Krankenkassen zur Last fallen. Zu dem muß noch berücksichtigt werden, daß die meisten der Frauen nicht wie die Männer nach getaner Berufsarbeit ihre Tagesarbeit volbracht haben, sondern daß sie neben ihrer Berufsarbeit ihre häuslichen Arbeiten verrichten müssen, was selbstredend noch einige Stunden in Anspruch nimmt. In unserer heutigen Kriegswirtschaft ist es allerdings bei dem Mangel an männlichen Arbeitskräften nicht zu vermeiden, daß Arbeiterinnen und jugendliche Arbeiter deren Plätze einnehmen und demgemäß auch nachts beschäftigt werden. Doch sollte dies unter allen Umständen nur so weit geschehen, als es zur Herstellung der für das Heer und die Bevölkerung unentbehrlichen Erzeugnisse unbedingt notwendig ist. Um den geschilderten Nachteilen entgegen zu wirken, bedarf es eines einheitlichen staatlichen Eingreifens, damit nicht die Ausnützung der weiblichen und jugendlichen Arbeitskraft einen Grad erreicht, der ohne ernstliche Schäden für das kommende Geschlecht kaum noch überboten werden kann. Sache der Übergangswirtschaft wird es nicht zuletzt sein, die in der Kriegszeit stark vernachlässigten sozialen Schutzbestimmungen für die Frauen-, Jugendlichen- und Kinderarbeit wieder zu ihrer früheren Geltung zu bringen und der Frauenkraft und dem jugendlichen Nachwuchs weitgehendste Schonung angedeihen zu lassen.

IV. Kapitel.

HANDWERK UND HANDWERKER IN DER GEGENWART.

Das Handwerk ist durch den Krieg ganz besonders in Mitleidenschaft gezogen worden. Der Zersetzungsprozeß im Handwerk, der bereits vor dem Kriege infolge der Aufsaugung der kleineren Betriebe durch die vorteilhafter arbeitenden Großbetriebe vor sich ging, ist vermöge der charakteristischen Begleiterscheinung des Krieges, der Kapitalskonzentrationen und der Rationalisierung aller Kräfte stark gefördert worden. Manche selbständige Existenzen mußten infolge der eingetretenen Umstände, Mangel an Lieferung, Rohstoffen und dergleichen ihren Unterhalt anderweitig suchen und zwar zumeist unter Preisgabe ihrer Selbständigkeit, als Lohnarbeiter in Großbetrieben oder militärischen Werkstätten. Die tiefere Ursache dieser ökonomischen Erscheinung ist insbesondere in dem Mangel an Zusammengehörigkeit der Handwerker zu suchen, da sie ihre Lebensinteressen gegenüber der durch den Krieg geförderten kapitalistischen Unternehmung nicht genügend wahren konnten. Man sollte meinen, daß dem einfachsten Meister nicht verborgen geblieben sein konnte, daß das Handwerk gegenüber den übrigen Berufsständen, der Arbeiter, Industriellen, Landwirte, die vermöge ihrer gewaltigen Organisationen es verstanden haben, die Machtmittel zu erlangen, um sich bezüglich ihrer gemeinsamen Interessen an maßgebender Stelle den gewünschten Rückhalt zu verschaffen, rückständig geblieben ist. Bekanntlich konnten in Friedenszeiten die Handwerksgenossenschaften, insbesondere die Berufsgenossenchaften nicht recht gedeihen, weil der für ihr Gedeihen unumgänglich notwendige Gemeinschaftsgeist fehlte.

Auch der Krieg konnte diesen zu einer segensreichen Betätigung des Handwerks unerläßlichen Gemeinschaftsgeist anfänglich nicht hervorrufen. Erst notgedrungen durch die sich immer schwieriger gestaltenden Wirtschaftsverhältnisse, insbesondere auf dem Gebiete des Rohstoffbezugs, konnte zunächst tropfenweise, später aber eine umfassende genossenschaftliche Arbeit hinsichtlich der Beteiligung an den staatlichen Lieferungen verwirklicht werden. Inzwischen war aber ein großer Teil des Handwerks ein Opfer der Zeitumstände geworden. Die Einführung der Hilfsdienstpflicht hat noch dazu beigetragen, manchen Meister, der seinen Lebensunterhalt noch notdürftig fristen konnte, der sich aber durch den genossenschaftlichen Anschluß vielleicht erholt hätte, aus seinem Betriebe herauszuziehen, um ihn gleich anderen seiner früheren Leidensgenossen zum Fabrikarbeiter zu degradieren.

1. ROHSTOFFBESCHAFFUNG.

Eine der wichtigsten Schicksalsfragen für das Handwerk bedeutet die Beschaffung der Rohstoffe. Infolge der Knappheit der Rohstoffe und Rohmaterialien war die Regierung bemüht, sämtliche noch vorhandenen und später zu erzeugenden Rohstoffe und Rohmaterialien zu erfassen und an Industrie und Handwerk zu verteilen. Durch Beschlagnahme, Bestandserhebungen und Verordnungen, wobei den Fabriken aufgegeben wurde, ihre Erzeugnisse jeweils einer bestimmten Stelle anzugeben, wurden die für die Verteilung verfügbaren Mengen festgestellt. Die auf Veranlassung der Reichsleitung unter Vermittlung der Handels- und Handwerkskammern gemachten Feststellungen über die Anzahl der zu beliefernden Betriebe und ihre Leistungsfähigkeit vor dem Kriege bildeten die Grundlage für die Durchführung der Verteilung. Hinsichtlich letzterer spricht die Tatsache für sich, daß von den immer knapper werdenden Rohstoffen die großen Industriebetriebe dank ihrer geschickten und machtvollen Führung und dank ihres Einflusses bei den Zentralstellen den größeren Teil für sich zu bekommen vermocht haben, während das Handwerk wieder in der Rolle des Bittenden erschien, dem man es nur zu deutlich anmerkte, daß es sich selbst innerlich schwach fühlte. Daran mag auch nichts ändern, daß anfänglich die Handwerkskammern selbst Schritte unternahmen und später die für den Bau und die Herstellung von Kriegsmaterial benötigten Rohstoffe und Halbfabrikate von der Hauptstelle für gemeinschaftliche Handwerkslieferungen aufgekauft wurden. Die Schwierigkeiten zur Bedarfsdeckung konnten hierbei nicht gehoben werden. Insbesondere galt es einen gerechten Schlüssel für die Verteilung von Rohstoffen zwischen Industrie und Handwerk zu finden. Im allgemeinen gilt hier das Verhältnis 3 : 2; bei den einzelnen Gewerben und Produktionszweigen bewegen sich die Verhältniszahlen indessen innerhalb eines sehr veränderlichen Spielraumes. Um den einzelnen Gewerben und Produktionszweigen ihre Rohstoffversorgung in gerechter Weise zu ermöglichen, konnten zwei Wege eingeschlagen werden: einmal die Anmeldung des Bedarfs durch die einzelnen gewerblichen Vereinigungen und Verbände durch Vermittelung ihrer Zentralvertretungen bei der Reichsverteilungsstelle für Rohstoffe, dann aber durch Ausbau des Genossenschaftswesens bei möglichster Verbindung von Lieferungs- und Rohstoffgenossenschaften und Verteilung des Rohmaterials im Verhältnis zur Auftragsübernahme. Beide Wege wurden nun mit mehr oder weniger Erfolg beschritten, in der Hauptsache wurde es den Genossenschaften überlassen, die nötigen Rohstoffe und Halbfabrikate selbst zu beschaffen. Eine gewaltige Belieferungseinschränkung trat mit der Zeit für folgende Rohmaterialien ein: Formeisen, Stabeisen und Stahl, Grobbleche und Kesselmaterial, Feinbleche, verzinnte und verbleite Bleche und verzinnte Bandeisen, schmiedeeiserne Röhren, Draht, Drahtstifte und Drahtwaren. Die Abnehmer müssen eine eidesstattliche Versicherung abgeben, daß sie diese Rohwaren nur für direkten oder indirekten Heeresbedarf verwenden, bezw. diese Materialien nur an solche Verbraucher abgeben werden, welche sie zur Ausführung von Aufträgen für direkten oder indirekten

Heeresbedarf benötigen. Außerdem müssen sie sich verpflichten, dem Vertrauensmann der Eisenzentrale für Kriegsbedarf auf Anfordern die gewünschten Aufklärungen zu geben. Für den Privatbedarf sind diese Materialen daher nicht mehr zu haben, nicht einmal für Reparaturzwecke. Abgesehen davon, daß denjenigen Handwerkern, die diese Materialien bearbeiten und keine direkten oder indirekten Heereslieferungen nachweisen können, die Möglichkeit zur Weiterführung ihrer Werkstatt genommen ist, stellt diese Maßnahme eine Schädigung unserer Volkswirtschaft dar, die unabsehbare Folgen haben kann.

Die Lederknappheit erforderte ebenfalls gesetzgeberische Maßnahmen. Die für die Bearbeitung von militärfiskalischen Beschaffungen erforderlichen Ledermengen sind vom Reich vorweg mit Beschlag belegt. Die weiter verfügbare Menge wurde durch die Kontrollstelle für freigegebenes Leder an Industrie und Handwerk verteilt. Die Verteilung erfolgte nach den jeweils bei den Sammellagern in Berlin und Frankfurt a. M. von den Lederherstellern eingelieferten Ledermengen in dreimonatlichen Zwischenräumen. Die Zuweisungsquoten an die Handwerker — Schuhmacher — erfolgten nach Ermittlung der Bedarfsbetriebe mittels Fragebogen, die durch die 72 deutschen Handwerkskammern gesammelt wurden. Bereits im Jahre 1915 hatten Besprechungen hinsichtlich der Beschaffung von Leder zwischen Vertretern der Reichsleitung und der militärischen Beschaffungsstellen einerseits mit den Vertretern der Industrie und des Handwerks andererseits in Berlin stattgefunden, die aber zu einer zufriedenstellenden Lösung nicht führten, da eine Zusage für Freigabe von größeren Ledermengen nicht gegeben werden konnte. Zur Versorgung der Bevölkerung mußte daher zur Anfertigung von Ersatzsohlen (siehe Lederindustrie) geschritten werden. Zur Verarbeitung der verschiedenen Arten von Ersatzsohlen ist seitens der Ersatzsohlen-Gesellschaft in Berlin eine Muster- und Betriebswerkstätte errichtet worden, in welcher Schuhmacher des Reiches in 3—5 tägigen Kursen unterrichtet werden, um in den größeren Städten der einzelnen Bundesstaaten ebenfalls Kurse zu veranstalten.

2. GENOSSENSCHAFTLICHE ENTWICKELUNG DES HANDWERKS.

Wie bereits eingangs erwähnt, hatte der Genossenschaftsgedanke im Handwerk vor dem Krieg einen nennenswerten Umfang nicht angenommen. Die zersplitterten Kräfte im Handwerk konnten sich anfänglich daher nicht zusammenfassen, um dann durch einen Zusammenschluß einen erfolgreichen Wettbewerb mit der an Produktionsmitteln weit überlegenen Großindustrie aufnehmen zu können. Es war daher erklärlich, daß letztere den Löwenanteil der Heeresaufträge erhielt. Viele selbständige Handwerker, die infolge der Zurückhaltung der privaten Aufträge arbeitslos geworden waren, suchten bei den Großbetrieben als Arbeiter Beschäftigung zu finden. Schon im 2. Kriegsmonat bemühten sich indessen die Handwerkskammern, insbesondere die Handwerkskammer für Elsaß-Lothringen, um Übertragung von handwerksmäßigen Arbeiten an das Handwerk. Dadurch war den Behörden zunächst der Weg gewiesen, auf den die Vergebung von Lieferungen an das Handwerk vor sich gehen konnte, ohne eine allzugroße Überlastung der Abrechnungsstellen der Behörden in Anspruch zu nehmen. Insbesondere waren es die Lokalbehörden, die in Berücksichtigung der eingetretenen wirtschaftlichen Krisis den Handwerkskammern Aufträge auf Lieferung von verschiedenen Mobilien und Geräten zur Verteilung an die selbständigen Handwerker überwiesen. Gegen Ende des Jahres 1914 hat ferner der deutsche Handwerks- und Gewerbekammertag Schritte bei dem Kriegsministerium unternommen, um wenigstens dem Handwerk einen Teil der großen Heeresaufträge zuzuwenden. Diese Schritte hatten den erfreulichen Erfolg, daß noch im Dezember 1914 unter anderem die elsaß-lothringischen Wagenbauer mit der Anfertigung von leichten Proviantwagen 95 n/K durch Vermittelung der Handwerkskammer beauftragt werden konnten. Diesem ersten Auftrage folgten hintereinander mehrere. Die Aufträge wurden auch auf Schlosser, Schmiede, Sattler, Schreiner, Klempner usw. ausgedehnt. Durch Erlaß des preußischen Ministers für Handel und Gewerbe vom 15. Juni 1915 wurden indessen starke Bedenken gegen die vom Kammertag bezw. von den Handwerkskammern geübte Praxis der Übernahme von Heereslieferungen als selbständige Vertragsparteien erhoben, da sie zu schwerer Beeinträchtigung des behördlichen Ansehens der Handwerkskammern hätte führen können. Es wurde daher die Gründung einer Stelle in Vorschlag gebracht, welche die rechtliche Form für die Übernahme der Heeresaufträge biete. Für das preußische Militärkontingent wurde demgemäß die Hauptstelle für gemeinschaftliche Handwerkslieferungen als G. m. b. H. in Berlin gegründet. Der neugegründeten Gesellschaft traten Vertreter von 52 Handwerkskammern des preußischen Militärkontingents als Gesellschafter bei. Das Stammkapital wurde auf 500 000 Mk. festgestzt. Den Gesellschaftern wurden, den jeweiligen Verhältnissen entsprechend, 1—3 Stammanteile überwiesen. Von jetzt ab übernahm diese Stelle für die angeschlossenen Handwerkskammerbezirke die sämtlichen Heeresaufträge der Feldzeugmeisterei, des Pionier-Beschaffungsamts, des Ingenieurkomitees usw. unter Verteilung an die einzelnen Kammern nach dem Verhältnis ihrer Leistungsfähigkeit. In den Bundesstaaten mit eigenen Hoheitsrechten, wie Bayern und Württemberg, wurde die Vergebung besonders geregelt, beispielsweise in Bayern durch Errichtung einer staatlichen Vermittlungsstelle für militärische Lieferung in Bayern.

Zu gleicher Zeit setzte im ganzen Reiche eine Bewegung ein zur Gründung von Genossenschaften der einzelnen oder auch verwandten Handwerkszweige. Die Form der G. m. b. H. wurde überall gewählt. Es wurden bald annähernd 450 Lieferungsgenossenschaften ins Leben gerufen und zwar für Schneider, Schuhmacher, Sattler, Schmiede, Schlosser und Schreiner. So erfreulich diese Tatsache auch war, so haben sich die in maßgebenden Kreisen erhobenen Bedenken hinsichtlich der Lebensfähigkeit der in den meisten Fällen ohne genügende Kapitalkraft und Sachkenntnis gegründeten Genossenschaften zum Teil verwirklicht. Zunächst war es eine irrige Auffassung, die Verschmelzung der Handwerksinnungen mit den Genossenschaften vorzunehmen. Erst allmählich brach die Erkenntnis durch, daß die beiden Organisationen getrennt behandelt und geleitet werden müßten. Einerseits haben die Innungen den vom Gesetz vorgeschriebenen Weg einzuhalten, während andererseits den Genossenschaften als Erwerbs- und Vertriebsgesellschaften neue Aufgaben zufallen, nämlich in der Hauptsache die kaufmännische Tätigkeit, insbesondere was praktische Buchführung, Erledigung der geschäftlichen Angelegenheiten, Prüfung der Ablieferungen, Verwaltung der Kasse, Kreditbewilligung und schließlich auch Rohstoffbeschaffung und -Verteilung anbelangt. Hinsichtlich des letzten Punktes ergab sich immer mehr das Bedürfnis, die Geschäfte einer Lieferungs- und Rohstoffgenossenschaft möglichst miteinander zu verbinden, da nur von dieser Vereinigung der Erfolg und der dauernde Bestand einer Handwerksgenossenschaft abhängig sein konnte. Mit der Zeit wurde dann auch bald eine Klärung in dem Endzweck der Genossenschaften erzielt; es verschwanden beispielsweise, um einer gesunden Genossenschaftspolitik den Platz einzuräumen, viele offenbare Scheingründungen, deren Haftsumme nur 100 bis 200 Mk. betrug, aus der Erkenntnis, daß auf geschäftlichem Gebiete ohne Geld, ohne eine gewisse Gruppierung von Kräften nach den Grundsätzen des ordentlichen Kaufmannes, ein erfolgreicher Wettbewerb gegen die überlegene Industrie nicht zu ermöglichen sei. Auf Grund der aufgestellten Leitsätze der am 16. Juni 1917 in Regensburg abgehaltenen süddeutschen Handwerkskammerkonferenz, die sich im wesentlichen mit obigen Betrachtungen decken, konnten daher die meisten Genossenschaften nach langem unsicheren Tasten endlich den richtigen Weg zu einer erfolgreichen Arbeit finden, was dem Handwerk, das ohnehin durch die mittlerweile eingetretene Verschlechterung seiner Lage durch den Hilfsdienst noch stärker zu leiden hat, nur zu statten kam.

3. EINWIRKUNG DES HILFSDIENSTGESETZES AUF DAS HANDWERK.

Aus den vorhergehenden Abschnitten ergab sich, daß bereits vor Einführung der Hilfsdienstpflicht dem Handwerk manche

Kräfte entzogen worden waren. Nicht gering war die Zahl der Meister, Gesellen und Lehrlinge, die im Handwerk nicht genügend Arbeit und Verdienst fanden und deshalb Beschäftigung in der Industrie suchten und bekamen. Die tiefere Ursache dieser Erscheinung haben wir im wesentlichen bereits kennen gelernt. Wir konnten entnehmen, daß insbesondere der Mangel an Kapitalkraft den Handwerker in vielen Fällen um seine Selbständigkeit brachte. Viel schärfer ging der Umschichtungsprozeß vor sich nach Einführung des Hilfsdienstgesetzes, dessen Ziel es war, die möglichst restlose Ausnutzung der zurückgebliebenen Arbeitskräfte zu kriegswirtschaftlichen Zwecken zu erreichen. Wenn auch der Wunsch der maßgebenden Stellen nach möglichster zentralistischer Heranziehung aller verfügbaren Arbeitskräfte zu kriegswirtschaftlichen Leistungen, rationeller Bewirtschaftung der vorhandenen Rohstoffe und Kohlen in einem gewissen Sinne berechtigt war, so frägt es sich immerhin, ob nicht durch die getroffenen Maßnahmen der erreichbare Vorteil im Verhältnis zu den eingetretenen bezw. nicht ausbleibenden wirtschaftlichen und kulturellen Schäden auch wirklich zweckentsprechend und nicht zu teuer erkauft war. Den hierbei insbesondere zur Begründung der getroffenen und zu treffenden Maßnahmen vorherrschenden Anschauungen kann nicht immer ohne weiteres beigepflichtet werden. Die Begründung hinsichtlich der Stillegung der kleinen und mittleren Handwerksbetriebe, daß beispielsweise bei kleinen Betrieben meistenteils eine Verschwendung an Energie, Aufsichtspersonal und Material stattfindet,[1]) kann durchaus nicht gutgeheißen werden. Demgegenüber steht die Tatsache, daß der Meister als selbständiger Betriebsleiter in der Regel bedeutend sorgfältiger das Rohmaterial verwendet als der Fabrikant, da letzterer längst nicht so in der Lage ist, seinen ganzen Betrieb bis in die kleinsten Einzelheiten zu übersehen, wie der Inhaber eines Handwerksbetriebes, vielmehr im Gegensatz zum Handwerksmeister sich gezwungen sieht,

[1]) Siehe Exkurs: Ausführungen eines Beauftragten der Kriegsamtstelle Posen

die Ausnützung des Materials fremden Personen, d. h. Angestellten anzuvertrauen, die daran naturgemäß bei weitem nicht so interessiert sind wie der Betriebsinhaber selbst. Freilich gibt es auch Ausnahmen, indessen muß hier das Individuelle ausscheiden, um den allgemeinen Tatsachen gerecht zu werden. Auf diese Weise wurden auf Grund subjektiver nicht immer zutreffender Beurteilung des Handwerks gar manche Maßnahmen behördlicherseits getroffen, die zur weiteren Schädigung des Handwerks führten. Nach dem Prinzip der Begünstigung der Großbetriebe wurden auch nach Durchführung der Hilfsdienstpflicht die kleineren und mittleren Betriebe mit der Verteilung von Heeresaufträgen übergangen. Vergebens haben viele Schlosser, Schmiede, Übertragungsarbeiten in Hufeisen, Hürten aus Schraubenpfählen, Spanische Reiter usw. nachgesucht. Diese Arbeiten wurden indessen in solchen Mengen an die Großbetriebe vergeben, daß diese nicht imstande waren, die Lieferfristen auf Monate hinaus einzuhalten. Hingegen wurde das nach Arbeit verlangende Handwerk mit folgenden Trostworten abgefertigt:

„An das Waffen- und Munitionsbeschaffungsamt und die Kriegsamtstellen werden dauernd von Reparatur- und kleineren Werkstätten Anfragen nach Arbeit gerichtet, denen in der Regel nicht entsprochen werden kann. Im kriegswirtschaftlichen Interesse ist es sehr erwünscht, daß die Inhaber solcher Werkstätten sich um Aufträge auf Reparatur landwirtschaftlicher Maschinen bemühen. Die Maschinen-Ausgleichstellen sind angewiesen, ihnen hierbei behilflich zu sein. Soweit solche Arbeiten nicht verlangt werden können, sollen die Meister und Arbeiter dieser Werkstätten sich zunächst bei den Kriegswirtschaftsstellen als Führer von Dampf- und Motorpflügen und Dampfmaschinen melden, und wenn auch das zu keinem Ziel führt, bei großen kriegswirtschaftlichen Betrieben, insbesondere bei Eisenbahnwerkstätten für Lokomotiv- und Wagenreparaturen melden, bezw. Teilarbeiten von diesen zu erlangen suchen. Sie leisten dabei dem Vaterlande sehr wertvolle Dienste."

Mit anderen Worten gesagt, es wird beim Handwerker an sein Vaterlandsgefühl appelliert, damit er seine Selbständigkeit zugunsten der kapitalistischen Großbetriebe aufgibt. Eine weitere nachteilige Begleiterscheinung des Hilfsdiestgesetzes war für das Handwerk die immer schwieriger werdende Beschaffung der Arbeitskräfte. Aus dem vorigen Kapitel entnehmen wir, daß den Arbeitern in den militärischen Beschaffungsstellen außerordentlich hohe Löhne geboten werden, Löhne, die zu zahlen der Handwerksmeister keine Möglichkeit hat. Die Folge war der außerordentlich große Wechsel in den Arbeitsstellen und die schließliche Abwanderung in militärische Werkstätten und Großbetriebe. Daß dabei dem einsam gewordenen Handwerksmeister in vielen Fällen nichts anderes übrig blieb, als seinem Arbeiter zur Arbeitsübernahme in den Großbetrieben zu folgen, falls dies nicht durch Einberufung als Hilfsdienstpflichtiger bereits erfolgt war, ist leicht erklärlich. Die gleichen Folgen konnten bei der Zusammenlegung der Betriebe beobachtet werden. Bei der Zusammenlegung der Betriebe ist die Lokalfrage von wichtigster Bedeutung. Größere Werkstätten sind weder in den Großstädten noch in den mittleren Städten vorhanden, um eine zweckentsprechende Zusammenziehung der Arbeitsmaschinen zu bewerkstelligen. Um eine Zusammenlegung zu erreichen, bleibt nur der eine Weg frei, die Aufsaugung des Kleinbetriebs durch den Großbetrieb, womit der selbständige Meister zum Fabrikarbeiter herabgesetzt wird. Wo hier der Erfolg bleibt, den die Gesetzgebung erhofft, ist kaum einzusehen.

Hierbei sind die Fragen der Bezahlung der Werkstattmiete, der Steuern und Abgaben, die Entschädigung für Verluste und dergleichen noch nicht gelöst.

Die Argumente, die seitens der amtlichen Stellen hinsichtlich der Zweckmäßigkeit der Zusammenlegung von gewerblichen kleineren Betrieben im allgemeinen vorgebracht wurden, haben sich vielfach auch als trügerisch erwiesen. Beispielsweise bei der Zusammenlegung der Bäckereien. Entgegen den Ausführungen des Beauftragten der Kriegsamtstelle Posen (siehe daselbst) muß erwähnt werden, daß nach sorgfältiger Prüfung und Stellungnahme in den meisten Fällen von Zusammenlegungen Abstand genommen wurde, weil weder eine Ersparung an beschäftigtem Personal noch an Kohlenverbrauch bei den in Aussicht genommenen Bäckereibetrieben zustande gekommen wäre. In einem ausführlichen Bericht des Vorsitzenden der Handwerkskammer Abteilung Metz wurden die Gründe gegen eine geplante Zusammenlegung in überzeugender Weise hervorgehoben. Insbesondere konnte nachgewiesen werden, daß bei den dort in Betrieb befindilchen 70 Kohlenöfen auf jeden Sack Mehl 25,10 kg Kohlen entfielen, während nach der Denkschrift über die Zusammenlegung der Bäckereibetriebe in Berlin dortselbst auf jeden Sack Mehl 46,5 kg Kohlen entfielen, wodurch der augenblickliche Kohlenverbrauch in Metz um annähernd 50 Pfund Kohlen pro Sack Mehl beträchtlich hinter dem Verbrauch in den zusammengelegten größeren Betrieben zurückblieb. Berücksichtigt man hierbei, daß in Metz noch 20 Öfen mit Holzfeuerung in Betrieb sind, so findet im besagten Verhältnis noch eine weitere Ermäßigung des Kohlenverbrauchs statt. Auch hinsichtlich der Zahl der zurzeit in den dortigen Betrieben Beschäftigten konnte nachgewiesen werden, daß bei einer Zusammenlegung 145 Arbeitskräfte gegenüber der jetzigen Anzahl von rund 70 erforderlich wären. Was die Transportverhältnisse anbelangt, so kann eine Ersparung an Arbeitskräften bei Durchführung der Zusammenlegungen nicht in Frage kommen, weil ein Ausgleich stattfinden müßte, insofern als zum Transport des Brotes nach den Verkaufsstellen die einerseits ersparten Arbeitskräfte hier wieder eingesetzt werden müßten. Auch zu erwähnen sei, daß in vielen Städten, beispielsweise in Straßburg, die Öfen vorwiegend mit Holzfeuerung in Betrieb gesetzt werden, womit das Motiv der Kohlenersparnis ohne weiteres ausgeschaltet werden muß. Das Ergebnis dieser Betrachtungen läßt erkennen, daß bei der geplanten Regelung der Produktion durch Zusammenlegung der Bäckereibetriebe die zu erwartenden Vorteile nicht ins Gewicht fallen können. Die Frage lasse ich nun offen, ob nicht bereits auf anderen Produktionsgebieten Zusammenlegungen in voreiliger Weise zum Schaden unserer Volkswirtschaft vorgenommen wurden, bei denen ebenfalls ein handgreiflicher Vorteil, insbesondere für die Kriegswirtschaft nicht zu buchen war.

4. LEHRLINGSVERHÄLTNISSE.

Nicht nur der jetzige Bestand des gewerblichen Handwerks, sondern auch das ganze Problem der Heranbildung unseres gewerblichen Nachwuchses erscheint durch die Kriegsverhältnisse gefährdet. Die Lehrlingsverhältnisse haben zurzeit eine Gestalt angenommen, die zu großer Besorgnis Veranlassung gibt. Der Nachwuchs im Handwerk ist derart zurückgegangen, daß nur trostlose Verhältnisse nach dem Kriege zu erwarten sind, wenn nicht energische staatliche Vorkehrungen zur Verhütung des völligen Zusammenbruchs des Handwerks getroffen werden. Während beispielsweise in Elsaß-Lothringen am 31. Dezember 1913 rund 9150 Lehrlinge zur Lehrlingsrolle angemeldet waren, betrug der Stand am 31. Dezember 1916 3823 Lehrlinge. In den übrigen Bundesstaaten war die Abnahme gleichgroß. Nach Eintreten der intensiven kriegswirtschaftlichen Betätigung durch Einführung des Hilfsdienstgesetzes nahm die Ablenkung der Jugend vom Handwerk noch immer mehr zu. Die schulentlassene Jugend wurde von den großen Kriegswirtschaftsbetrieben massenhaft zugetrieben, einerseits infolge der gewaltig einsetzenden Anwerbung für kriegswirtschaftliche Zwecke, andererseits aber auch, um die außerordentlich gestiegenen Kosten des Lebensunterhaltes der Familie mitbestreiten zu helfen.

Wie steht es nun mit der beruflichen Ausbildung der Lehrlinge durch Heranziehung zur Kriegsindustrie? Die Industriellen wurden bekanntlich von den Militärbehörden aufgefordert, möglichst viel Lehrlinge in ihre Betriebe aufzunehmen und eine entsprechende Werbetätigkeit zu entfalten. Gleichzeitig erhielten sie die Weisung, die Lehrlinge so zu beschäftigen, daß sie mit geeigneten Vorarbeitern in der Kriegsindustrie möglichst bald an den Höchstleistungen teilnehmen. Vom Standpunkt der Militärbehörden und der Ergänzung des Heeresbedarfs ist die Notwendigkeit der Erzielung höchster Leistungsfähigkeit in der Kriegsindustrie nicht zu bestreiten. Hingegen muß hier auf die große Gefahr hingewiesen werden, daß die aufgenommenen Lehrlinge in diesen Betrieben keine Gelegenheit haben, sich zu richtigen fachgewerblichen Arbeitern auszubilden, sondern dort nur zu Teilarbeitern eingedrillt werden. Daran wird sich auch nach Beendigung des Krieges kaum etwas ändern, weil das Streben in der Industrie noch immer darauf hinauslief, die Entwickelung zur Teilarbeit zu fördern und bis auf das äußerste zu steigern. Es steht nun außer Frage, daß gerade nach Beendigung des Krieges an unsere wirtschaftliche und gewerbliche Leistungsfähigkeit sehr große Anforderungen herantreten werden. Der wirtschaftliche Kampf wird keine Erleichterung erfahren, vielmehr schwerer als vorher sein. Um dann seine volle Leistungsfähigkeit entwickeln zu können, wird das Handwerk nach der gewaltigen Krisis, die es im Kriege durchgemacht hat, insbesondere über die hierzu erforderlichen qualifizierten Arbeiter verfügen müssen. Der Friede wird aber dem Handwerk in seinem Nachwuchs massenhafte ungelernte Arbeiter zuführen.

Der deutsche Handwerks- und Gewerbekammertag hat sich bereits mit der Frage der Heranziehung des Handwerkernachwuchses nach dem Kriege eingehend befaßt. Die Richtlinien, in denen sich die gefaßten Beschlüsse bewegen, sind vor allen Dingen: zukünftige Besserstellung der Lehrlinge in materieller Hinsicht, Entlohnung bereits vom ersten Jahre ab, Errichtung von staatlichen Lehrwerkstätten, Prämien auf Lehrlings- und Gesellenstücksarbeiten, Gewährung von staatlichen Beihülfen an Lehrlinge usw. Von einer Herabsetzung der Lehrzeit wurde im Interesse einer gründlichen Ausbildung Abstand genommen. Nach dem Dargelegten ist indessen zu befürchten, daß die Aussichten auf Verwirklichung dieser gutgemeinten Richtlinien wenig günstig sind.

5. SCHLUSSERGEBNIS.

So wären wir zu dem Schlußergebnis unserer Betrachtungen hinsichtlich des Handwerks angelangt. Sie führten insgesamt dazu, die Lage des Handwerkers als äußerst kritisch hinzustellen. Die Handwerkszweige wie Maurer, Zimmermann, Maler, Dachdecker, Klempner und Tapezierer, denen eigentlich am wenigsten die kriegswirtschaftlichen Arbeiten zugute kamen, fehlte es von vornherein an Arbeitsgelegenheit und wo diese vorhanden war, zeigte sich ein ungemein scharfer Wettbewerb. Die Zahl der Arbeitskräfte in diesen Zweigen ging demgemäß rasch zurück.

Meister mit 150—200 Arbeitern mußten bald ihren Betrieb aufgeben. Einige zogen es vor, zwei oder drei ältere Arbeitskräfte für die notwendigsten Instandsetzungsarbeiten an Reparaturen weiter zu beschäftigen. Im großen und ganzen wird diesen Handwerkern indessen trotz der erlittenen gewaltigen finanziellen Verluste die Möglichkeit geboten nach dem Kriege, nach Wiedereinsetzen der Bautätigkeit ihre Kräfte wieder sammeln zu können. Ganz anders werden sich indessen die Verhältnisse bei den Schmieden und Schlossern, Wagenbauern, Schuhmachern und Schneidern gestalten, bei denen der Umschichtungsprozeß zugunsten der kapitalistischen Unternehmungen derart einschneidend gewirkt hat, daß eine Abänderung der eingeschlagenen Wege in absehbarer Zeit ohne weiteres nicht zu ermöglichen sein wird. Hierbei wird es von großer Tragweite sein, ob der durch die äußerste Not geschaffene und befestigte Genossenschaftsgedanke im Handwerk den Krieg auch überdauern wird. Von der gemeinsamen genossenschaftlichen Arbeit nach dem Krieg wird es abhängen, ob das Handwerk sich für die spätere Zeit als lebensfähig erweisen wird.

V. Kapitel.

SICHERUNG DER VOLKSERNÄHRUNG, LEBENSMITTELERZEUGUNG UND VERTEILUNG.

1. ALLGEMEINES.

Über die Lebensmittelversorgung ist im Verlaufe des Krieges von berufener wie von unberufener Seite in allen Schattierungen so vieles geschrieben worden, daß es schier nicht möglich ist, aus den Wünschen, Vorschlägen und Anregungen sich zurecht zu finden. Es ist auch nicht Aufgabe dieser Zeilen, sich im einzelnen mit dieser akuten Frage erschöpfend zu befassen; wir wollen vielmehr nur das, was uns interessiert, herausgreifen.

Die zunehmende Intensität unserer Industrie sowohl, wie die gewaltige Bevölkerungsvermehrung erforderten im Verlauf des 19. Jahrhunderts eine entsprechende wachsende Bedürfnisbefriedigung an Lebensmitteln. Die Zunahme der Lebensmittelproduktion konnte demgegenüber nur in beschränkter Weise stattfinden. Es ergab sich daher, daß bis vor Kriegsausbruch Deutschland zu einer Bedarfsdeckung an Lebensmitteln zu einem großen Teil auf das Ausland zurückgriff. Durch den Aushungerungsplan unserer Gegner sind uns die bisherigen Bezugsquellen aus dem Ausland in immer fühlbarerer Weise verschlossen worden. Die Losung war nun, mit den eigenen Erzeugnissen zu wirtschaften und hauszuhalten. Es wurde bald Aufgabe des Staates, die Lebensmittelversorgung auf immer breiterer Basis in die Hand zu nehmen. Die Voraussetzung für die Sicherung der Lebensmittelversorgung ist die Erhaltung, womöglich Förderung der Produktion mit allen zweckdienlichen Mitteln, in zweiter Linie kommt die gleichmäßige Verteilung aller entfallenden Lebensmittel an die Verbraucher mit der notwendigen Einteilung zur Verhütung von Vergeudung, Zurückhaltung und Preistreiberei. Nach statistischem Ermessen ist zwar nicht zu bezweifeln, daß die in Deutschland vorhandene beziehungsweise erzeugbare Gesamtmenge an Nahrungsmitteln, geteilt durch die Kopfzahl der Bevölkerung, für jeden einzelnen so ausreichend bemessen ist, daß von Aushungerung im Sinne unserer Feinde nicht die Rede sein kann, indessen hat es sich als eine ungeheure schwierige, wenn nicht gar unmögliche Aufgabe erwiesen, die Lebensmittelversorgung so einheitlich durchzuführen, daß jeder Verbraucher gleichen Anteil an den erzeugten Nahrungsprodukten nimmt.

Die bisher eingeschlagenen Wege der Volksernährungspolitik in bezug auf Förderung der Produktion, Erfassung und Verteilung der Lebensmittel waren zum Teil von gutem Erfolg, indessen haben sie das erwünschte Ziel bis jetzt noch nicht erreicht. Um sie näher besprechen zu können, wollen wir uns die historische Entwickelung der Lebensmittelfrage wieder ins Gedächtnis rufen. Schon in den ersten Monaten des Krieges führten die Bundesratsverordnungen zu Bestrebungen auf Zusammenfassung der gesamten Lebensmitteleinfuhr zugunsten der neugegründeten Zentraleinkaufsgenossenschaft, womit sie die Monopolwirtschaft einleiteten. Die Zentraleinkaufsgenossenschaft erreichte bald eine gewaltige Monopolstellung, da sie befugt war, Lebensmittel, die der zentralisierten Einfuhr unterlagen, nicht nur, wenn sie vom Handel, sondern auch von den Kommunalverbänden aus dem neutralen Ausland gekauft wurden, zu beschlagnahmen und selbst für die Allgemeinheit zu verwerten.

Eine weitere Maßnahme war, wenn auch einschneidend, die glückliche und durchaus befriedigende Regelung des Brot- und Mehlverkehrs. Durch Bundesratsverordnung vom 15. 1. 1915 wurde ein beschränktes Getreidemonopol für ganz Deutschland eingeführt. Vom 1. Februar 1915 ab wurden die im Reiche vorhandenen Vorräte von Weizen und Roggen zugunsten der Kriegsgetreidegesellschaft, die Vorräte von Weizen-, Roggen-, Hafer- und Gerstenmehl aber für die Kommunalverbände beschlagnahmt. Nicht so glücklich war die Organisation der Lebensmittelversorgung in bezug auf Erfassung der übrigen Erzeugnisse. Hierbei hat sich die bundesstaatliche Verfassung des deutschen Reiches hemmend in den Weg gelegt. Die partikularistischen Tendenzen der Einzelstaaten in den Ernährungsfragen konnten zu einem gemeinsamen Ziele nicht führen. Die Bestrebungen nach einer Zentralisation der Volksversorgung wurden durch das Verbot der einzelnen Staaten, Lebensmittel unter einander auszutauschen, in erheblicher Weise beeinträchtigt. Diese Dezentralisation führte dazu, daß Überschüsse, die hier und dort vorhanden waren, nicht zur gleichmäßigen Verteilung gelangten, daß sie zur Viehfütterung verwendet wurden, und daß dem Schleichhandel sowie dem Hamstertum Tür und Tor geöffnet wurden. Immer mehr machte sich das Bedürfnis nach einer einheitlichen Regelung unserer Volksernährung geltend. Bald trat auch neben der Dezentralisation der Lebensmittelversorgung durch die Landesbehörden die Zentralisation für gewisse Nahrungsmittel im Reiche in Erscheinung. So wurde die Reichsfleischstelle, die Reichszuckerverteilungsstelle und im beschränkten Maßstabe ein Reichslebensmittelamt eingerichtet. Die Fundamente für eine weiter auszubauende Lebensmittelorganisation waren gegeben. Die Reichsfleischstelle setzte die für die einzelnen Bundesstaaten die in einem bestimmten Zeitraum zulässigen Schlachtungen fest. Die Bundesstaaten richteten ihrerseits ein Landesfleischamt ein, das den gesamten Viehbestand aufzunehmen und zu kontrollieren hatte und nach den Grundsätzen der Reichsfleischstelle für die einzelnen Gemeinden die Anzahl der Schlachtungen bestimmte. Die Reichszuckerverteilungsstelle regelte den Verkehr mit Zucker nach den eingebrachten Bestandsaufnahmen. Auch die Bestände an Kaffee und Tee wurden durch das Reichslebensmittelamt erfaßt. Durch Bundesratsverordnung vom 22. 5. 1916 wurde die Zentralisation sanktioniert und erweitert. Der Reichskanzler wurde ermächtigt, die im deutschen Reiche vorhandenen gesamten Lebensmittel, sowie Rohstoffe und andere Gegenstände, die zur Lebensmittelversorgung erforderlich sind, für die Ernährung des Volkes in Anspruch zu nehmen. Damit verbunden war die Einfuhr, Durchfuhr und Ausfuhr solcher Gegenstände. Unter dem Namen „Kriegsernährungsamt" wurde dann vom Reichskanzler eine Behörde mit dem Sitze in Berlin ins Leben gerufen. Dieses Kriegsernährungsamt faßte nun die bis dahin bestandenen Organisationen zusammen. Der Beirat wurde aus Vertretern der obersten Reichsbehörden, der Landesregierungen, der Kriegsstellen und Kriegsgesellschaften sowie aus einer Anzahl anderer Sachverständiger, die die Rolle eines wirtschaftlichen Generalstabes übernahmen, zusammengesetzt. Der obere Bau einer einheitlichen Organisation war jetzt geschaffen. Der Unterbau und die Eckpfeiler, auf die sich der Bau stützen konnte, fehlten indessen noch gänzlich. Das Funktionieren des Amtes setzte voraus, daß die Unterlagen und die Quellenangaben der Wahrheit entsprachen und die Bestände an Lebensmitteln wahrheitsgetreu aufgenommen würden. Daß die Bestände seitens der Produzenten nicht immer wahrheitsgetreu angegeben wurden, haben wir Anfang des Krieges bei der ersten Kartoffelbestandsaufnahme gesehen. Auf Grund der damaligen Bestandsaufnahme, die überaus gering ausgefallen war, wurden die bekannten Schweineschlachtungen angeordnet. Später stellte sich heraus, daß übergroße Mengen zurückgehaltener Kartoffelbestände nicht verbraucht werden konnten. Eine wirksame Durchführung der Kriegsmaßnahmen kann nur durch geeignete und wirksame Organe geschaffen werden. Unsere kleinstädtischen und ländlichen Ortsbehörden haben in dieser Beziehung versagt. Der ländliche Bürgermeister kann in der Mehrzahl nicht als geeignetes, unparteiisches Ausführungsorgan betrachtet werden, da er selbst in die Interessen seiner bäuerlichen Berufsgenossen verwickelt und daher Partei ist. Es müßten also Organe geschaffen werden, die die Durchführung unserer kriegswirtschaftlichen Maßnahmen einwandfrei sicherstellen. Man wird mir entgegenstellen, daß dem ebenfalls Rechnung getragen worden ist, durch Errichtung von Kriegswirtschaftsämtern und Kriegswirtschaftsstellen. Gewiß, es sind auf Grund des Kriegsministerialerlasses vom 9. 1. 1917 in Preußen und Elsaß-Lothringen Kriegswirtschaftsämter geschaffen worden. Als Organe derselben sind bei den Landratsämtern (Kreisdirektionen) Kriegswirtschaftsstellen unter dem Vorsitze des jeweiligen Landrats (Kreisdirektors) ins Leben gerufen worden. Diese Einrichtung hat, soweit überblickt werden kann, auch recht gute Erfolge zu verzeichnen. Sie richtet sich aber im wesentlichen auf die Sicherstellung der landwirtschaftlichen Produktion (restlose Feldbestellung, Beschaffung von Arbeitsmitteln, Einbringung der Ernte). Was die Erfassung der Produkte und den gerechten Ausgleich zwischen Stadt und Land anbelangt, so ist die Organisation unzulänglich. Eine weitaus bessere Gewähr für einen geordneten gegenseitigen Austausch von Lebensmitteln zwischen Land- und Stadtbezirk würde beispielsweise für jede Gemeinde sein, die Anstellung von besonders verpflichteten, genau instruierten, ortskundigen nicht ehrenamtlichen Personen, die den Wirtschaftsstellen zu unterstellen wären. Die Entlohnung müßte der Staat übernehmen, allerdings nicht etwa in der Weise, wie es bei den Agenten der Bezirksstellen für Obst und Gemüse geschieht, die durch Preisaufschlag auf die Erzeugnisse entlohnt werden, wodurch der Konsument die Entlohnung trägt. Im übrigen wäre auch nichts dagegen einzuwenden, wenn dem in Vorschlag gebrachten Gewährsmann auch diese Geschäfte, d. h. die Erfassung und Verteilung übertragen würde. Die Kostenfrage einer derartigen Regelung wäre in Anbetracht der Wichtigkeit einer zufriedenstellenden Erfassungs- und Verteilungspolitik in der Lebensmittelversorgung eine Nebenfrage. In Kriegszeiten werden für andere viel unwichtigere Zwecke vielleicht größere Leistungen gemacht. Was in dem gewaltigen Apparat der Lebensmittelorganisation bezüglich Erfassung der Lebensmittelmengen nach unten zu wenig ausgebaut wurde, ist dafür nach oben nach allgemeinem gesunden Ermessen allzureichlich vertreten. Wie aus der Anl. III zu ersehen, waren die der Aufsicht des Kriegsernährungsamts unterstellten Kriegsstellen und Kriegsgesellschaften nach dem Stand vom 20. 1. 1917 auf die stattliche Zahl von 33 gestiegen. Daß dort manche Vereinfachung hätte vor sich gehen können, zeigt die Tatsache, daß im Laufe des letzten Halbjahres 1917 zwei Gesellschaften in Liquidation getreten sind, nämlich die Hafer-Einkaufsgesellschaft und die Reichshülsenfruchtstelle. Die Liquidation anderer steht noch bevor.

2. FÖRDERUNG DER LEBENSMITTELERZEUGUNG.

Was die Förderung der Lebensmittelerzeugung anbelangt, so sind behördlicherseits eine ganze Reihe von Maßnahmen getroffen worden. Insbesondere wurden die dem Kriegsernährungsamt unterstellten Reichsstellen mit der Förderung des zur menschlichen Ernährung notwendigen Anbaues betraut, so die Reichsstelle für Gemüse und Obst, deren spezielle Aufgabe es ist Förderung der Erzeugung, Verwertung und Haltbarmachung von Gemüse und Obst; ferner die landwirtschaftliche Betriebsstelle für Kriegswirtschaft mit der Aufgabe der Förderung der landwirtschaftlichen Erzeugung durch Unterstützung der Bewirtschaftung der besetzten Gebiete und durch Lieferung und Austausch landwirtschaftlicher Betriebsmittel und Erzeugnisse im Verkehr mit den besetzten Gebieten und mit den verbündeten Staaten, ferner die Reichsgetreidestelle mit der Aufgabe der Erledigung aller öffentlich rechtlichen Angelegenheiten in der Bewirtschaftung des Brotgetreides, insbesondere der in § 14 der Bundesratsverordnung vom 29. Juni 1916 genannten Aufgaben; ferner die Reichsfuttermittelstelle mit der Aufgabe: Sicherung und Verteilung der inländischen und eingeführten Futtermittel; ferner die Bezugsvereinigung der deutschen Landwirte mit der Aufgabe der Einfuhr von Futter- und Düngemitteln. Wenn wir einesteils unter Berücksichtigung des durch die Einberufung zum Heere verursachten gewaltigen Ausfalls an Arbeitskräften den zur Bewirtschaftung des Ackerbodens Zurückgebliebenen, insbesondere unseren ländlichen Frauen für ihren tatkräftigen Einsatz unseren Dank zollen müssen, so darf andererseits die Lebensmittelfürsorgepolitik nicht zu der Begünstigung des landwirtschaftlichen Erzeugers zum Nachteile der Konsumenten führen. Die behördlichen Maßnahmen zur Förderung der Lebensmittelerzeugung geben vielfach zu dem Urteil Anlaß, daß mit der Förderung der Erzeugung eine Begünstigung der landwirtschaftlichen Erzeuger durch schonende Ablieferungsmaßnahmen, durch Wegfall der für die Verbraucher vorgeschriebenen Rationierung und endlich durch Zubilligung möglichst hoher Preise für die landwirtschaftlichen Erzeugnisse Hand in Hand geht. Zweifellos hat auch der kapitalistische Geist die moderne Landwirtschaft erfaßt. Dies geht daraus hervor, daß die steigenden Preise nicht zum geringen Teil den Anstoß zum rationellen Landwirtschaftsbetrieb geführt haben, ferner daß die Landwirte möglichst die Produkte erzeugen, aus denen sie am meisten herausschlagen können.[1]) Diese Tatsachen führten auch die maßgebenden Stellen zu einer den Landwirten entgegenkommenden Preispolitik. Nicht in allen Fällen waren hierbei indessen die eingeschlagenen Wege zur Förderung des Anbaues der Erzeugnisse glücklich, insbesondere gilt dies für die Getreidepolitik seit dem Höchstpreisgesetz vom 28. 10. 1914. Die fortwährenden Veränderungen, die nachträglichen sprunghaften Preisererhöhungen, die Gewährung von Prämien zu dem Zweck, zur Abgabe anzureizen, haben sozial ungerecht gewirkt und haben besonders zur Schädigung der wirtschaftlich Schwächeren geführt. Als Beispiel führe ich an die Preiserhöhung mit Wirkung vom 17. Januar 1917 bei Hafer und Gerste von 3 Mk. pro Zentner. Es ist hierbei nicht einzusehen, warum ein Bauer, der am 16. Januar 1916 seinen

[1]) Daß die landwirtschaftliche Bevölkerung hierbei zum Wohlstand gelangte, geht aus der Tatsache hervor, daß die Raiffeisenvereine, die durchweg von der ländlichen Bevölkerung benutzt werden, erheblichen Zuwachs an Einlagen zu verzeichnen hatten, beispielsweise betrugen die gesamten Guthaben der Spar- und Darlehnskassenvereine (Raiffeisenvereine) in Elsaß-Lothringen bei der landwirtschaftlichen Zentral-Darlehnskasse für Deutschland am 31. Dezember 1916 29 781 200 Mk. (August 1917 39 672 000 Mk.) und weisen gegen das Vorjahr einen Zugang der Einlageguthaben von 10 064 200 Mk. auf.

Hafer ablieferte, hierfür 15 Mk. und der, der am 17. Januar 1916 ihn abgeliefert hat, 18 Mk. erhalten soll.

Ganz verhängnisvoll ist die Preispolitik, soweit die Preisfestsetzung für Brotgetreide in Betracht kommt, insbesondere in ihrer Relation zu der Preisfestsetzung bei den übrigen Getreidearten. So ist es möglich gewesen, daß die Preise für Brotgetreide im Frühjahr 1917 um ca. 30%, dagegen für Hafer und Gerste fast bis zu 100% und darüber gestiegen sind. Daraus ergibt sich nicht nur die Gefahr der Zurückhaltung der billigeren Produkte, sondern auch des Rückgangs der Anbaufläche für Brotgetreide, sowie des Anreizens zur Verfütterung von Brotgetreide.

In Erinnerung ist uns ferner noch die in der Zuckerindustrie geschilderte Preispolitik, wodurch im Rübenbau für 1917 ein gewaltiger Rückgang zu verzeichnen war.

Erwähnen möchte ich noch, daß auch noch andere behördliche Maßnahmen, die ursächlich nicht im Zusammenhang mit der eigentlichen Lebensmittelerzeugung standen, ähnliche Wirkungen hatten.

Im Großherzogtum Baden sind im Herbst 1917 zur Bekämpfung des Schleichhandels die Ölmühlen geschlossen worden. Den Pflanzern von Ölfrüchten ist ferner durch Erlaß die Erlaubnis entzogen worden, aus ihren Früchten Öl herstellen zu lassen. Diese Maßnahmen hatten die Wirkung, daß die Pflanzer ihre bereits angepflanzten Rapsfelder zum großen Teil umgepflügt haben.

Wohl am besten ist der Förderung der landwirtschaftlichen Erzeugung durch Einführung des Hilfsdienstgesetzes und durch Errichtung der Kriegswirtschaftsämter und -stellen gedient worden. Zweifelsohne wären ohne die Einführung des Hilfsdienstgesetzes der Landwirtschaft noch weitere wertvolle Arbeitskräfte im Hinblick darauf, daß immer mehr Menschenkräfte zu Heereszwecken verfügbar gemacht werden mußten, entzogen werden. Der § 2 des Hilfsdienstgesetzes sieht indessen vor, daß die in der Land- und Forstwirtschaft tätigen Personen als im vaterländischen Hilfsdienst tätig zu gelten haben. Die technische Ausführung unserer Nahrungsmittelversorgung ist dadurch auch gewährleistet worden. Das Kriegsamt als Organ, das zur Durchführung des Hilfsdienstgesetzes berufen war, ging indessen noch weiter und traf eine Reihe von Maßnahmen, um der Landwirtschaft geeignete Kräfte zur Arbeit zuzuführen. Zur Sicherstellung der Ernte wurden den Landwirten in weitgehendem Maße Garnisondienstpflichtige und Arbeitsverwendungsfähige sowie auch Kriegsgefangene zur Verfügung gestellt. Wenn auch in vielen Fällen diese Arbeitskräfte den Erwartungen nicht entsprachen, so muß indessen der gute Wille, Besserung zu schaffen, anerkannt werden. Auch wurde die Heranziehung weiblicher Arbeitskräfte zur Landarbeit gefördert. In einer Verordnung des Kriegsamts vom 15. 2. 1917 wurde ins Auge gefaßt, daß möglichst alle Frauen und Mädchen aus der städtischen Bevölkerung, die von früher her mit landwirtschaftlichen Arbeiten irgend welcher Art vertraut sind, der Landwirtschaft zugeführt werden sollten. Zu dem Zwecke wurden die Kriegsamtstellen und besonders die Kriegswirtschaftsämter, denen die Förderung der Landwirtschaft speziell obliegt, angewiesen, durch entsprechende Aufrufe in den Zeitungen und an den Anschlagsäulen, durch möglichste Feststellung der im Laufe der letzten Jahre in die Stadt abgewanderten weiblichen Arbeitskräfte, durch Inanspruchnahme der Arbeitsnachweise die Voraussetzungen für die Aufnahme derartiger, für die Landwirtschaft verfügbaren Arbeitskräfte zu schaffen. Daß indessen diese Vorkehrungen im Hinblick auf den Anreiz der in den technischen Instituten bezahlten hohen Löhne keinen großen Erfolg aufweisen konnten, haben wir bereits in dem Kapitel über die Arbeiterfrage gesehen. Diese Tatsache veranlaßte auch das Armee-Oberkommando der Armee-Abteilung B, für den linksrheinischen Teil des Armeegebiets eine verschärfte Verordnung über Verwendung von Arbeitshilfe in der Land- und Forstwirtschaft herauszugeben. Durch diese Verordnung (2. 8. 1917) wurde im wesentlichen männlichen und weiblichen Personen, die in der Land- und Forstwirtschaft beschäftigt oder nach dem 15. Juli 1917 beschäftigt gewesen sind, durch Strafandrohung verboten, ohne schriftliche Genehmigung der Kriegswirtschaftsstelle in eine andere als land- und forstwirtschaftliche Beschäftigung überzutreten, ferner wurde jede arbeitsfähige männliche oder weibliche Person zwischen 14 und 60 Jahren verpflichtet, auf Aufforderung der zuständigen Kriegswirtschaftsstelle gegen den ortsüblichen Lohn eine ihren Kräften und Fähigkeiten entsprechende land- oder forstwirtschaftliche Arbeit insoweit zu übernehmen, als es ohne wesentliche Schädigung ihrer eigenen Verhältnisse geschehen kann.

3. LEBENSMITTELVERTEILUNG.

Durch die immer weiter um sich greifende Zentralisation in der Lebensmittelversorgung erwies sich eine einheitliche Zusammenfassung der Waren auf dem inneren Markte und eine behördlich geleitete Verteilung nach maßgebender Ansicht als notwendig. Beginnend bei der Getreidezentralisation, gliederten sich die meisten Reichsstellen, insoweit sie nicht von vornherein eine großkaufmännische Unternehmung in Gestalt einer Kriegsgesellschaft m. b. H. darstellen, einer aus kaufmännischen bzw. landwirtschaftlichen Interessenten bestehenden „Geschäftsabteilung" an, der im wesentlichen die Rolle der Zuteilung der erfaßten Erzeugnisse an die Unternehmungen, Belieferung der Landeszentralen, Kommunalverbände usw. obliegt, während wiederum Unterabteilungen, beispielsweise die Bezirksstellen für Obst und Gemüse die eigentliche Verteilung an den lokalen Markt, an Unternehmungen und Händler bewerkstelligten. In immer größerem Umfang trat die monopolistische Bewirtschaftung unserer gesamten Lebensmittel in Erscheinung, wodurch der Handel als solcher sowohl im Einkauf als auf dem Gebiet der Preisbildung so gut wie ausgeschaltet worden ist. Die Funktion der Verteilung an den Verbraucher verblieb in der Hauptsache dem Kleinhandel und zwar in immer größerem Maßstabe auf der Grundlage der Rationierung der Lebensmittel nach vorheriger Feststellung der auf jeden Verbraucher entfallenden Quote. Um eine gerechte Anpassung der zugewiesenen Mengen an den wirklichen Bedarf des Haushalts zu bewerkstelligen, gingen die meisten Großstädte, wobei Straßburg i. E. als vorbildlich bezeichnet werden konnte, zum zwangsläufigen Lebensmittelkartensystem über, zunächst mit Brotbüchern, Brotkarten, später mit Fleischbüchern und Fleischkarten, bis allmählich für beinahe jedes Lebensmittel besondere Karten eingeführt wurden. Von Reichswegen wurde die Brotkarte, die Reichsfleischkarte und Zuckerkarte eingeführt. Die sachgemäße Verteilung mit Lebensmittelkartensystem, die eigentlich ein Studium für sich darstellt, hat den Vorzug, daß sowohl der Klein- und Großhandelstand als auch der Verbraucher an die Kartenkontrolle gebunden ist, wodurch eine geregelte und gerechte Verteilung der erfaßten und zur Verteilung zur Verfügung stehenden Lebensmittelmengen vor sich geht, was indessen nicht ausschließt, daß die Einhaltung der Vorschriften, sowohl vom Verkäufer, besser gesagt vom Verteiler als auch vom Verbraucher übergangen werden und eine gewisse Fehlergrenze erreicht werden kann. Eine glückliche Lösung der Frage der Lebensmittelversorgung hatte die Stadt Straßburg bald nach Kriegsausbruch durch Gründung der Gesellschaft für „Volksernährung" gefunden. Die „Volksernährung" war ursprünglich eine Gründung der Stadt Straßburg und des Bezirks Unter-Elsaß mit der Firma Ungemach A.-G., Konservenfabrik und Importgeschäft, und war eine Erwerbsgesellschaft. Das Stammkapital der Gesellschaft beträgt 21 000 Mk. Es zerfällt in drei Stammeinlagen, von denen die Stadt Straßburg 10 000 Mk., die Ungemach A.-G. 10 000 Mk. und der Bezirk Unter-Elsaß 1000 Mk. übernahm. Später wurde eine Statutenänderung vorgenommen und die Gesellschaft in eine Gemeinnützige mit rückwirkender Kraft verwandelt, deren Aufsichtsrat und Leiter ehrenamtlich ihre Funktionen ausüben. Eventuelle Überschüsse finden gemeinnützige Verwendung und werden dem Bürgermeisteramt zur Verfügung gestellt. Die Ungemach A.-G. stellt die kaufmännische Organisation für die gesamten Geschäfte. Der Bruttogewinn der Gesellschaft per 31. März 1917 betrug 993 637,18 Mk. gegenüber 377 341,96 Mk. im Vorjahre. Die Aufgabe der Gesellschaft war zunächst die Verwertung der bei Kriegsbeginn eingekauften städtischen Nahrungsmittelbestände und derjenigen, die von der Ungemach A.-G. übernommenen wurden, dann deren Ergänzung und Erneuerung, um für einen etwaigen Belagerungsfall immer genügend Waren in der Stadt zu haben, ferner die Einwirkung auf die am Platze einzuhaltenden Groß- und Kleinverkaufspreise. Die eigentliche kaufmännische Initiative der Gesellschaft wurde indessen bald durch die Errichtung der Zentraleinkaufs-Genossenschaft in Berlin gehemmt, welche die Gesamteinfuhr an Lebensmitteln aus dem Ausland für sich in Anspruch nahm. Da überall 1915/16 in den Bundesstaaten, Provinzen und Bezirken sogenannte Bezirkszentralen als Unterglieder der Z. E. G. entstanden, mußte sich die Gesellschaft entschließen, diesen Weg einzuschlagen. Die Bedenken finanzieller und technischer Natur im Hinblick darauf, daß die „Volksernährungsgesellschaft", deren Einlagerung seinerzeit ausschließlich mit dem Gelde und auf das Risiko der Stadt Straßburg stattgefunden hatte, nicht in der Lage war, die Bezirke Unter- und Ober-Elsaß gleichmäßig an allen Vorräten teilnehmen zu lassen, wurden behoben durch Gründung eines besonderen Zweckverbandes der „Elsässischen Lebensmittelversorgung G. m. b. H." seitens der fünf Kommunalverbände des Elsaß. Eine Fusion der beiden Gesellschaften, sowie eine Interessengemeinschaft fand dadurch nicht statt, obwohl eine Personalunion in der Person des kaufmännischen Vorstandsmitgliedes der „Volksernährung" aus Zweckmäßigkeitsgründen eintrat. Das weitgehende Zusammenarbeiten der beiden Gesellschaften konnte jetzt nach dem aufgestellten Programm sich glatt abwickeln. Den ursprünglich fest abgegrenzten Gattungen von Volksernährungsmitteln, die zur Bewirtschaftung sich die Gesellschaft zur Aufgabe gemacht hatte, mußte nacheinander der Vertrieb auf fast allen Waren, die auf Grund der Verordnungen des Bundesrats entweder im Verkauf zu kontrollieren oder tatsächlich zu rationieren waren, zugefügt werden. Wenn sich die von Reichsorganen nach und nach vorgeschriebenen Warenverteilungen in Straßburg und später in den Städten des gesamten Elsaß verhältnismäßig reibungslos durchsetzten, so liegt die tiefere Ursache darin, daß immer lokale Vorarbeiten vorhanden waren, daß also eine Dekretierung von oben her nicht abgewartet, sondern der ganze Apparat gewissermaßen von unten herauf gegründet und zur Übernahme aller damaligen und noch kommenden Aufgaben bereit und in der Lage war. Das Verhältnis zwischen der Gesellschaft und dem Kleinhandel gestaltete sich immer harmonischer. Bald schob sich die Volksernährung in dem System der behördlichen Monopolwirtschaft ganz hinein, wobei sich nach und nach die Ausschaltung des freien Handels ergab. Dem Kleinhandel, der ausnahmslos Kunde der Gesellschaft wurde, verblieb nur die güterverteilende Rolle, während die ihm nach dem Grundsatz von Angebot und Nachfrage zugedachte Aufgabe der Preisregelung durch den behördlichen Eingriff in Wegfall geraten ist. Die auf dem Wege über den Kleinhandel führende Verteilung umfaßt für Straßburg mit Ausnahme der Versorgung mit frischem Obst und Gemüse, für die der Weg der unmittelbaren Abgabe beschritten wurde, ferner mit Fleisch, Milch und Butter, die in unmittelbarer Regie der Stadtverwaltung, letztere durch die Milchzentrale übernommen wurde, die meisten übrigen Lebensmittel. Wenn auch die oben geschilderten in Straßburg eingeschlagenen Wege der Lebensmittelverteilung nicht ohne Schattenseiten waren und auch manche Nachteile mit sich brachten, beispielsweise die Ausschaltung des ortsansässigen Großhandels, dem aber, wie mir versichert wird, Gelegenheit geboten war, sich an dem Unternehmen zu beteiligen, so muß doch die auf Initiative der Stadt Straßburg zurückzuführende Regelung als eine für die Allgemeinheit zufriedenstellende im Gegensatz zu anderen Großstädten, von denen man weniger erfreuliches auf diesem Gebiete hören mußte, bezeichnet werden; dies gilt insbesondere für die hierbei geübte Preispolitik. Aus der Tatsache heraus, daß von Anfang an die „Volksernährung" starke Vorräte besaß und sie während langer Zeit zu erneuern und in ungefähr gleichem Umfange zu erhalten in der Lage war, ergaben sich Voraussetzungen zu einer Beeinflussung der Verkaufspreise, die anderwärts kaum bestanden haben. So war die

Gesellschaft sehr lange in der Lage, Waren mit durch Bundesratsverordnung festgelegten Höchstpreisen beträchtlich unter den geltenden Höchstpreisen den Verbrauchern abzugeben. Es ist daher leicht erklärlich, daß Straßburg bald in den Ruf kam, daß man dort noch alles und billig haben kann. Leider haben diese auf die Dauer nicht erhalten werden können, sie sind im wesentlichen ausgemerzt durch allmählichen Verbrauch der aufgestapelten Vorräte und das Fehlen an Möglichkeiten, die abgestoßenen Bestände entsprechend erneuern zu können. Ganze Warengruppen (Reis, verschiedene Hülsenfrüchte, Schmalz und Kaffee) können inzwischen entweder überhaupt nicht mehr bezogen werden, oder werden von den Kriegsausschüssen nur in geringen Mengen zugewiesen, sodaß sie tatsächlich aus dem Tätigkeitsprogramm der Gesellschaft vollständig ausgeschieden sind.

Ungleich zufriedenstellender hat sich die Bewirtschaftung des Gemüses und Obstes speziell für Straßburg erwiesen. Durch Verordnung des Reichskanzlers vom 3. April 1917 wurden überall Landes- und Bezirksverteilungsstellen für Obst und Gemüse ins Leben gerufen, deren Aufgabe als Gemeinnützige Gesellschaft es war, die Bestände an Obst und Gemüse zu erfassen und im Benehmen mit der Reichsstelle für Gemüse und Obst an die Bedarfsstellen, sei es Konservenfabriken (s. daselbst), Kommunalverbände oder Händler zu verteilen. Daß diese Regelung zu großen Mißständen geführt hat, ergibt sich aus dem im August 1917 erfolgten Zusammenschluß der Obst- und Gemüsehändler von Straßburg. Ihre erste Aufgabe erblickt die neu gegründete Vereinigung in einem energischen Protest gegen die bei der Bezirksstelle für Obst und Gemüse zutage tretenden Mißstände. Es wird darin geklagt über mangelndes Gewicht, schlechte Verpackung der Ware und stundenlanges Warten auf die Ware. Ferner wird der Gesellschaft der Vorwurf der Verteuerung gemacht, da sie durchschnittlich einen Bruttogewinn von 5% auf die Ware im Großhandel nimmt. Einer der schwersten Vorwürfe, und wenn sich der Mißstand bei den übrigen Bezirksstellen ebenfalls bewahrheiten sollte, von einem verhängnisvollen Nachteil für unsere Volksversorgung wäre, ist der, daß fortgesetzt sehr große Mengen von Waren dem Verderben preisgegeben werden dadurch, daß die Bezirksstelle oft die Ware tagelang bei den Bauern stehen läßt, weil es an Körben mangelt. Beim Eintreffen der Ware am Bestimmungsort ist dadurch dieselbe zumeist gänzlich verdorben.

Ähnliche Vorwürfe bringt die am 16. Mai 1917 ins Leben gerufene Gemüse- und Obstzentrale in Straßburg, die ihr Wirken aber infolge der Einziehung der Versandscheine seitens der Bezirksstelle einstellen mußte. Hier wird der Bezirksstelle der Vorwurf gemacht, daß sie entgegen der Verordnung des Reichskanzlers vom 3. 4. 1917 als eine Erwerbsgesellschaft auftritt, wo sie hingegen nur eine Verteilungsgesellschaft sein sollte. Als Beleg bringt die Beschwerdeschrift, daß ein Militärlieferant von der Bezirksstelle 10 000 kg gelbe Möhren zum Preise von 7 Mk. der Zentner ausschließlich Fracht kaufte. Diese Menge wurde von dem Erzeuger an die Bezirksstelle zum Preise von 5 Mk. der Zentner abgeliefert, sodaß die Bezirksstelle, ohne die Ware überhaupt gesehen zu haben, 400 Mk. = 40% Gewinn erzielte. Ähnliche Fälle bringt die Beschwerdeschrift hinsichtlich der Obstversorgung. Der Erzeugerpreis für Zwetschgen war zurzeit in Straßburg 12,50 Mk. der Zentner, beim Kleinhandel wurde aber 25 Pfg. für das Pfund gefordert, wodurch vom Produzenten bis zum Konsumenten ein Aufschlag von 100% erhoben wurde. Wenn auch diese Anschuldigungen aus Interessentenkreisen eine zielbewußte Tendenz haben, so kann die Tatsache nicht geleugnet werden, daß die Erfassung und Verteilung des Obstes und Gemüses auf Grund des jetzt eingeschlagenen Weges zu gewaltigen Mißständen, insbesondere zu unangemessenen Preissteigerungen geführt hat. Mir scheint es, als ob die Bezirksstelle für die Einbuße, die sie durch längere Lagerung und durch den Transport von leicht verderblicher Ware erleidet, sich ihrerseits durch entsprechenden Aufschlag schadlos halten will. Es scheint, daß nicht nur in Straßburg, sondern überall dieselben Klagen geführt werden. So hat im November 1917 die Handelskammer Frankfurt a. M. an das Kriegsernährungsamt eine Eingabe gerichtet, in der sie die Wiedereinschaltung des Handels bei der Lebensmittelversorgung fordert mit der Begründung, daß die behördliche Lebensmittelversorgung mit außerordentlichen Unkosten und unwirtschaftlichen Arbeitsleistungen arbeiten würde. Die Verwaltungstätigkeit könne sich mit Hilfe der Reichswirtschaftskarte, sowie anderer Listen auf die Überwachung des Lebensmittelverkehrs beschränken; falsch sei auf jeden Fall das Bestreben, die Ware in Natur zu erfassen und zu bewirtschaften. Werde auf diese Weise der gesamte Lebensmittelverkehr lückenlos überwacht, so entfalle der Anlaß, besondere Stellen mit der Beschaffung und Verteilung zu beauftragen.

2. ZUSAMMENFASSUNG UND SCHLUSSFOLGERUNG.

Die zur Durchführung der Lebensmittelversorgung seitens der maßgebenden Stellen beschrittenen Wege führten zum großen Teil zur kapitalistisch monopolistischen Wirtschaftsweise. Die gleichen Erscheinungen, wie wir sie zum großen Teil bei der Industrie gesehen haben, wiederholen sich; die Abhängigkeit vom Markte in der beherrschenden Erfassung und Verteilung der Produktion ist infolge Ablösung des freien Handels durch starre Organisationsformen aufgehoben. Wenn auch die restliche Erfassung der vorhandenen Produkte zur Versorgung des Heeres und der Bevölkerung der leitende Gedanke bei Ausgestaltung dieser Wirtschaftsweise war, so können wir nicht verschweigen, daß die Durchführung bei den zutage getretenen unüberwindlichen Schwierigkeiten große Mißstände hervorrief, die in weiten Kreisen der Bevölkerung Beunruhigung und Mißstimmung erzeugten. Es frägt sich nun, ob durch Belassung des freien Handels in der Lebensmittelversorgung unter Beschränkung der Verwaltungstätigkeit auf Festsetzung von Höchstpreisen und Überwachung mit Reichswirtschaftskarten der Volksversorgung besser gedient worden wäre. Diese Frage muß, ausgenommen für die Bewirtschaftung von Obst und Gemüse, in der Hauptsache verneint werden, da mit Rücksicht auf die auf manchen

Versorgungsgebieten herrschende Knappheit nach dem Grundsatz von Angebot und Nachfrage trotz Höchstpreise eine endlose Preistreiberei eingetreten wäre, sodaß nur die Bemittelten in den Besitz der Ware hätten gelangen können. Die Bewirtschaftung des Obstes und Gemüses hingegen eignet sich, insbesondere was die leicht verderbliche Ware anbelangt, keinesfalls zur zentralistischen Erfassung. Hier wäre die Erfassung und Verteilung durch den Großhandel mit gewissen Sperrklauseln wohl zweckdienlicher. Was die Höchstpreisfestsetzung anbelangt, so hat die Erfahrung gelehrt, daß diese Maßnahme nur einen sehr relativen Wert hat, weil begehrte Waren in dem Falle vom Markte verschwinden. Der größte Fehler in der Organisation unserer Volksversorgung liegt, wie bereits eingangs erwähnt, in dem Versagen bei der sicheren und vollständigen Erfassung der wirklich vorhandenen Lebensmittel beim Produzenten. Der Einwand, daß nur Vorhandenes verteilt werden könne, ist durchaus hinfällig angesichts der unbestreitbaren Tatsache, daß die Landwirtschaft auch nicht entfernt in demselben Maße von der Lebensmittelnot betroffen wird, wie die Städter, und es wird auch widerlegt durch die sonntäglichen Volkswanderungen der städtischen Bevölkerung in die umliegenden Landkreise, wo sie für teures Geld alle möglichen Lebensmittel erwirbt und heimbringt. Hiermit wären wir dem ursächlichen Zusammenhang des Versagens der bisherigen behördlichen Versorgungspolitik näher gerückt. Durch den typischen Verlauf der meisten wirtschaftlichen Maßnahmen ergibt sich, daß treibende Kräfte den behördlichen Maßnahmen entgegen wirken, auf der einen Seite das Verhalten eines Teiles der ländlichen Erzeuger, die ihre Produkte in dieser allgemeinen Not so hoch wie möglich verwerten wollen und zur Erreichung dieses Zweckes nicht vor einer betrügerischen Minderabgabe ihrer Vorräte sich abhalten lassen, dann auch auf der anderen Seite die Tatsache, daß für viele Konsumenten der Besitz der begehrten Ware höher steht als der Wert derselben und daher jegliche Preisschranken wie Höchstpreisfestsetzungen usw. durch den Schleichhandel illusorisch bleiben.

VI. Kapitel.

HANDEL UND VERKEHRSGEWERBE.

I. WESENSVERSCHIEDENHEIT DES HANDELS IN FRIEDENS- UND KRIEGSZEITEN.

Eine eigenartige Entwicklung hat der Handel innerhalb der Kriegswirtschaft erfahren. Dieselbe ergab sich aus der Wesensverschiedenheit des Handels in Friedens- und Kriegszeiten. Der Handel verkörpert einen ungemein wichtigen Teil der produktiven Kräfte unserer Nation; seine Funktionen im Organismus der Volkswirtschaft sind mannigfach und zum Teil unentbehrlich. Dem Prinzip der Arbeitsteilung folgend, ist zunächst seine wesentliche Aufgabe die der Vermittelung von Sachgütern zwischen Produzenten über Konsumenten oder auch zwischen Produzenten untereinander. Seinem Wesen nach ist er aber nichts anderes als die Verwertung eines Gütervorrats zum Erwerb und zur Erzielung eines möglichst großen Gewinnes. Die Voraussetzungen zu dieser wirtschaftlichen Tätigkeit waren in Friedenszeiten ohne weiteres gegeben. Das Angebot an Waren war dank der durch die Errungenschaften der modernen Technik gewaltig gesteigerten Produktivität der Nachfrage vorausgeeilt. Infolge des Überflusses an Ware mußte der einzelne Warenbesitzer dem anderen, der ebenfalls Anspruch erhob, seine Waren abzusetzen, zuvorzukommen suchen. Es entstand somit der Konkurrenzkampf, der seinen Ausgleich in der Preisregulierung fand. Der Krieg hat jedoch diese Vorbedingungen für eine segensreiche Tätigkeit des freien Handels weggeräumt. Der Handel kann seine Aufgabe, den rechten Ausgleich zwischen Angebot und Nachfrage zu schaffen, nur dann erfüllen, so lange genügend Ware verfügbar ist, die er im freien Wettbewerb und auf freiem Wege heranschaffen und vermitteln kann. Heute übersteigt die Nachfrage das Angebot infolge der Warenknappheit ganz bedeutend, die nötige Zufuhr aus dem Ausland fehlt, und auch über die Transportmittel kann nicht frei verfügt werden. Der Absatz der Waren an den Konsumenten gestaltete sich immer mehr zu einem Problem. Daß dieses Problem nur so zu lösen war, wenn man zunächst mit den alten Geschäftsprinzipien und Gepflogenheiten völlig brach, hätte als selbstverständlich erscheinen müssen. Dessen ungeachtet konnte der auf die Friedensbasis begründete freie Handel sich noch lange halten, bis das Reich sich notgedrungen durch die geschaffene Notlage, die auch durch manche unlautere Elemente ausgenutzt werden konnte, gezwungen sah, den Handel teilweise gänzlich, teilweise in grundstürzender Weise umzugestalten.

II. SCHÄDIGUNGEN DER KONSUMENTEN, DIE SICH DURCH DIE BEGLEITERSCHEINUNGEN DES FREIEN HANDELS ERGABEN.

Der freie Handel konnte eine Reihe von Erscheinungen und Auswüchsen vermöge seines gewerbsmäßigen kapitalistischen Einschlags hervorbringen, die in Friedenszeiten teils nicht vorkamen, teils unbeachtet geblieben sind, teils aber auch im gewissen Sinne wirtschaftlich berechtigt waren. Zur letzten Kategorie gehört z. B. die Handelstätigkeit, welche darin besteht, daß die jeweilig gering bewerteten Güter bis zu der Zeit aufbewahrt werden, wo sie stärker begehrt sind und höher im Preise stehen. In Friedenszeit handelt es sich regelmäßig um den Ausgleich zwischen Güterüberfluß- und -mangel. Obwohl nun ein Güterüberfluß nicht vorhanden war und ein Grund zur Zurückhaltung der Waren nicht vorlag, wurde sehr oft dieser Handelsmodus nach wie vor weiter gepflegt, so daß mancher durch die späteren guten Handelskonjunkturen zu ungeahntem Reichtum gelangen konnte. Abgesehen davon, daß bei der im Kriege eingetretenen Warenknappheit eine Zurückhaltung der Ware, um sie später mit einem gewaltigen Aufschlag verwerten zu können, eine Benachteiligung der Allgemeinheit bedeutet, sind diese Geschäftspraktiken als verwerflich anzusehen, weil ihnen in dem Falle das wirtschaftliche Moment des Ausgleichs fehlt.

Der schlimmste Auswuchs des modernen Handels, der 1915 und 1916 große Dimensionen erreicht hatte, inzwischen aber durch gesetzliche Maßnahmen eingeschränkt wurde, ist der sogenannte Kettenhandel. Unter Kettenhandel versteht man diejenige verwerfliche Form des Spekulationshandels, bei dem eine Ware vom Zwischenhandel möglichst dem Verbrauch vorenthalten wird, inzwischen aber häufig den Eigentümer wechselt. Es sind zum Teil Gelegenheitsgeschäfte und zum anderen Teil wohlüberlegte Spekulationen, durch die eine Reihe von Personen sich von einer Ware zu bereichern suchen, bevor sie zum Verbrauch an den Konsumenten gelangt. Der wesentliche Nachteil dieser Form des Handels für die Allgemeinheit ist der, daß eine unangemessene und in den meisten Fällen wirtschaftlich nicht gerechtfertigte Preisteuerung der Ware stattfindet. Allerdings ist die Einschaltung eines oder mehrerer Zwischenglieder zwischen Erzeuger und Verbraucher keineswegs schon an und für sich unter allen Umständen als Kettenhandel anzusehen; denn nicht selten wird es zwecks Dezentralisation des Betriebs unter gleichzeitiger und gleichmäßiger Verteilung der Ware an möglichst viele Verbraucher notwendig sein, die Ware auf dem Wege vom Erzeuger zum Verbraucher nach dem Prinzip der Arbeitsteilung durch die Hände mehrerer Kaufleute als Zwischenglieder zu leiten. Das Einschieben eines Zwischengliedes in dem Umlauf der Ware wird demnach nur dann zu verwerfen sein, wenn tatsächlich der Beweis erbracht ist, daß die unmittelbare Zuführung der Ware an den Verbraucher nur aus gewinnsüchtigen und unwirtschaftlichen Gründen unterblieben ist.

Eine andere zur Schädigung und Ausbeutung der Konsumenten führende Erscheinung war das Versagen der in der in der Natur des freien Handels liegenden Preisregulierung. Damals schon bei Eintreten der Kriegskrisis gab die auf den Grundsatz von Angebot und Nachfrage beruhende Preisregulierung des freien Handels in Anbetracht der durch die gesteigerte Nachfrage in den allermeisten Fällen eingetretenen unverantwortlichen Preisverteuerung insbesondere der Lebensmittel Anlaß zu ernsthaften Bedenken. Am deutlichsten trat diese Erscheinung zunächst im Getreidehandel hervor. Trotz Einführung von Staffeltarifen stiegen die Getreidepreise in Deutschland anfänglich so stark, daß unsere Vorratssicherung stark gefährdet war. Diese sprunghafte Teuerung konnte sowohl in den Kreisen der Konsumenten wie der beteiligten Erwerbsstände nicht gleichgültig sein. Es entstand überall das Verlangen nach Festsetzung von Höchstpreisen, insbesondere für die wichtigsten Nahrungsmittel. Wir kommen hiermit zu den Maßnahmen, die die Behörden zum Schutze des Verbrauchers hinsichtlich der Vorrats- und der Verbrauchssicherung und Preisregulierung ergriffen haben.

III. DIE BEHÖRDLICHEN MASSNAHMEN HINSICHTLICH DER VORRATS- UND VERBRAUCHSSICHERUNG UND PREISREGULIERUNG.

Eine ganze Reihe von behördlichen Maßnahmen, Einrichtungen und Organisationen wurden im Laufe der Kriegszeit getroffen und ins Leben gerufen, um den Handel in das Gleise der Kriegswirtschaft überzuführen. Es wäre müßig, auf die einzelnen Maßnahmen und Verordnungen hier näher einzugehen. Wir werden uns auf die wesentlichsten und einschneidendsten beschränken.

1. HÖCHSTPREISFESTSETZUNG.

Bei der Höchstpreispolitik gilt es zunächst die Marktlage zu berücksichtigen, dann auch das Verhältnis von Erzeugung und Bedarf so genau wie möglich einzuschätzen und die sozialen Rücksichten auf die Kaufkraft der Bevölkerung mit den legitimen Ansprüchen der Erzeuger und des Handels in Einklang zu bringen. Die Festsetzung zu niedriger Höchstpreise mag zunächst von den Verbrauchern als eine Wohltat empfunden werden, auf die Dauer ist sie es nicht, wenn sie hemmend auf Erzeugung und Handel wirkt, denn es kommt für den Verbraucher selbstverständlich nicht allein auf den billigen Preis, sondern vor allem darauf an, daß auf die Dauer genügend Ware angeboten wird. Für den Kaufmann selbst gefährdet die Festsetzung von Höchstpreisen für ihn die Möglichkeit, sich mit Ware einzudecken; denn er läuft Gefahr, daß er die Waren, die er in einem Überschußbezirk mit Höchstpreisen oder die er zu einer Zeit, als dieselbe der Höchstpreisfestsetzung nicht unterlag, eingekauft hatte, mit Schaden verkaufen muß, wenn der nachträglich in seinem Verkaufsbezirk festgesetzte Höchstpreis niedriger als sein Einkaufspreis ausfällt.

So sehen wir, daß die Höchstpreisfestsetzungen verschiedenartige Wirkungen haben können. Bei den lokalen Preisfestsetzungen führten sie insgesamt zu negativen Resultaten, da die Ware aus dem Bezirk verschwand, um in solche Gegenden übergeführt zu werden, in denen entweder höhere oder gar keine Höchstpreise festgesetzt waren. Diese Tatsache führte die Kommunalverbände allmählich dazu, den Vertrieb der notwendigsten Lebensmittel in eigener Regie zu übernehmen, oder, wie wir es im vorigen Abschnitt näher ausgeführt haben, Sonderorganisationen einzuführen unter Benutzung des Kleinhandels als Verteilungsstelle, Beibehaltung der Höchstpreisfestsetzung und spätere Einführung des zwangsläufigen Lebensmittelkartensystems. Im allgemeinen hätten einheitliche für das ganze deutsche Reich geltende Höchstpreisfestsetzungen ihren Zweck eher erfüllt. Ursprünglich wurden nur für die notwendigsten Lebensmittel Höchstpreisfestsetzungen angeordnet. Heute sind außer sämtlichen Nahrungs- und Futtermitteln, viele Gegenstände des täglichen Bedarfs, ferner der größte Teil der Rohwaren, sowie sämtliche rationierten und zu kontrollierenden Waren durch Höchstpreisfestsetzungen betroffen.

2. BESCHLAGNAHME, ENTEIGNUNG, RATIONIERUNG UND AUSSCHALTUNG DES FREIEN HANDELS IN DER LEBENSMITTELVERTEILUNG.

Auch die Reichsbehörden kamen bald zu der Erkenntnis, daß die Höchstpreise ihren Zweck, die davon betroffenen Waren einem möglichst großen Käuferkreise zu einem erschwinglichen Preise zugänglich zu machen, dadurch verfehlt hatten, daß einesteils die Höchstpreise die Erzeugung gehemmt, anderenteils die erzeugten Waren vom Markte vertrieben haben. Diese Erkenntnis führte dazu, neben der Höchstpreisfestsetzung insbesondere in der Lebensmittelversorgung die Beschlagnahme der Waren, ihre Enteignung und ihre öffentliche Verteilung unter Ausschaltung des freien Handels, sowie Rationierung der Waren mittels Kartensystems, herbeizuführen. Diese Maßnahme stellt die Verleihung von Einkaufs- und Vertriebsmonopolen an die im Laufe des Krieges fortgesetzt vermehrten sogenannten Kriegsgesellschaften dar. Bezüglich der Einwirkungen dieser monopolistischen Wirtschaftsweise in der Lebensmittelversorgung haben wir im vorigen Kapitel bereits das Nötige erwähnt.

3. LANDESRECHTLICHE AUSFUHRVERBOTE.

Auch hinsichtlich dieser Maßnahmen haben wir uns bereits im vorigen Kapitel geäußert und zwar dahin, daß sie der Zentralisation unserer Volksversorgung hemmend in den Weg stand. Durch die partikularistischen Tendenzen der Einzelstaaten wurde die wichtigste Aufgabe des Handels, die Waren den jeweiligen Bedarfstellen zuzuführen und sie vom Erzeuger zum Verbraucher gelangen zu lassen, größtenteils vereitelt. Mit einem greifbaren Beispiel kann ich hinsichtlich des Gemüsehandels in Straßburg dienen. Straßburg und die nächste Umgebung ist in bezug auf den Anbau an Gemüsen ein Überschußgebiet. Die Produktion und der Handel auf dem Gebiete, insbesondere was Junggemüse anbelangt, ist auf großzügigen Export eingerichtet. Durch das Ausfuhrverbot war der ganze Handel nach den Bedarfsbezirken

Karlsruhe, Mannheim, Frankfurt a. M. usw. lahmgelegt. Daß hierbei in Straßburg selbst mehr Gemüse und etwa zu billigeren Preisen zu erlangen war, kann man bis jetzt nicht behaupten, hingegen mußten viele Produkte infolge der nicht genügenden Nachfrage nutzlos zugrunde gehen, während der geschlossene Gemüsehandel, um den erlittenen Ausfall decken zu können, die Belieferung des Straßburger Marktes mit einem Preisaufschlag quittierte.

4. DIE KRIEGSWUCHERVERORDNUNGEN.

Andere Maßnahmen, um den Konsumenten vor Schädigungen der in Abschnitt 2 näher ausgeführten Begleiterscheinungen des freien Handels zu schützen, bilden die Verordnungen, mittels deren man dem sogenannten Kriegswucher entgegenzutreten sucht. In dieser Hinsicht kommt in erster Linie die Verordnung vom 23. 7. 1915 (R. G. Bl. S. 467) in der jetzigen Fassung vom 23. 3. 1916 (R. G. Bl. S. 183) gegen übermäßige Preissteigerung in Betracht, ferner die Verordnung vom 23. 9. 1915 (R. G. Bl. S. 603) zur Fernhaltung unzuverlässiger Personen vom Handel, sodann die Verordnung vom 29. 7. 1916 (R. G. Bl. S. 86) über den Handel mit Lebens- und Futtermitteln und zur Bekämpfung des Kettenhandels usw. Diese Verordnungen bezwecken einmal die Verhängung erheblicher gerichtlicher Strafen gegen den Wucherer, sodann auch die Entziehung der Befugnis zum Handels- und Gewerbebetrieb bei Unzuverlässigkeit. Diese Verordnungen, obwohl sie im allgemeinen einen gewissen Erfolg zu verzeichnen haben, konnten indessen vielfach infolge ihrer vielseitigen und teilweise auch widersprechenden Auslegungen eine gewisse Rechtsunsicherheit hervorrufen. Ich nehme beispielsweise in dem § 5 Nr. 1 der Preissteigerungsverordnung den Begriff „Gegenstände des täglichen Bedarfs“ heraus. Es herrschen nun die größten Zweifel und Meinungsverschiedenheiten darüber, welche Gegenstände zu denen des „täglichen Bedarfs“ zu zählen sind. Noch bedenklicher und für den redlichen Handel gefährlicher ist die Beurteilung der Frage, was unter „übermäßigen Gewinn“ im Sinne der Preissteigerungsverordnung zu verstehen ist. Nach Ansicht von maßgebenden Kaufmannskreisen stellt die Ausschaltung des Marktpreises, wie sie durch Urteil des Reichsgerichts vom 12. 2. 1917 begründet wird, nämlich, daß die Marktpreislage überhaupt kein gesetzlicher Maßstab für die Bestimmung der Gewinngrenze ist, eine Gefahr für den Handel und das gesamte Wirtschaftsleben dar. Die Folge dieser reichsgerichtlichen Entscheidung ist die, daß neben dem wesentlich verringerten Umsatz der Kaufmann nur den gleichen Verdienst wie im Frieden haben darf und zwar ziffernmäßig den gleichen, nicht etwa einen Gewinn, der im Verhältnis zu den durch die allgemeine Teuerung gesteigerten Gestehungskosten steht. Diese Rechtsprechung findet allgemein Kritik dahin, daß einesteils durch diese Auslegung die Gefahr vorliegt, daß der solide Handelsstand notgedrungen seine Tätigkeit immer mehr einschränkt und sich anderen Berufen zuwendet, anderenteils die unredlichen Machenschaften gewissenloser Elemente, die sich vor Übertretung der Gesetze nicht scheuen, gefördert werden.

5. DIE TEILWEISE BESEITIGUNG DER GEWERBEFREIHEIT IM HANDEL DURCH DEN KONZESSIONSZWANG UND DIE RATIONIERUNG.

Für eine Reihe von Gewerben, für die bis zum Ausbruch des Krieges der Grundsatz der Gewerbefreiheit in Geltung war, ist der Konzessionszwang eingeführt worden. So bedürfen einer Erlaubnis zum Gewerbebetrieb auf Grund des Kriegswirtschaftsrechts *a)* durch Verordnung vom 24. 6. 1916 diejenigen Personen, die den Handel mit Lebens- und Futtermitteln betreiben wollen, sofern es sich nicht um den Verkauf selbstgewonnener Erzeugnisse der Land- und Forstwirtschaft, des Garten- und Obstbaues, der Geflügel- und Bienenzucht, der Jagd und Fischerei, oder um Kleinhandelsbetriebe handelt, in denen die Lebens- und Futtermittel unmittelbar an den Verbraucher abgesetzt werden. Versagungsgründe können vorliegen, wenn der

Antragsteller vor dem 1. August 1914 mit Lebens- oder Futtermitteln nicht gehandelt hat. Ebenso verhält es sich mit dem Samenhandel laut Verordnung vom 17. 11. 1916. Noch zu erwähnen ist, daß mit dem 5. Oktober 1916 der freie Handel mit sämtlichen noch nicht beschlagnahmten Futtermitteln zugunsten der Bezugsvereinigung der deutschen Landwirte gesperrt wurde, so daß die jetzt konzessionierten Futtermittelhändler als Angestellte dieser Kriegsgesellschaft zu gelten haben.

b) Personen, auch Kleinhändler, die gewerbsmäßig Eier zwecks Weiterveräußerung oder gewerblicher Verarbeitung erwerben oder deren Erwerb vermitteln wollen,

c) die Händler mit Gemüse und Obst im Umherziehen,

d) Großhändler mit Gemüse, Obst und Südfrüchten,

e) Personen, die Schuhsohlen, welche nicht ausschließlich aus Leder oder Holz in einem Stück bestehen, Sohlenschoner und Sohlenbewahrungen, zu deren Herstellung Leder verwandt wird, sowie Lederersatzstoffe, die zur gewerbsmäßigen Herstellung oder Ausbesserung von Schuhwarenbestandteilen dienen, verwenden oder in den Verkehr bringen, bedürfen der Erlaubnis der Ersatzsohlengesellschaft m. b. H. in Berlin,

f) die Händler mit Zigarren, Zigaretten, Rauch-, Kau- und Schnupftbak, sofern die Ware nicht selbst verfertigt oder unmittelbar an den Verbraucher verkauft wird,

g) die Hersteller und Großhändler von Seemuschelkonserven.

Außerdem kann der Reichskanzler oder die Landeszentralbehörde anordnen, daß es zum Handel mit Gegenständen des täglichen Bedarfs und des Kriegsbedarfs, sowie zum Handel mit Gänsen der Erteilung einer Erlaubnis bedarf.

Hinsichtlich der Weiterführung der Betriebe sind für manche Gewerbe außerordentlich scharfe Einschränkungen eingeführt worden, die in der Gewerbeordnung nicht vorgesehen sind, sei es im Falle der Unzuverlässigkeit des Handeltreibenden in bezug auf sein Gewerbe, beispielsweise bei den Händlern mit Gegenständen des täglichen Bedarfs und des Kriegsbedarfs, aber auch im Falle der Nichtbeachtung der ergangenen Verordnungen hinsichtlich der Rationierung, so bei Gast- und Schankwirtschaften usw., der Abgabe von Fleisch an fleischlosen Tagen, ferner bei Gewerbebetrieben, in denen Süßigkeiten hergestellt werden, wenn deren Unternehmer oder Leiter den Vorschriften der Verordnung vom 16. Dezember 1915 zuwiderhandeln, sowie bei den meisten Betrieben, in denen rationierte oder zu kontrollierende Waren hergestellt oder veräußert werden. Bei allen diesen Betrieben ist der Schließungszwang in den Fällen des Verstoßes gegen die Strafbestimmungen vorgesehen. Zum Schlusse mag noch erwähnt werden, daß sämtliche Waren, die der Rationierung und der staatlichen Kontrolle unterstellt sind, nur gegen Abgabe der von den Ortsbehörden auszustellenden und zum Kaufe berechtigenden Verbrauchskarten- oder scheine, der sogenannten Lebensmittelkarten bzw. Bezugsscheine, im Handel erhältlich sind.

IV. EINWIRKUNG DES HILFSDIENSTGESETZES AUF DEN HANDEL.

Bei Einführung des Hilfsdienstgesetzes war die Verkehrsfreiheit eines großen Teiles des Handels, wie wir sie in den vorhergehenden Abschnitten dargestellt haben, im wesentlichen bereits unterbunden. Aus dem bereits geschilderten Werdegang des Handels konnten wir entnehmen, daß das Kriegswirtschaftsrecht tief einschneidend auf den gesamten Handel gewirkt hat, einesteils zum Schutze der berechtigten Interessen der Konsumenten, andernteils aber unter erheblicher Beeinträchtigung und Schädigung des Handels. Um die produktive Kraft der Handelsunternehmungen und ihrer Träger, die zweifellos durch die bereits erfolgten behördlichen Eingriffe an Kapital und an Arbeitsleistung sehr geschwächt war, nicht ganz zu untergraben, mußte auch von den einsichtigen Ausführungsorganen des Hilfsdienstgesetzes eine weitherzige Handhabe der Ausführungsbestimmungen des Hilfsdienstgesetzes im Handel Platz greifen. Es hätte keinen wahren Hilfsdienst für die deutsche Volkswirtschaft bedeutet, wenn man leichthin die Zahl der selbständigen Handelsbetriebe beschränkt hätte, weil ihre Funktionen zurzeit stark zurücktreten. Nicht nur bedeutet jede selbständige Existenz einen Gewinn für den Staat, sondern die Handelsunternehmungen müssen im Interesse der Friedenswirtschaft so im Stande erhalten bleiben, daß sie ohne Verzug wieder in ihre Funktion treten können. Es ist daher anerkennenswert, daß praktisch bis jetzt in recht wenigen Fällen Betriebe durch Wirkung des Hilfsdienstgesetzes geschlossen wurden, selbständige Inhaber zum Hilfsdienst abkommandiert oder wahllos Angestellte und Arbeiter bis zum letzten Mann ihnen entzogen wurden. Wo die Abkommandierung eines Geschäftsinhabers erfolgte, war es den Umständen nach ermöglicht worden durch Weiterführung des Geschäfts seitens der Frau, Angehörigen oder Angestellten. Bezüglich der Angestellten und Arbeiter wurde stets dafür gesorgt, daß die zur Aufrechterhaltung des Betriebes unbedingt notwendigen männlichen Personen und zwar bei den kriegswichtigen Betrieben ohne weiteres, bei anderen Geschäftszweigen unter möglichster Berücksichtigung belassen werden konnten. Dank der kräftigen Unterstützung und Mitarbeit des Arbeitsausschusses des deutschen Kleinhandels konnte ein gerechter Ausgleich der Arbeitskräfte stattfinden, wodurch unnötige Härten vermieden wurden. Zur Mitarbeit in der Ausführung des Gesetzes über den vaterländischen Hilfsdienst wurden auf Veranlassung des Arbeitsausschusses des deutschen Handels in Berlin für den Bereich sämtlicher stellvertretenden Generalkommandos Unterausschüsse gebildet. Die Unterausschüsse zählen zu ihren Mitgliedern eine Reihe von berufenen Vertretern des Kleinhandels. Zur Erleichterung der Arbeiten wurden im Einverständnis mit den Kriegsamtstellen für sämtliche Klein- und Großbetriebe Fragebogen aufgestellt, deren genaue und pflichtmäßige Ausfüllung die Interessenten zu bewerkstelligen hatten. Auf Grund dieser Unterlagen konnten die Kriegsamtstellen nach vorheriger Begutachtung der Ausschüsse ihre Entscheidungen ohne besondere Schwierigkeiten treffen. Hierbei wurden die Handelsunternehmungen von Zusammenlegung möglichst verschont. Es liegt auch in der Natur des Handels, vermöge seiner Spezialiserung, daß mehrere Unternehmungen sich kaum zu einer einzigen Unternehmung zusammenschließen lassen, da insbesondere die Eigenart jedes einzelnen Betriebes erhalten bleiben muß.

V. DIE KONJUNKTUR IM HANDEL.

Ganz verschiedenartige Konjunkturen hat der Handel im Krieg erfahren. Eine besondere Gewinnquelle bildeten zunächst die Warenvorräte, welche mit überaus hohen Preisaufschlägen, teils sofort, teils später Verwendung fanden. Dabei vollzog sich eine großes Aufräumen; Warenbestände, die in normalen Zeiten nur mit Verlust loszuschlagen gewesen wären, und eigentlich nur noch als Ladenhüter gelten konnten, erbrachten wahre Liebhaberpreise. Leider konnten die Warenbestände nicht in dem Verhältnis zum Absatz wieder erneuert werden. Es entstanden bald klaffende Leeren in den Warenlägern. Durch die teils aus Mangel an Rohstoffen, teils aber auch infolge Wirkung des Hilfsdienstgesetzes erfolgte Einschränkung der für Kriegszwecke nicht unbedingt notwendigen Warenproduktion wurde die Beschaffung der angeforderten Waren immer schwieriger. Die unmittelbare Folge hiervon war das gewaltige Ansteigen der Preise. Die allgemeine Teuerung, die gleich einem Räderwerk in sämtlichen Faktoren der Produktion und des Handels übergriff, wurde immer fühlbarer. Gewaltige Preissteigerungen erfuhren insbesondere die Waren der zusammengelegten Produktionsbetriebe. Aus dem Kapitel über die Industrie entnahmen wir, daß beispielsweise in der Glasindustrie die Entschädigung der stillgelegten Unternehmungen zunächst auf den Handel und schließlich auf den letzten Abnehmer abgewälzt wurde. Ähnlich verhält es sich in der Schuhwarenbranche, wobei noch der Umstand der Kontingentierung der Schuhwaren hinzukommt. Daß hierbei dem Schuhwarenhändler nur eine 2% Verteilungsquote gegenüber dem Friedensbedarf zugebilligt wird, hat naturgemäß nicht zu einer Verbilligung geführt. Der Preisaufschlag in Schuhwaren beträgt zurzeit 300—400% gegenüber den

Friedenspreisen. Ein anschauliches Bild unserer jetzigen Kriegswirtschaft bringen die Verhältnisse auf dem Spielwarenmarkt. Die Rohstoffe, vor allem das Leder, müssen besseren Zwecken dienen, auch gibt die Reichsbekleidungsstelle für Puppenkleider keine Bezugsscheine. Ferner ist das Wachs, das für die Köpfe der besseren Puppen gebraucht wird, kaum aufzutreiben. So hat das Holz wieder die Vorherrschaft in der Spielzeugfabrikation gewonnen. Auch hier war die außerordentliche Preissteigerung unvermeidlich. Sie beträgt durchschnittlich 100—150%. Die einfachen Spielsachen, die sonst die minderbemittelte Bevölkerung in den Läden und bei fliegenden Händlern erwarb, sind für „einen Groschen das Stück" nicht mehr zu haben. Der Preis ist auf 20 Pfg. und mehr gestiegen. Die Hampelmänner aus Papier und die billigen Bilderbücher sind nur „solange der alte Vorrat reicht" zu haben. Die Neufabrikation ist ganz eingestellt worden. Pappuniformen, Helme, Trommeln und dergl. haben eine Preissteigerung bis zu 150% erfahren, die knappen Vorräte reichen nicht aus, um den Bedarf zu befriedigen. Eisenbahnen, Autos, Dampfmaschinen, Zauberlaternen und alle diese von unserer Jugend recht begehrten Spielsachen sind nur noch in geringen Mengen auf Lager, da die Fabrikation der Metallspielzeuge im wesentlichen aufgehört hat.

Schlimmer bestellt ist indessen noch der Möbelmarkt. Nicht nur neue, sondern auch alte Möbel haben eine Erhöhung des Preises erfahren, der auch für bemittelte Kreise unerschwinglich geworden ist. Wird doch zurzeit für die einfachste Einrichtung, die lediglich aus Zimmer und Küche besteht, bis zu 2000 Mk. verlangt und bezahlt. Die Möbelnot ist zur reinsten Kalamität geworden. Hier sehen wir bereits die ernsten Folgen des Umschichtungsprozesses in unserem Wirtschaftsleben. Infolge Stillegung unserer Möbelindustrie ist die Beschaffung von Möbeln beinahe zur Unmöglichkeit geworden. Am schwersten getroffen werden hierbei die kriegsgetrauten Ehepaare, die unter den gegenwärtigen Teuerungsverhältnissen oft nicht in der Lage sind, die notwendigsten Anschaffungen für das neue Heim zu bewerkstelligen. Da neue Möbel nicht mehr zu beschaffen sind, hat sich insbesondere der spekulative Handel auf gebrauchte

Möbel geworfen. Zu welchen sonderbaren Praktiken gegriffen wird, lesen wir im Lesesaal des „Hamburger Fremdenblattes". So sollen gewisse Aufkäufer sofort nach Erscheinen von Angeboten in den Zeitungen mit dem Automobil bei den Anzeigenden vorfahren und gebrauchte Möbel zu jedem Preis an sich ziehen, um sie natürlich zu möglichst hohen Preisen wieder loszuschlagen. Weiter wurde bei dieser Gelegenheit darauf hingewiesen, daß bei Auktionen eine gewisse Kategorie von Käufern die geforderten Preise offensichtlich noch überbietet, um auf jeden Fall die Sachen in ihre Hand zu bringen, die dann in einer zweiten privaten Auktion von neuem zu unerhörten Preisen weitergegeben werden. So haben sich auch hier Auswüchse bemerkbar gemacht, die in sozialer Hinsicht und vom Standpunkt der Bevölkerungspolitik von nicht unbedeutsamen nachteiligen Folgen sein können. Die eigentümliche Erscheinung, daß einesteils ein großer Teil der Waren rationiert und durch Höchstpreise gebunden ist, andernteils aber auch Waren, die nicht zu den Nahrungs- und Genußmitteln oder zu den Gegenständen des täglichen Gebrauchs gehören, nach wie vor im freien Handel vertrieben werden, hat die Verdienstmöglichkeit im Handel sehr verschiedentlich gestaltet. Beispielweise wurden die Verdienstmöglichkeiten insbesondere der Kolonialwarenhändler nach vollständiger Durchführung der monopolistischen Wirtschaftsweise auf ein Minimum herabgesetzt. Infolge der eingetretenen Rationierung und der Gebundenheit der Preise kann sich diese Kategorie von Händlern zurzeit knapp über Wasser halten. Hingegen konnten Luxuswarenhändler, Juweliere, Klavierhändler und andere Spezialgeschäfte, die anfangs des Krieges geringen Absatz zu verzeichnen hatten, später zu größerem Verdienst gelangen. Bekanntlich haben ja die Juweliere noch nie so viel zu tun gehabt, wie gerade in den letzten Kriegsjahren. Dies erklärt sich daher, daß manche Bevölkerungsschichten durch die Kriegskonjunktur zu guten Einkünften gelangten. Im allgemeinen kann man daher die Wahrnehmung machen, daß die Kaufkraft in den verschiedenen Bevölkerungsschichten gegenüber den Friedensjahren erheblich gestiegen ist. Fabelhafte Preise, die in

Friedenszeiten niemals verwirklicht worden wären, wurden durchweg ohne weiteres verlangt und bezahlt. Es böten sich dem Handel noch bedeutend größere Absatzmöglichkeiten, wenn genügend Ware, insbesondere was Lebensmittel und Bedarfsgegenstände anbelangt, vorhanden wären. Zur Vervollständigung des Bildes über den Handel gebe ich hier einen Auszug über die Angestelltenverhältnisse von 50 Handelsbetrieben in Straßburg mit vergleichenden Zahlen pro 1913/14 und 1917/18. Diese kleine Zufälligkeitsstatistik macht nicht den Anspruch der Vollständigkeit. Es können daher nur mit gewissen Einschränkungen Schlüsse über die Lage der Handelsbetriebe im allgemeinen gezogen werden. Immerhin mag dieselbe nicht ganz uninterssant sein. Vor allem ist hier der gewaltige Rückgang an männlichen Angestellten zu verzeichnen. Die Gesamtzahl derselben betrug 1913/14 704; demgegenüber sind zurzeit nur 257 beschäftigt, also ein Rückgang von nahezu 300%. Die Gesamtzahl der männlichen und weiblichen Angestellten ist von 1745 auf 907 zurückgegangen. Daß die jetzige Zahl der Angestellten zur Aufrechterhaltung der Betriebe nicht überall genügt, zeigt die Zahl 992. Bezeichnend ist der Rückgang des Personals in den Warenhäusern, hingegen hat sich das Personal in den mit Schneiderei verbundenen Militäreffektengeschäften erheblich vermehrt, wobei weibliche Arbeitskräfte in größerem Maßstabe herangezogen werden.

Vergleichende Übersicht über die Angestelltenverhältnisse der Handelsbetriebe in Straßburg 1913/14 und 1917/18.

Lfde. Nr.		Angestellte einschl. Lehrlinge:						Zur jetzigen Aufrechterhaltung der Betriebe unbedingt erforderlich
		1913/14		1917/18		Summa		
		männl.	weibl.	männl.	weibl.	1913/14	1917/18	
1.	Kohlenhandlung	30	—	11	—	30	11	20
2.	Baumaterialien u. Kohlenhandlung	3	1	4	1	4	5	8
3.	Nutzholz u. Brennwaren .	10	—	11	—	10	11	8
	Zu übertragen . . .	43	1	26	1	14	27	36

Lfde. Nr.		Angestellte einschl. Lehrlinge:						Zur jetzigen Aufrechterhaltung der Betriebe unbedingt erforderlich
		1913/14		1917/18		Summa		
		männl.	weibl.	männl.	weibl.	1913/14	1917/18	
	Übertrag . . .	43	1	26	1	44	27	36
4.	Handlung in Stabeisen u. Eisenwaren	4	—	3	—	4	3	4
5.	Landwirtschaftliche Maschinen	4	—	1	—	4	1	3
6.	Eisenhandlung	15	2	10	4	17	14	14
7.	Eisenwarenhandlung . .	4	—	4	—	4	1	3
8.	Eisenwaren, landwirtschaftliche Geräte . .	8	—	5	1	8	6	6
9.	Haus- u. Küchengeräte .	—	3	—	3	3	3	3
10.	Gänseleberpastetenherstellung u. Vertrieb . . .	20	2	7	11	22	18	18
11.	Restauration vom Blauen Kreuz	1	6	1	6	7	7	7
12.	Papierhandlung	3	5	—	4	8	4	4
13.	Papier- u. Buchhandlung .	3	—	—	1	3	1	2
14.	Papierhandlung	—	2	—	1	2	1	1
15.	Papier- u. Schreibwaren .	—	3	—	1	3	1	1
16.	Leder- u. Schuhmacherbedarfsartikel	2	1	1	1	3	2	3
17.	Lederhandlung	3	—	1	1	3	2	3
18.	Leder- u. Schuhmacherartikel	2	—	—	1	2	1	2
19.	Schäftemanufaktur . . .	19	30	4	8	49	12	12
20.	Schuhwaren	1	6	—	6	7	6	7
21.	Schuhhaus	2	10	2	4	12	6	6
22.	Bankgeschäft	2	—	1	—	2	1	2
23.	Sauerkrautfabrik	5	2	7	2	7	9	9
24.	Möbelhandlung	17	4	1	2	21	3	3
25.	Warenhaus	51	169	11	96	210	107	116 (6 männl. 110 weibl.)
26.	Warenhaus	92	252	17	189	344	206	250
27.	Samenhandlung	2	—	4	—	2	1	1
28.	Vertrieb von Kohlensäure	4	—	2	—	4	2	2
29.	Buchdruckerei	8	—	5	—	8	5	5
30.	Konfektion, Herrenhüte u. Mützen	—	6	—	4	6	4	4
31.	Herren- u. Damengarderobe	42	21	8	49	63	57	57
	Zu übertragen . . .	357	525	121	396	872	511	584

Lfde. Nr.		Angestellte einschl. Lehrlinge:						Zur jetzigen Aufrechterhaltung der Betriebe unbedingt erforderlich
		1913/14		1917/18		Summa		
		männl.	weibl.	männl.	weibl.	1913/14	1917/18	
	Übertrag . . .	357	525	121	396	872	511	584
32.	Herrenwäsche	6	8	2	7	14	9	9
33.	Hutlager	1	1	2	—	2	2	2
34.	Korsettgeschäft	—	3	—	2	3	2	2
35.	Militäreffektengeschäft u. Schneiderei	120	31	78	112	151	190	190 u. mehr
36.	Manufakturwaren	9	2	4	2	11	6	6
37.	Manufakturwaren . . .	1	4	1	4	5	5	5
38.	Manufakturwaren . . .	8	6	1	3	14	4	4
39.	Restegeschäft	2	2	2	2	4	4	4
40.	Laboratorien (Pharmazeutische Produkte) . . .	14	37	5	27	51	32	32
41.	Herstellung und Vertrieb von Chemikalien . . .	11	2	5	1	13	6	6
42.	Kolonialwaren	5	—	1	2	5	3	3
43.	Kolonialwaren	3	2	1	2	5	3	3
44.	Kolonialwaren	2	—	2	—	2	2	2
45.	Kolonialwaren	3	—	2	—	3	2	2
46.	Kolonialwaren	3	1	2	2	4	4	4
47.	Kolonialwaren	4	—	2	2	4	4	4
48.	Kolonialgroßhandel . . .	80	31	14	54	111	68	70
49.	Delikatessen	3	1	—	2	4	2	2
50.	Schirmfabrik u. Detailverkauf	72	94	18	40	166	58	58
	Summa . . .	704	741	257	660	1745	917	992

VI. TRANSPORTWESEN UND VERKEHRSGEWERBE.

1. SEE- UND BINNENSCHIFFAHRT.

Mit dem Ausbruch des Krieges mußte unsere überseeische Schiffahrt ihre Tätigkeit einstellen. Unserer Reederei war es nicht möglich, infolge der unerwartet raschen Entwicklung der Kriegsereignisse ihre in ausländischen Gewässern liegenden Schiffe zurückzuziehen. Eine große Zahl der Fahrzeuge glaubte man in „neutralen“ Häfen geborgen. Da diese Neutralität sich leider wenig haltbar erwies und die betreffenden neutralen Staaten allmählich zunächst geheim, dann offen zu unseren Feinden übergingen, so wurde der stattliche Schiffspark unserer Reedereien, soweit er im Auslande lag, beschlagnahmt. Wie die Frage der Schiffsverluste für die Gesellschaften geregelt werden wird, hängt letzten Endes von dem Ausgang des Krieges ab. Immerhin sind bereits regierungsseits Maßnahmen getroffen, um den Eigentümern deutscher Kauffahrteischiffe für die Ersatzbeschaffung von Schiff und Inventar auf Antrag Beihilfen zu gewähren, wenn das Schiff nach dem 31. Juli 1914 durch Maßnahmen ausländischer Regierungen oder durch kriegerische Ereignisse verloren gegangen oder erheblich beschädigt worden ist. Ebenso werden Beihülfen gewährt zur Deckung der Aufwendungen für Instandhaltung des Schiffes usw., falls das Schiff in deutschen Schutzgebieten festgehalten oder an der Fortsetzung seiner Reise gehindert worden ist (R. G. vom 7. 11. 1917).

Während die Großschiffahrtsgesellschaften mit geringen Ausnahmen im Krieg infolge des Ausfalles der Einnahmen die Dividendenzahlungen einstellen mußten, hatte die Fluß- und Küstenschiffahrt mit verhältnismäßig besseren Bedingungen zu rechnen. Den Binnenschiffahrtsgesellschaften kam die Transportkrise der Eisenbahnen im gewissen Maße zu statten, und es gibt daher eine ganze Reihe von Unternehmungen der Fluß- und Küstenschiffahrt, welche ihre Dividenden ansehnlich steigern konnten, allerdings auf Kosten von beträchtlich erhöhten Transportsätzen. Indessen muß erwähnt werden, daß auch bis Mitte 1916 ein Stilliegen des Gewerbes insbesondere im Westen eintrat. Die Ursache hiervon war, daß die Binnenschiffahrt in dem Mobilisationsplan in weiterem Umfange nicht aufgenommen war. Erst die zu späte behördliche Erkenntnis der Bedeutung der Binnenschiffahrt als unmittelbares Entlastungs- und Unterstützungsmittel für die Eisenbahn brachte, wenn nicht gerade eine gründliche Besserung, so doch eine zufriedenstellende, insbesondere für die einzelnen Gesellschaftsschiffahrten. Den kleinen

Schiffern erging es indessen ähnlich den Handwerkern, d. h. wir finden hier wieder eine unaufhörliche Aufsaugung durch die Großbetriebe. Die deutsche Binnenschiffahrt ist zurzeit zu einem Drittel in Händen der Kleinschiffer, einzelner Existenzen, die zum Teil einen schweren Kampf um das Dasein zu führen haben. Der kleine Schiffer ist auf seine eigene Arbeitskraft angewiesen, er hat wohl noch den einen oder anderen Schiffergehilfen, aber im wesentlichen bedient er seinen Kahn mit Hilfe seiner Frau. Diese Leute sind durch den Krieg ganz besonders in Mitleidenschaft gezogen worden. Durch rücksichtslose Einberufung eines großen Teiles der Schiffer und des Personals liegt der Schiffsraum brach da. Die Leute sind genötigt, ihre Schulden, die sie auf den Kähnen haben, zu verzinsen und müssen daher in eine üble und schwere Notlage hineingeraten. Auch mit dem Hilfsdienstgesetz trat eine Besserung für sie nicht ein, trotzdem die Schiffahrtei als kriegswichtig anerkannt wurde. Im wesentlichen wurden hierbei die Schiffahrtsgesellschaften berücksichtigt. Abgesehen von der eingetretenen wirtschaftlichen Schädigung des einzelnen Schiffers bedeutet das Brachliegen von einem großen Teil des verfügbaren Schiffsraumes eine gewaltige volkswirtschaftliche Schädigung, umsomehr, als unsere behördlichen Verkehrsmittel, die Eisenbahnen, mit Transporten insbesondere militärischer Natur überlastet sind. Der sich immer fühlbarer machende Mangel an Schiffsraum, ebenso auch die eingetretene gewaltige Steigerung der Transportsätze veranlaßten schließlich die Reichsbehörden zum Eingriff zugunsten der Heeresverwaltung, und zwar zunächst um letzteren die freie Verfügbarkeit über die Transportmittel und Umschlagseinrichtungen der Binnenschiffahrt zu sichern. Durch Bundesratsverordnung vom 17. 8. 1917 wurde die Schiffahrtsabteilung beim Chef des Feldeisenbahnwesens ermächtigt, Höchst- und Mindestpreise für das Schleppen, Beladen und Löschen von Binnenschiffen, sowie für die Miete von Binnenschiffen festzusetzen (§ 2); ferner sind die Besitzer von Binnenschiffen verpflichtet, auf Erfordern der Schiffahrtsabteilung innerhalb der von ihr bestimmten Frist Beförderungen auf dem Wasserwege und das Schleppen von

Binnenschiffen auszuführen und ihre Fahrzeuge der Schiffsabteilung zur Verfügung zu stellen und nötigenfalls auch zum Eigentum zu überlassen § 3; ebenso verhält es sich mit der Überlassung von Einrichtungen zum Beladen und Löschen von Binnenschiffen (Umschlagsvorrichtungen) § 4. Nach § 5 des V. g. ist den Verpflichteten eine angemessene Entschädigung zu zahlen. Dadurch wäre den Kleinschiffern, die infolge des Krieges genötigt waren, ihren Schiffsraum brach liegen zu lassen, endlich die Möglichkeit gegeben, einigermaßen ihren Schiffsraum zu verwerten und Entschädigung dafür zu erhalten. Eine weitere Verordnung des Bundesrats vom 18. August 1917 ermächtigt die Schiffahrtsabteilung beim Chef des Feldeisenbahnwesens, Besitzer von Binnenschiffen auch ohne ihre Zustimmung für bestimmte Bezirke zu Betriebsverbänden zwecks ständiger Beobachtung des Schiffs- und Güterverkehrs auf Binnenwasserstraßen sowie zur Bereithaltung der Binnenschiffe für Heeres- und kriegswirtschaftliche Transporte zu vereinigen.

Diese Maßnahmen machten zunächst den Eindruck eines Gewaltstreiches auf die Binnenschiffahrt und brachten die Befürchtung, daß sie das Vorspiel zu einer allmählichen Übernahme der Verkehrsmittel in staatliche Verwaltung seien. Dagegen spricht vorderhand die Tatsache, daß das Zugriffsrecht einer militärischen Stelle ausschließlich zu Kriegszwecken eingeräumt ist. Was also unwiederbringlich lange Zeit versäumt wurde, versuchen die beiden Bundesratsverordnungen auf dem Gebiet der besseren Materialausnützung für Kriegszwecke nachzuholen. Zweifelsohne hätte man hinsichtlich der Bewertung der Wasserstraßen, die seit alters her den billigsten Verkehr vermitteln, größere Leistungsmöglichkeiten erwarten können, insbesondere was Beförderung von Massengütern anbelangt. Die Wasserstraßen hatten bis vor kurzem sehr wenig dazu beigetragen, den Kriegsanforderungen zu genügen. Die Transporte gingen zu einem großen Teil noch hinter die Friedensleistungen zurück. Es fehlte, man kann es ruhig sagen, bis jetzt an dem nötigen behördlichen Interesse. Der Staat beschränkte sich auf Unterhaltung der bisherigen Verkehrswege, sowie auf Vorschriften über den Schutz der Straßen gegen Beschädigung, über die Benutzung der Straßen durch die verschiedenen Arten der Fahrzeuge, über Verminderung der Gefahren und über Haftpflicht aus dem Verkehr der Schnellfahrzeuge und über die Beteiligung der verschiedenen Stellen an den Kosten der Anlagen und Unterhaltung derselben. Die Beschaffung des eigentlichen Betriebsmaterials war meistens Sache des Privatbesitzers. Eine wohldurchdachte gegenseitige Ergänzung der Transporte für unsere beiden Verkehrseinrichtungen, Eisenbahn und Binnenschiffahrt, hätte bereits in Friedenszeiten in Erwägung gezogen werden können, zum mindesten hätte sie aber im Mobilisationsplan eine Rolle spielen sollen. Viele unnötige Transportschwierigkeiten wären dadurch vermieden worden. Die Hauptsorge des Staates, die wohl auch vom Standpunkt der Finanzen zu begründen ist, lag darin, mit den Verkehrsmitteln verdienen zu wollen, statt in erster Linie dem Verkehr zu dienen. Die Folgen der in Friedenszeiten eingeschlagenen Verkehrspolitik, die Konkurrenz der Binnenschiffahrt möglichst zugunsten der Eisenbahnen auszuschalten, sei es durch Erlaß von Vorschriften, die eine nicht genügende Ausnützung unserer Kanäle zur Folge hatten, oder aber durch ablehnendes Verhalten gegenüber neuen Wasserstraßenprojekten, konnten auch jetzt nicht ausbleiben.

Es fragt sich nun, ob die Erfahrungen des Krieges, insbesondere auf Grund der beiden oben angeführten Bundesratsverordnungen vom 18. August 1917 dazu beitragen werden, eine Änderung in der bisherigen Schiffahrtspolitik zu bewirken. Eine Möglichkeit, die Konkurrenz zwischen Eisenbahn und Kanal ein für allemal in Fortfall zu bringen, wäre ja gegeben durch Organisation der Kanalschiffahrt unter staatlicher Beihilfe und schließliche Monopolisierung dieses Verkehrsweges. Wenn auch dieser Weg mit Rücksicht auf die engen betrieblichen und geschäftlichen Beziehungen der Binnenschiffahrt zum gesamten deutschen Eisenbahnverkehr vielleicht der zweckmäßigste wäre, so lassen doch die vielartigen Verhältnisse in der Binnenschiffahrt Raum zu berechtigtem Zweifel hinsichtlich der Durchführung eines derartigen Monopols.

2. EISENBAHNEN.

In Erkenntnis unserer vorteilhaften militärischen Gesamtlage müssen wir unseren Eisenbahnen den gebührenden Anteil an unseren siegreichen Erfolgen in Ost, Süd und West zumessen. Dank dem vorzüglichen Ausbau des Eisenbahnnetzes und der hervorragenden Organisation des Betriebes haben sie in nicht zu unterschätzender Weise an dem Gelingen der militärischen Unternehmungen mitgeholfen. Über die großen Leistungen der deutschen Eisenbahnen schreibt die „Norddeutsche Allgemeine Zeitung“:

„Der Personenverkehr der deutschen Staatsbahnen hatte in den letzten 12 Friedensmonaten (August 1913 bis Juli 1914) die höchsten bis dahin erzielten Einnahmen gebracht. Im ersten Kriegsjahre (August 1914 bis Juli 1915) blieb demgegenüber die Einnahme um 32,1 Prozent und im zweiten Kriegsjahr um 21 Prozent zurück, dagegen hat sie in dem jetzt abgelaufenen dritten Kriegsjahre jenes hohe Friedensergebnis nicht nur wieder erreicht, sondern noch um 5,3 Prozent überschritten und einen Betrag von 1061 Millionen Mark erbracht. Der Güterverkehr, der im ersten Kriegsjahr gegen das auch hier einen Höchststand zeigende letzte Friedensjahr um 16,3 Prozent zurückgeblieben war, holte das Friedensergebnis bereits im zweiten Kriegsjahr wieder ein, um es im dritten Kriegssjahr mit 2404 Millionen Mark um 8 Prozent zu überschreiten. In diesen Zahlen sind die Einnahmen aus dem Militärverkehr mit enthalten; sie betragen aber im Durchschnitt der drei Kriegsjahre nur ein Achtel der Gesamteinnahmen. Welche Bedeutung der fortschreitenden Entwicklung des Eisenbahnverkehrs in diesem Kriege beizulegen ist, zeigen besonders auch die Einnahmen des August 1917. In diesem Monat hat der Personenverkehr gegenüber August 1916 um 30,6 Prozent gegenüber August 1913, dem letzten zum Vergleich heranzuziehenden Friedensmonat um 14,1 Prozent, der Güterverkehr gegenüber 1916 um 11,6 Prozent gegenüber 1913 um 19,1 Prozent zugenommen. Das sind gewaltige Zahlen, die für die uneingeschränkte Kraft unseres wirtschaftlichen Lebens vollgültiges Zeugnis ablegen.“

Die Richtigkeit dieser Zahlenangabe vorausgesetzt, muß man allerdings in gerechter Beurteilung der Gesamtleistungen der deutschen Eisenbahnen staunen über die trotz großer Personaleinschränkung von den Eisenbahnen bewältigte gewaltige Arbeitsleistung. Immerhin hat sich durch die immer größer werdende Inanspruchnahme der Eisenbahnen, einmal zum Zwecke der Kriegführung, sodann auch infolge der immer mehr um sich greifenden Zentralisation der Produktion, ein äußerst fühlbarer Mangel an Frachtraum ergeben. Einschneidende Maßnahmen mußten ergriffen werden, um den Güterverkehr einigermaßen aufrecht erhalten zu können. Große Schwierigkeiten verursachten insbesondere die Kartoffel- und Lebensmitteltransporte. Es dauerte beispielsweise wochenlang, um einen Transport Kartoffeln vom Osten nach Westen zu bekommen. Die verfügbare Tonnage erwies sich überall zum Transport von Futtermitteln, Kartoffeln, Getreide und anderen Gütern aus den Überschuß- nach den Bedarfsgebieten als nicht ausreichend. Gerade hier hätte sich die bessere Ausnutzung der Wasserwege, wie wir es bereits erwähnt haben, eine gewaltige Entlastung der Eisenbahnen mit sich bringen können. Diese Unterlassungssünden haben sich daher für den gesamten Güterverkehr zum Nachteil der Volkswirtschaft unangenehm bemerkbar gemacht.

3. SONSTIGE TRANSPORTMITTEL, SPEDITIONS- UND FUHRUNTERNEHMUNGEN.

Auch hinsichtlich der An- und Abtransporte der Güter zu und von den Eisenbahnen ergaben sich mit der Zeit starke Schwierigkeiten, durch Mangel an Personal, Zugtieren und Fuhrwerken. Schon Mitte Februar 1917 wurde eine Transportzentrale des Oberkommandos in den Marken ins Leben gerufen, deren Aufgabe es war, die Schwierigkeiten bei der Güterbeförderung in Groß-Berlin zu beheben. Zur Erfüllung ihrer Aufgabe hat die Transportzentrale für die Ausnützung aller militärischen Transportmittel Groß-Berlins, sofern sie nicht für die Feldausbildung der Truppe dringend benötigt werden, Sorge zu tragen. Auch hat sie, unter zu erbittender Ausnützung der vollziehenden Gewalt des Oberkommandos in den Marken oder im Einvernehmen mit den zuständigen Zivilbehörden, auch die nicht militärischen Transportmittel wie Wagen, Zugtiere jeder

Art, Kraftwagen und Straßenbahnen, für ihre Zwecke in möglichst großem Umfange heranzuziehen. Bei dieser Gelegenheit vollzog sich ein Zusammenschluß der Speditions- und Fuhrunternehmungen Groß-Berlins, die der Leitung der Transportzentrale unterstellt wurden. Zur Deckung des Bedarfs an Arbeitskräften wurden der Zentrale militärische Transportarbeiter zugewiesen. Nach und nach gestaltete sich auf Anregung des Kriegsamts die Gesamtan- und -abfuhr der Güter in den größeren Städten ebenfalls einheitlich, zumeist auf dem Wege der Zusammenlegung von Speditionsgeschäften und Fuhrunternehmungen. In vielen Fällen, so auch in Straßburg, wurden zunächst Fuhrausgleichstellen errichtet, die es den angeschlossenen Mitgliedern ermöglichen sollten, durch gegenseitige Aushilfe eine gründliche Ausnützung des im Lohnfuhrgewerbe noch vorhandenen Pferdebestandes zu erreichen. Diese vorläufige Regelung erwies sich nach Ansicht der maßgebenden Stellen als unzureichend. Auf militärische Anordnung wurde demgemäß zur Gründung von Fuhrämtern geschritten mit Zusammenschluß aller derjenigen Fuhr- und Speditionsunternehmungen, die im Besitze von Fuhrwerken sich befanden. An der Spitze dieser Gründung steht ein Aufsichtsrat, in dem ein Vertreter der zuständigen militärischen Kriegsamtstelle den Vorsitz führt und dem je ein Vertreter der Handelskammer, der Staatsbahn, der jeweiligen Stadt, des Spediteurgewerbes und des Handels und der Industrie angehören.

Das Fuhramt regelt den Wagenverkehr. Eine Ausgleichstelle für Gespanne und Wagen ist im Fuhramt mit eingeschlossen. Die geschäftliche Leitung liegt zumeist in Händen von Fachleuten. Die Verteilung des Gewinnes für die angeschlossenen Unternehmungen richtet sich in der Regel nach einem bestimmten Verteilungsschlüssel unter Berücksichtigung der zur Verfügung gestellten Transportmittel.

Wie wir sehen, haben auch hier die Zeitumstände die Erscheinung der Zentralisation im Wege der Zusammenlegung von Unternehmungen hervorgebracht. Die Zusammenlegung im Transportgewerbe ist allerdings besser durchführbar als in manchen anderen Gewerbszweigen, schon im Hinblick darauf, daß die einzelnen Transportmittel sich eher zum Zwecke einer Zentralisation zusammenfassen können, womit auch die anderweitig hervorgerufenen Schwierigkeiten hinsichtlich der Zusammenfassung der Produktionsmittel und des fixen Kapitals leicht behoben werden können. Immerhin frägt es sich noch, ob diese gemeinwirtschaftlichen Bestrebungen auch in diesem Falle restlos den Erwartungen entsprechen werden. In den größeren Städten hat sich zumeist eine spezialisierte Arbeitsteilung im Fuhrwesen entwickelt, beispielsweise hinsichtlich der Beförderung von Massengütern, dann wiederum von Stückgut im Kleinverkehr; es haben sich ferner spezielle Bahnspediteure die Aufgabe gestellt, die An- und Abfuhr der Bahngüter zu bewerkstelligen, andere Unternehmungen haben sich auf Sammelverkehr, wiederum andere auf die Beförderung von Möbeln, Umzügen und dergleichen verlegt. Es wird nun die Erfahrung lehren, ob die ins Leben gerufenen Fuhrämter die glatte Arbeitsentwicklung und die volle Ausnutzung des Betriebsmaterials und des Personals im erwünschten Maße gewährleisten werden.

4. VERKEHRSEINRICHTUNGEN AUF GRUNDLAGE DES KREDITS (BANKWESEN).

Die Kreditvermittlung als das allerwichtigste der Verkehrsmittel darf ich hier nicht unerwähnt lassen. Die Entwickelung in der Organisation der Kreditvermittelung hat sich insbesondere in den letzten Kriegsjahren gewaltig gesteigert, wodurch die Leistungen des wirtschaftlichen Verkehrs ständig in wachsendem Maße befruchtet werden konnten. Insbesondere wurden die Banken Förderer des Unternehmungsgeistes der kapitalistischen Industrie durch die steigende Gewährung von „Produktionskredit“. Hierzu waren sie in der Lage durch die Ansammlung großer Barkapitalien, die durch Verringerung der Vorräte an fertigen Waren und Rohstoffen und durch die rasche Ausgleichung von entstehenden Forderungen für gewaltige Lieferungen bewirkt wurden. Die Anlagen von Effektenwerten usw.

konnten auch überall Verwendung finden. Die Banken waren daher vollauf beschäftigt und haben durchweg günstige Konjunkturen aufzuweisen. Sogar Banken, welche zur Zeit des Krieges sich in ziemlich ungünstiger Lage befanden, verstanden sich in ihrem Stande namhaft zu bessern. So konnte die Nationalbank für Deutschland, Berlin laut Gesellschaftsbericht für 1916 einen Bruttogewinn von Mk. 11 105 829 gegenüber Mk. 10 787 795 pro 1915 ausweisen; nach Abzug der Unkosten, Steuern usw. und Abschreibung auf Mobilien mit Mk. 44 278 und solchen auf Dubiose mit Mk. 360 181 sowie nach Rückstellung von Mk. 100 000 für die Talon- und Wehrsteuerreserve ergibt sich einschl. Vortrag ein Reingewinn von Mk. 5 712 356 gegenüber Mk. 4 974 415 pro 1915, woraus eine Dividende von 4 Prozent pro 1915 zum Vorschlag gebracht wurde.

In Anbetracht der volkswirtschaftlichen Bedeutung der Banken wurden dieselben durchweg als kriegswichtig im Sinne des § 2 des Hilfsdienstgesetzes von den Kriegsamtsstellen anerkannt. Ein anschauliches Bild über die bis Mitte des Jahres 1917 erreichbaren Kursnotierungen einzelner Bank-Aktien erhalten wir durch nachstehende Tabelle, woraus die steigende Tendenz zu entnehmen ist.

Bank-Aktien.

Dividende				Letzter Kurs	Steuerkurs	Kurse am:
1914	1915	1916		1914	31. 12. 16	1917
5	6	7	Berliner Handelsgesellschaft	142,—	149	15. 1. = 150% 16. 5. = 144 7/8 % 24. 5. = 142%
8	8 1/2	10	Diskonto-Gesellschaft	173,25	182	6. 2. = 187%
6	6	8 1/2	Dresdener Bank	139,—	151	4. 6. = 153%
—	—	—	Landbank A. G. Berlin	78,50	55	4. 6. = keine Dividende 1916
10,24	8,97	8,68	Reichsbank	138,—	144	16. 5. = 145% 24. 5. = 142%
6	8	16	Petersburger Internationale Handelsbank	129,25	151	4. 6. = 181 1/2 %

VII. Kapitel.

SCHLUSSBETRACHTUNGEN, RÜCKLEITUNG IN DIE FRIEDENSWIRTSCHAFT.

So sind wir am Ende unserer Betrachtungen angelangt, die uns die durch das Kriegswirtschaftsrecht hervorgerufene Neugestaltung des Wirtschaftslebens schildern sollte, und damit haben wir den Überblick über die Ursache und Wirkung dieser Neugestaltung der wirtschaftlichen Dinge abgeschlossen. Es war allerdings nichts weniger als eine gewaltige Umgestaltung unserer gesamten wirtschaftlichen Verhältnisse, die wir in den vorangegangenen Schilderungen mit durchlebt haben: Recht und Technik, Bevölkerungsschichtung und Bedarfsgestaltung, Produktions- und Absatzverhältnisse haben wir von Grund aus sich wandeln sehen. Als primäre Ursache dieser Wandlung haben wir zunächst zu buchen: die staatserhaltende Notwendigkeit der Verteidigung unserer Grenzen gegen unsere gemeinsamen Feinde, dann die Notwendigkeit, in dem uns aufgezwungenen Kriege dem mehr oder weniger von der ausländischen Zufuhr abgeschnittenen Deutschland das wirtschaftliche Durchhalten zu ermöglichen. Als sekundäre Ursache werden wir die behördlichen Maßnahmen betrachten müssen, die zur Erreichung dieser Staatszwecke notwendig waren. Zunächst mußte der Staat die Theorie des politischen und wirtschaftlichen Liberalismus des 19. Jahrhunderts, der jede staatliche Bevormundung als Eingriff in die persönliche Freiheit des Individuums verwarf, endgültig für die Dauer des Krieges aufgeben und in den Gesamtorganismus unseres Wirtschaftslebens, vielfach unter Benutzung der monopolistischen Wirtschaftsweise, ordnend, unterstützend und abwehrend eingreifen. Die Wirkungen der zu diesem Zwecke ergangenen rechtlichen und wirtschaftlichen Kriegsmaßnahmen haben wir im Einzelnen zum Teil ausführlich, zum Teil nur im Streifbild kennen gelernt. Im wesentlichen brachten sie für die Industrie die Fortsetzung, Begünstigung und Beschleunigung der bereits vor dem Kriege im Aufmarsch sich befindenden Kapitalkonzentrationen infolge der monopolistischen Zusammenziehung der Kräfte in Kartelle und Syndikate. Durch die behördlichen Maßnahmen wurde die Aufsaugung der kleineren Betriebe zugunsten des Großunternehmertums gewaltig gefördert, nicht zuletzt durch Einführung des Hilfsdienstgesetzes. Welche nachteilige Folgen die behördlich sanktionierte kapitalistische Konzentration aller Kräfte insbesondere für das Handwerk und die Kleinschiffahrt brachte, konnten wir in der ökonomischen Erscheinung festlegen, daß durch dieselbe viele Handwerksmeister und auch Kleinschiffer um ihre wirtschaftliche Selbständigkeit kamen. Selbst der durch die äußerste Not geschaffene und befestigte Genossenschaftsgedanke konnte zum Teil das Handwerk vor dem Umschichtungsprozeß zugunsten der kapitalistischen Unternehmungen nicht retten. Im Gegensatz hierzu führte die rationelle Erfassung aller Arbeitskräfte behufs Befriedigung der Bedarfsdeckung an Arbeitskräften als Produktionsfaktor in der immer größer werdenden Produktivität der Kriegswirtschaft zu einer wirtschaftlichen Besserstellung des Lohnarbeiters, wie sie in der Geschichte noch nie zuvor gesehen wurde. Unsere Betrachtungen hinsichtlich der Lohnverhältnisse brachten uns auch zu der Überzeugung, daß die durchschnittlich festgelegten Arbeitslöhne zum großen Teil weit über die Lebensbedürfnisse, selbst bei den jetzigen gesteigerten Kosten der Lebenshaltung, hinausgehen, wobei der Arbeiterstand in ökonomischer Hinsicht manche andere früher wirtschaftlich besser stehenden sozialen Schichten überflügeln konnte.[1]) Auch hinsichtlich des Handels konnten wir als Folge

---

[1]) Wo bleibt hier die Konsequenz der von Ricardo aufgestellten und von Ferdinand Lasalle getauften Theorie des „ehernen Lohngesetzes", welches unter der Herrschaft von Angebot und Nachfrage den durch-

der Kriegsmaßnahmen eine grundstürzende Umgestaltung der wirtschaftlichen Dinge verzeichnen. Durch die Beschlagnahme, Enteignung und behördliche Verteilung der Waren wurde der freie Handel teilweise gänzlich ausgeschaltet, wobei den sogenannten Kriegsgesellschaften Einkaufs- und Betriebsmonopole im weitesten Sinne verliehen wurden. Die unmittelbare Folge hiervon war das Einsetzen von Monopolpreisen unter Ausschaltung der durch den freien Handel bedingten Konkurrenzpreise. Eine Fülle von Nebenerscheinungen, die ebenfalls nicht ohne tief eingreifende Wirkungen in unserem Wirtschaftsleben verblieben, haben wir außerdem gelegentlich unserer Betrachtungen kennen gelernt. Es frägt sich nun, ob bei der jetzigen neuen Gestaltung der Volkswirtschaft, die eine gänzlich andere Machtverteilung auf dem Markte und zwischen den Gesellschaftsklassen, eine ganz neue Art der Preisbildung und Gewinn- bezw. Einkommensverteilung, kurz wirtschaftliche Zustände hervorgerufen hat, die wesentlich von den vor dem Kriege bestandenen verschieden sind, die Rückkehr zu den früheren Verhältnissen sich ermöglichen läßt. Durch Konzentration, Ausdehnung, Angliederung, Zusammenlegung auf der einen, durch Verkleinerung und Stillegung auf der anderen Seite hat sich im Kriege die gegenseitige Konkurrenzfähigkeit der Unternehmungen in vielen Industriezweigen derart verschoben, daß eine Rückkehr zu den vor dem Kriege bestandenen Stärkeverhältnissen und Wettbewerbsaussichten sich nicht ohne weiteres ermöglichen lassen wird. Hier wird das Interesse des Starken und stark Gewordenen zweifelsohne prädominieren und als ein gewaltiger Hemmschuh für eine einigermaßen unveränderte Wiederherstellung aller durch den Krieg gestörten Erwerbsgelegenheiten der einzelnen Unternehmer ins Gesicht fallen. Vor allen Dingen werden sich diejenigen Unternehmungen, deren Produktionsmittel aus den Betrieben herausgezogen worden sind, schwerlich wieder emporringen können.

---

schnittlichen Arbeitslohn immer auf den notwendigsten Lebensunterhalt reduziert, der in einem Volke gewohnheitsmäßig zur Fristung der Existenz und zur Fortpflanzung erforderlich ist?

Es muß daher Aufgabe des Staates sein, den wirtschaftlichen Werten, die einem sicheren Untergange sonst preisgegeben wären, möglichst zu ihrer Existenzfähigkeit bei Wiedereinsetzen der privaten Erwerbswirtschaft zu verhelfen. Da der Friedensschluß einen Abbau der Kriegswirtschaft, insbesondere der Rüstungswerke und eine Umschichtung in die Friedenswirtschaft zur Folge haben wird, so wird es eine Staatsnotwendigkeit sein, die Erfassung und Rückleitung der Arbeitskräfte zur Friedenswirtschaft in ähnlicher Weise zu regeln, wie sie in Kriegszeiten zugunsten der Kriegswirtschaft erfolgt ist. Das Heer von Rüstungsarbeitern müßte unverzüglich der Friedenswirtschaft zugeführt werden. Bei dieser Gelegenheit müßten insbesondere die schwächeren wirtschaftlichen Unternehmungen und Erwerbszweige mit den notwendigen Arbeitskräften und Rohstoffen versehen werden. Es wird Sache des Demobilisationsplanes sein, den richtigen Weg hierzu zu finden.

Zweifelsohne werden auch hinsichtlich der Unterbringung von Arbeitskräften insofern sich Schwierigkeiten erweisen, als viele Unternehmungen mangels Rohstoffzufuhr zunächst nicht in der Lage sein werden, ihre Produktionstätigkeit wieder aufzunehmen. Erst nach vollständiger Befriedigung aller in Betracht kommenden Erwerbszweige könnten für eventuelle überschüssige Arbeitskräfte sogenannte Notstandsarbeiten in Frage kommen. Die Ausführung der für die allmähliche Wiederbelebung unseres Wirtschaftslebens erforderlichen organisatorischen Tätigkeit wäre praktisch in die Hände derjenigen Organe zu legen, die durch das Hilfsdienstgesetz geschaffen wurden. Wenn auch das Hilfsdienstgesetz nur noch einen Monat lang nach Friedensschluß in Geltung bleibt, so halte ich es doch für unumgänglich notwendig, daß die ausführenden Organe dieses Gesetzes mit der Organisation der Rückleitung der Arbeitskräfte in die Privatwirtschaft betraut werden und daß sie so lange in Tätigkeit bleiben, bis dieses Ziel erreicht ist. Daß sich die Rückleitung zur Friedenswirtschaft der in der Kriegsindustrie beschäftigten Arbeiter viel schwieriger gestalten wird, wie es bei der Auflösung des Kriegsheeres der Fall sein wird, geht schon daraus hervor, daß der weitaus größte Teil der Kriegswirtschaft in

Händen von privaten Unternehmungen liegt. In dem Moment des Friedensschlusses wird die Kriegsindustrie, soweit eine Umschichtung in die Friedensindustrie sich bei den Unternehmungen nicht gleich ermöglichen lassen wird, ihre Arbeitskräfte ohne weiteres entlassen, da sie nicht gewillt sein wird, letztere noch längere Zeit zu entlohnen. Ein umfangreicher Wechsel der Arbeitsstellen wird die Folge hiervon sein. Eine organisatorische Tätigkeit muß daher sofort hier eingreifen, um ein planloses Hin- und Herwogen der Arbeitskräfte zu verhindern und ihnen eine zweckmäßige Arbeitsgelegenheit zu verschaffen, wobei die oben angeführten Richtlinien hinsichtlich der Berücksichtigung der schwächeren wirtschaftlichen Unternehmungen und Erwerbszweige nicht außer acht zu lassen wären.

Die Überführung unseres Kriegsheeres in die Privatwirtschaft wird sich demgegenüber leichter bewerkstelligen können, insbesondere weil die Möglichkeit eines allmählichen Abbaues desselben eher gegeben ist. Die Entlassung der Mannschaften kann sich hier nach bestimmten Zielen und Voraussetzungen vollziehen. In erster Linie werden wohl die wirtschaftlich selbständigen Existenzen zur Entlassung kommen, vor allen Dingen aus den Kreisen der Landwirte und der Produktions- und Erwerbszweige. Die Entlassung der wirtschaftlich Unselbständigen wird dann erst in Frage kommen, wenn genügende Arbeitsbedarfsdeckung vorhanden ist. Hier sowohl wie bei unserem Rüstungsheere wird unseren öffentlichen Arbeitsnachweisen die größte und schwierigste Arbeit zufallen. Eine befriedigende Verwirklichung aller zu treffenden organisatorischen Maßnahmen hinsichtlich der Umschichtung der Arbeitskräfte kann nur von dem gemeinsamen Gedanken geleitet sein, sowohl den Lebensinteressen der Arbeitgeber, insbesondere der wirtschaftlich schwächeren zu dienen, durch gerechte Verteilung der Arbeitskräfte, wobei es dem Arbeitgeber überlassen bleiben muß, bei evtl. Zuteilung von früheren Arbeitern oder Angestellten den alten Vertrag wieder aufleben zu lassen oder nicht, als auch die Interessen der Arbeitnehmer zu wahren, insbesondere durch Verhinderung einer Lohndrückerei, wobei die Frage der Minimallöhne (s. Kapitel II Abschn. 2) zu erörtern wäre, dann auch durch Aufrechterhaltung des Rechts der Freizügigkeit derselben. Auch hinsichtlich der Beschaffung und Verteilung der Rohstoffe und Rohmaterialien werden zunächst umfangreiche organisatorische Maßnahmen zu treffen sein.

Die Beschaffung von Rohstoffen aus dem Auslande, insbesondere die alsbaldige Einfuhr von bereits gekauften Waren auf neutralen Märkten, ist mit allen Mitteln zu fördern. Die Maßnahmen hierfür sind abhängig zu machen von dem zur Verfügung stehenden Schiffsraum und dem freibleibenden Frachtraum, der nicht durch die Einbringung von Lebensmitteln in Anspruch genommen wird. Beim Einkauf von Rohstoffen ist einerseits auf die Interessen der Verbraucher Gewicht zu legen, andererseits aber auch auf die Verbesserung unserer Valuta nach Möglichkeit zu achten. Um bei der Verteilung der Rohstoffe im Inlande denjenigen Unternehmungen, deren Erwerbsgelegenheiten durch den Krieg gestört wurden, die Möglichkeit zum Wiederaufbau zu geben, muß die Verteilung auf Grund eines Verteilungsschlüssels erfolgen, dem der durchschnittliche Friedensverbrauch dreier Geschäftsjahre zugrunde gelegt werden soll. Unerläßlich erscheint es mir ferner, daß beim Ankauf der Industrie-Rohstoffe die berufenen Kreise des Großhandels, deren Erfahrung und Warenkunde, deren Kenntnis der bisherigen und deren Scharfsinn in der Auffindung neuer Bezugsquellen und Absatzwege zu einer erfolgreichen wirtschaftlichen Betätigung unentbehrlich sind, auch in der Übergangswirtschaft nicht ausgeschaltet werden. Der Gang der wirtschaftlichen Entwickelung hat gezeigt, daß die Tendenz immer mehr zur Geltung kam, das Handelskapital, das bisher in gewissem Maße das Interesse des Konsumenten vertreten hatte, dem industriellen Kapital zu unterwerfen, wodurch die Befürchtung berechtigt erscheint, daß die Konsumenten schließlich der Willkür der Produzenten preisgegeben werden. Angesichts dieser Tatsache scheinen indessen die bereits im August 1917 gefaßten Pläne für Vorarbeiten zur Übergangswirtschaft keine allzu großen Hoffnungen aufkommen zu lassen hinsichtlich einer Änderung der eingeschlagenen Wege der Bevorzugung der Industrie zu Ungunsten des Handels. Man beabsichtigt nach dem Kriege der Industrie einseitig Devise (d. h. ausländische Valuta) und Tonnage behördlicherseits für den Ankauf von Industrie-Rohstoffen zuzuteilen, wobei es der Industrie überlassen bleiben soll, sich mit dem Einfuhrhandel dahin zu verständigen, wieviel Devise und Tonnage sie ihm übertragen will. Durch diese Maßnahme, die wohl nur als ein Provisorium zu betrachten sein wird, würde der Auslandshandel sich damit abfinden müssen, Kommissionär der Industrie zu werden. Es kann indessen nicht eindringlich genug darauf hingewiesen werden, wie wichtig es für Deutschlands nationale Wirtschaft ist, die abgerissenen Fäden im internationalen Handel sobald wie möglich wieder anzuspinnen, und daß, um dies zu erreichen, nichts geeigneter erscheint, als die umfassendste Wiederaufnahme früherer langjähriger Verbindungen.

Man wird mir nur hier entgegenstellen können, daß dies bei der Unterwertung unserer Valuta vor der Hand nicht durchführbar ist. Gewiß, eine unterwertige Valuta erschwert die Einfuhr und kann die unangenehmsten Folgen für alle Verbraucher haben, insofern als sie zur Verteuerung der ganzen Lebenshaltung beiträgt. Indessen ist die Konjunktur für internationale Wechsel nicht nur von der Zahlungsbilanz zweier Länder abhängig zu machen, vielmehr wird sie, wie bei jeder Preisbildung, vielfach aus psychischen Motiven bestimmt. So konnte auch anläßlich der Friedensaussichten mit Rußland unsere Währung im Monat Januar 1918 in Zürich von 59 auf 90 Frcs. steigen, ohne daß hierbei wesentliche wirtschaftliche Momente in Frage gekommen wären. Daher kann man jetzt schon darauf schließen, daß bald nach Eröffnung sämtlicher Grenzen für unseren ausländischen Handel bei zunächstiger Beschränkung der Einfuhr auf unsere notwendigsten Rohstoffe und Lebensmittel und bei kräftiger Förderung der Ausfuhr unsere Valuta zu ihrem alten Stand wieder zurückkehren wird. Aus dem Grunde ist auch die sofortige Verkehrsfreiheit nach Friedensschluß zunächst unter den eben angedeuteten Beschränkungen für den Auslandshandel zu fordern. Was den Inlandshandel anbelangt, so müssen die jetzt bestehenden Maßnahmen so lange erhalten bleiben, bis nach genügender Vorbereitung durch den Auslandshandel die

Gefahren für die Lebenshaltung der breiten Massen allmählich beseitigt werden können.

Die Voraussetzung für die Wiederbelebung des Wirtschaftslebens wird dann die allmähliche Aufhebung und Rückleitung der durch den Kriegszustand geschaffenen Notverordnungen und Kriegsgesellschaften sein. Dann soll aber auch der freie, konkurrenzfähige Handel durch Freigabe beschlagnahmter und rationierter Rohstoffe und Fertigwaren, Wiederaufnahme des Verkehrs an Effekten- und Produktenbörsen, Förderung der deutschen Waren- und Terminmärkte sowie Messen wiederhergestellt werden, denn die Herstellung der vor dem Kriege geltenden Wirtschaftsformen ist die Voraussetzung für die Wiederbelebung des Friedenshandels.

Somit wären wir auch zum Schluß unserer Betrachtungen hinsichtlich der Rückleitung in die Friedenswirtschaft angelangt. Es hätte uns zu weit geführt, auf die Einzelheiten des gewaltigen Problems, das uns noch bevorsteht, näher einzugehen, da sie bereits die Grenzen unseres Untersuchungsgebietes überschreiten. Eine Fülle von Aufgaben, insbesondere hinsichtlich der sozialen Politik, werden bei Einsetzen der Friedenswirtschaft ihrer unverzüglichen Lösung harren. Ich nenne nur die weitgehende Gewährung von Personalkredit insbesondere durch Hebung des Kreditwesens auf genossenschaftlicher Grundlage und vorläufige Beibehaltung der Kriegskreditkassen, ferner das restlose Wiederaufleben der durch die Kriegsgesetzgebung stark vernachlässigten Arbeiterschutzgesetzgebung, sodann reichsgesetzliche Maßnahmen auf dem Gebiete der Arbeitslosenversicherung und dergleichen mehr. Zweifellos wird die Wiederherstellung unseres Wirtschaftslebens viel Geschick und Arbeit erfordern. Letzten Endes wird die friedliche produktive Leistung des deutschen Volkes auch hier wie auf allen Gebieten als Arzt auftreten und die durch den Krieg unserem Wirtschaftsleben zugefügten Wunden heilen müssen, trotz aller Neuschöpfungen unserer Kriegswirtschaftspolitik, welche auf dem Prinzip engster Zusammengehörigkeit und Interessengemeinschaft unter starker Zurückdrängung des Individualismus aufgebaut wurden.

BEKANNTMACHUNG ÜBER DIE ERRICHTUNG VON HERSTELLUNGS- UND VERTRIEBSGESELLSCHAFTEN IN DER SCHUHINDUSTRIE,

vom 17. März 1917.

Der Bundesrat hat auf Grund des § 3 des Gesetzes über die Ermächtigung des Bundesrats zu wirtschaftlichen Maßnahmen usw. vom 4. August 1914 (Reichs-Gesetzbl. S. 327) folgende Verordnung erlassen:

Artikel I.

Der Reichskanzler wird ermächtigt, die Hersteller von Schuhwaren jeder Art, soweit sie bereits vor dem 1. August 1914 Schuhwaren hergestellt haben, auch ohne ihre Zustimmung zu Gesellschaften zu vereinigen, denen die Regelung der Herstellung und der Absatz nach Maßgabe der verfügbaren Rohstoffe und der volkswirtschaftlichen Bedürfnisse obliegt. Unter besonderen Verhältnissen kann der Reichskanzler auf Antrag der Landeszentralbehörden anordnen, daß auch ein Betrieb, der erst nach dem 1. August 1914 mit der Herstellung von Schuhwaren begonnen hat, in eine Gesellschaft aufgenommen wird.

Dieser Vorschrift unterliegen nicht

1. Betriebe der Heeresverwaltungen und der Marineverwaltung,
2. Betriebe, in denen Schuhwaren nur handwerksmäßig hergestellt werden.

Schuhwaren im Sinne dieser Verordnung sind nicht Schäfte sowie Holzschuhe, die ganz aus Holz oder aus Holz in Verbindung mit einer Spange von höchstens 2 Zentimeter Breite oder einem Kissen hergestellt sind.

Artikel II.

Für die auf Grund des Artikel I errichteten Gesellschaften gelten folgende Bestimmungen:

§ 1.

Die Rechtsverhältnisse der Gesellschaften und der Gesellschafter werden, soweit sie nicht in dieser Verordnung geregelt sind, durch die Satzung bestimmt.

Die Satzung wird vom Reichskanzler erlassen. Sie ist durch den

Deutschen Reichs-Anzeiger bekanntzumachen. Mit der Bekanntmachung der Satzung entsteht die Gesellschaft.

Die Gesellschaften sind rechtsfähig. Ihren Namen, Sitz und örtlichen Bereich bestimmt der Reichskanzler.

§ 2.

Die Satzung betrifft Bestimmungen über

1. den Zeitpunkt, von dem ab die Gesellschaft die Regelung der Herstellung sowie den Absatz übernimmt (Geschäftsbeginn);
2. die Gegenstände, über die die Gesellschafterversammlung zu beschließen hat, sowie die Form ihrer Einberufung, das Stimmrecht und die Vertretung der Gesellschafter;
3. die Zusammensetzung und die Ernennung, die Amtsdauer und die Befugnisse des Vorstandes und der anderen Gesellschaftsorgane, ihre Einberufung und Beschlußfassung, die Vertretung, insbesondere die Zeichnung schriftlicher Erklärungen und die Beurkundung ihrer Beschlüsse;
4. die Höhe des Betriebskapitals und die Art seiner Aufbringung sowie die Beiträge der Gesellschafter;
5. die Regelung des Absatzes durch die Gesellschaft und die Festsetzung der Preise und der Lieferungsbedingungen;
6. die Ueberwachung der Mitglieder und ihrer Betriebe;
7. die Festsetzung von Ordnungsstrafen;
8. die Form für die Bekanntmachungen der Gesellschaft;
9. die Aufstellung, Prüfung und Abnahme der Jahresrechnungen;
10. die Auflösung und Liquidation der Gesellschaft.

§ 3.

Soweit nicht die Satzung Ausnahmen zuläßt, sind die Gesellschafter verpflichtet, von Geschäftsbeginn der Gesellschaft ab ihre Erzeugnisse an Schuhwaren der Gesellschaft zum Zwecke des Absatzes zu überlassen.

§ 4.

Zur Überwachung der Herstellung und des Absatzes wird ein Ausschuß (Überwachungsausschuß der Schuhindustrie) gebildet.

Der Überwachungsauschuß besteht aus einem Vorsitzenden, einem Stellvertreter und höchstens weiteren fünfundzwanzig Mitgliedern. Der Vorsitzende, sein Stellvertreter und die weiteren Mitglieder werden vom Reichskanzler ernannt und abberufen. Ihr Amt ist ein Ehrenamt.

Dem Überwachungsausschuß gehört ferner ein Vertreter des Reichskanzlers an.

Dem Überwachungsausschuß wird ein Beirat von sieben Mitgliedern beigegeben, die den Kreisen des Schuhhandels und der Verbraucher angehören. Die Mitglieder werden vom Reichskanzler ernannt und abberufen. Ihr Amt ist ein Ehrenamt.

Der Überwachungsausschuß ist rechtsfähig. Er wird durch den Vorsitzenden vertreten.

Der Reichskanzler kann eine Geschäftsordnung für den Überwachungsausschuß erlassen.

§ 5.

Der Überwachungsausschuß erteilt den Gesellschaften und ihren Mitgliedern unbeschadet der Vorschrift des § 3 Anweisungen über Art, Ort und Umfang der Erzeugung, über den Absatz und über die Verkaufspreise.

Er verteilt die Rohstoffe und vermittelt die Verteilung der Aufträge der Heeresverwaltungen und der Marineverwaltung.

Er überwacht die Tätigkeit der Gesellschaften und stellt fest, welche Betriebe unter die Vorschrift des Artikels I, Abs. 1, fallen. Er kann Betriebe auf ihren Antrag von der Zugehörigkeit zu einer Gesellschaft entbinden.

Er verwaltet eine Ausgleichskasse, aus der denjenigen Gesellschaften Beiträge zu zahlen sind, bei denen infolge seiner Anordnungen das Verhältnis der auf die Gesellschafter entfallenden Gewinnanteile zu dem Umsatz der Gesellschafter in der Zeit vom 1. Juli 1913 bis zum 30. Juni 1914 sich ungünstiger gestaltet hat als bei dem Durchschnitt der Gesellschaften.

§ 6.

Der Überwachungsausschuß untersteht der Aufsicht des Reichskanzlers.

Der Vorsitzende des Überwachungsausschusses ist verpflichtet, den Vertreter des Reichskanzlers über alle wichtigen Vorgänge auf dem Laufenden zu erhalten und ihm auf Verlangen Auskunft zu geben.

Bei den Beschlußfassungen des Überwachungsausschusses hat der Vertreter des Reichskanzlers beratende Stimme. Er kann Beschlüsse wegen Verletzung der Gesetze oder öffentlicher Interessen beanstanden. Der Reichskanzler entscheidet über die Berechtigung der Beanstandung. Die Ausführung der Beschlüsse hat solange zu unterbleiben, als nicht der Reichskanzler die Beanstandung für unberechtigt erklärt hat.

§ 7.

Die Mittel, deren der Überwachungsausschuß zur Durchführung seiner Aufgaben bedarf, werden im Wege der Umlage von den Gesellschaften aufgebracht. Die Höhe der Umlage und die Zeit der Entrichtung bestimmt der Überwachungsausschuß.

§ 8.

Rechtsgeschäftliche Verfügungen der Gesellschafter über Rohstoffe oder Halberzeugnisse, die den Gesellschaften von dem Überwachungsausschuß oder durch seine Vermittlung zugeteilt sind, sowie über daraus hergestellte Erzeugnisse sind unbeschadet der Vorschrift des § 3 nur mit Zustimmung des Überwachungsausschusses zulässig. Entgegenstehende Verfügungen sind nichtig. Den rechtsgeschäftlichen Verfügungen stehen Verfügungen gleich, die im Wege der Zwangsvollstreckung oder Arrestvollziehung erfolgen.

§ 9.

Die Mitglieder des Überwachungsausschusses, des Vorstands einer Gesellschaft sowie die von ihnen beauftragten Vertrauensmänner und Sachverständigen sind, vorbehaltlich der dienstlichen Berichterstattung und der Anzeige von Gesetzwidrigkeiten, verpflichtet, über die Einrichtungen und Geschäftsverhältnisse, die durch ihre Tätigkeit zu ihrer Kenntnis kommen, Verschwiegenheit zu beobachten und sich der Mitteilung und Verwertung der Geschäfts- und Betriebsgeheimnisse zu enthalten.

§ 10.

Mit Gefängnis bis zu einem Jahre und mit Geldstrafe bis zu fünfzehntausend Mark oder mit einer dieser Strafen wird bestraft, wer, nachdem der Überwachungsausschuß seine Zugehörigkeit zu einer Gesellschaft der im Artikel I bezeichneten Art festgestellt hat,

1. Schuhwaren ohne Zustimmung des Überwachungsausschusses herstellt;
2. der Vorschrift des § 3 zuwider Erzeugnisse der Gesellschaft nicht überläßt;
3. einer nach § 5, Abs. 1, erteilten Anweisung des Überwachungsausschusses zuwiderhandelt;
4. Rohstoffe oder Halberzeugnisse, die ihm von dem Überwachungsausschuß oder durch dessen Vermittlung zugeteilt sind, zerstört oder beiseiteschafft oder darüber entgegen den Vorschriften des § 8 ohne Zustimmung des Überwachungsausschusses verfügt.

Neben der Strafe kann auf Einziehung der Gegenstände erkannt werden, auf die sich die strafbare Handlung bezieht, ohne Unterschied, ob sie dem Täter gehören oder nicht.

§ 11.

Mit Gefängnis bis zu einem Jahre und mit Geldstrafe bis zu fünfzehntausend Mark oder mit einer dieser Strafen wird bestraft, wer den Vorschriften des § 9 zuwider Verschwiegenheit nicht beobachtet oder der Mitteilung oder Verwertung von Geschäfts- oder Betriebsgeheimnissen sich nicht enthält.

Die Strafverfolgung tritt nur auf Antrag ein.

Artikel III.

§ 1.

Hersteller von Schuhwaren jeder Art haben dem Überwachungsausschuß auf Verlangen Auskunft über ihren Betrieb, ihre Bestände an Rohstoffen, Halberzeugnissen und Fertigerzeugnissen sowie über ihre Fabrikationsmittel zu erteilen. Das Verlangen kann durch öffentliche Bekanntmachung gestellt werden.

§ 2.

Der Überwachungsausschuß kann verlangen, daß Hersteller von Schuhwaren ihre Bestände an Rohstoffen, Halberzeugnissen und Fertigerzeugnissen sowie ihre Fabrikationsmittel einer Gesellschaft gegen eine angemessene Vergütung zu Eigentum oder zur Benutzung überlassen. Das Entgelt wird im Streitfall durch ein Schiedsgericht (§ 5) endgültig festgesetzt.

Wird die Überlassung zu Eigentum verlangt, so geht das Eigentum in dem Augenblick auf die Gesellschaft über, in dem das Verlangen dem Hersteller oder Inhaber des Gewahrsams zugeht.

Der Überwachungsausschuß kann die Gegenstände, deren Überlassung an eine Gesellschaft er verlangen kann, beschlagnahmen. Die Beschlagnahme hat die Wirkung, daß die Vornahme von Veränderungen an den von ihr berührten Gegenständen verboten ist und rechtsgeschäftliche Verfügungen über sie nichtig sind. Den rechtsgeschäftlichen Verfügungen stehen Verfügungen gleich, die im Wege der Zwangsvollstreckung oder Arrestvollziehung erfolgen.

§ 3.

Mit Gefängnis bis zu einem Jahre und mit Geldstrafe bis zu fünfzehntausend Mark oder mit einer dieser Strafen wird bestraft:

1. wer die gemäß § 1 erforderte Auskunft innerhalb der gesetzten Frist nicht erteilt oder wissentlich unrichtige oder unvollständige Angaben macht;
2. wer unbefugt einen gemäß § 2, Abs. 3, beschlagnahmten Gegenstand beiseiteschafft, beschädigt oder zerstört, verwendet, verkauft oder kauft oder ein anderes Veräußerungs- oder Erwerbsgeschäft über ihn abschließt;
3. wer einem gemäß § 2, Abs. 1, gestellten Überlassungsverlangen innerhalb der gesetzten Frist nicht nachkommt.

Neben der Strafe kann auf Einziehung der Gegenstände erkannt werden, auf die sich die strafbare Handlung bezieht, ohne Unterschied, ob sie dem Täter gehören oder nicht.

§ 4.

Mit Gefängnis bis zu einem Jahre und mit Geldstrafe bis zu fünfzehntausend Mark oder mit einer dieser Strafen wird bestraft, wer gewerbsmäßig, ohne einer auf Grund des Artikel I errichteten Gesellschaft anzugehören, Schuhwaren herstellt. Dies gilt nicht für die im Artikel I, Abs. 2, bezeichneten Betriebe.

Neben der Strafe kann auf Einziehung der Gegenstände erkannt werden, auf die sich die strafbare Handlung bezieht, ohne Unterschied, ob sie dem Täter gehören oder nicht.

§ 5.

Streitigkeiten, die sich zwischen einer Gesellschaft und Gesellschaftern aus dem Gesellschaftsverhältnis oder zwischen einer Gesellschaft und ihren Abnehmern aus dem Lieferungsvertrag oder zwischen einer Gesellschaft und Herstellern aus der Überlassungspflicht gemäß § 2 ergeben, werden, soweit nicht die Verordnung oder die Satzung ein Anderes bestimmt, durch ein Schiedsgericht von 3 Mitgliedern endgültig entschieden. Für den Bezirk jeder Gesellschaft wird ein Schiedsgericht gebildet. Die Mitglieder werden von der Landeszentralbehörde des Bundesstaats ernannt, in dem die Gesellschaft ihren Sitz hat. Der Vorsitzende muß zum Richteramte befähigt sein. Von den Beisitzern soll für die Entscheidung von Streitfällen zwischen einer Gesellschaft und ihren Abnehmern je einer dem Kreise der Hersteller und dem Kreise des Handels entnommen sein, für die Entscheidung der übrigen Streitfälle sollen beide Beisitzer dem Kreise der Hersteller entnommen sein.

Örtlich zuständig ist das Schiedsgericht, das für den Bezirk der beteiligten Gesellschaft gebildet ist.

Der Reichskanzler kann Vorschriften über das Verfahren vor dem Schiedsgericht erlassen.

Artikel IV.

Artikel I, II und Artikel III §§ 1, 2, 3, 5 treten am 26. März 1917, Artikel III § 4 am 1. Mai 1917 in Kraft. Der Reichskanzler bestimmt den Zeitpunkt des Außerkrafttretens.

Mit dem Zeitpunkt des Außerkrafttretens der Verordnung gelten die gemäß Artikel I errichteten Gesellschaften als aufgelöst.

Berlin, den 17. März 1917.

Der Stellvertreter des Reichskanzlers
Dr. Helfferich.

SATZUNG

FÜR DIE AUF GRUND DER VERORDNUNG VOM 17. MÄRZ 1917 ÜBER DIE ERRICHTUNG VON HERSTELLUNGS- UND VERTRIEBSGESELLSCHAFTEN IN DER SCHUHINDUSTRIE ERRICHTETEN GESELLSCHAFTEN.

Auf Grund des Artikels II § 1 der Verordnung über die Errichtung von Herstellungs- und Vertriebsgesellschaften in der Schuhindustrie vom 17. März 1917 (Reichs-Gesetzblatt S. 236) wird nachstehende Satzung erlassen:

I. NAME UND SITZ DER GESELLSCHAFT. GESELLSCHAFTER. ZWECK DER GESELLSCHAFT. BETRIEBSKAPITAL.

§ 1.
Name und Sitz.

Die Hersteller von Schuhwaren jeder Art, die bereits vor dem 1. August 1914 Schuhwaren hergestellt haben und innerhalb eines durch besondere Bekanntmachung des Reichskanzlers bestimmten Bezirkes ihre Niederlassung haben, werden zu einer Gesellschaft unter dem Namen

„Schuhwarenherstellungs- und Vertriebsgesellschaft"

vereinigt. Ausgenommen bleiben die im Art. 1, Abs. 2, der Verordnung vom 17. März 1917 (Reichs-Gesetzbl. S. 236) bezeichneten Betriebe.

Der Sitz der Gesellschaft ist durch besondere Bekanntmachung des Reichskanzlers bestimmt.

§ 2.
Gesellschafter.

Gesellschafter sind die jeweiligen Inhaber der nach § 1, Abs. 1, unter die Satzung fallenden Betriebe.

Ein Verzeichnis der Gesellschafter ist vom Vorstand (Verteilungsausschuß) aufzustellen und laufend zu führen.

§ 3.
Zweck der Gesellschaft.

Die Gesellschaft bezweckt, die Herstellung und den Absatz von Schuhwaren jeder Art nach Maßgabe der verfügbaren Rohstoffe und der volkswirtschaftlichen Bedürfnisse zu regeln.

§ 4.

Geschäftsbeginn.

Die Gesellschaft übernimmt die Durchführung der im § 3 bezeichneten Aufgaben vom 20. April 1917 ab.

§ 5.

Betriebskapital.

Das Betriebskapital beträgt einhunderttausend Mark. Es ist von den Gesellschaftern aufzubringen. Die Höhe der Beiträge wird vom Überwachungsausschusse bestimmt. Den Zeitpunkt der Einzahlungen bestimmt der Verteilungsausschuß.

Werden die Beiträge nicht innerhalb der gesetzten Frist entrichtet, so werden sie auf Antrag des Verteilungsausschusses nach den landesgesetzlichen Vorschriften über die Betreibung öffentlicher Abgaben beigetrieben.

II. VERWALTUNG UND VERTRETUNG DER GESELLSCHAFT.

§ 6.

Gesellschaftsorgane.

Organe der Gesellschaft sind:

1. die Versammlung der Gesellschafter,
2. der Vorstand (Verteilungsausschuß).

§ 7.

Gesellschafterversammlung, Stimmrecht.

Die Gesellschafterversammlung besteht aus sämtlichen Gesellschaftern.

Das Stimmrecht richtet sich nach der Höhe der von den Gesellschaftern zu zahlenden Beiträge. Je angefangene 10 Mk. gewähren eine Stimme.

§ 8.

Gegenstände der Beschlußfassung.

Die Gesellschafterversammlung macht dem Überwachungsausschusse Vorschläge für die Besetzung des Verteilungsausschusses und nimmt die Berichte des Vorsitzenden des Verteilungsausschusses entgegen.

§ 9.

Einberufung.

Die Gesellschafterversammlung wird durch den Vorsitzenden des Verteilungsausschusses berufen. Die Berufung erfolgt in jedem Geschäftsjahr mindestens einmal.

§ 10.

Vorsitz. Form der Einladung.

Der Vorsitzende des Verteilungsausschusses ist zugleich Vorsitzender der Gesellschafterversammlung.

Die Einladungen zur Gesellschafterversammlung erläßt der Vorsitzende durch öffentliche Bekanntmachung.

§ 11.

Beschlußfassung.

Die Gesellschafterversammlung ist ohne Rücksicht auf die Zahl der anwesenden Mitglieder beschlußfähig.

Die Gesellschafterversammlung faßt ihre Beschlüsse mit Stimmenmehrheit. Bei Stimmengleichheit gilt ein Antrag als abgelehnt.

§ 12.

Ausübung des Stimmrechts durch Vertreter.

Die Gesellschafter können sich in der Versammlung durch Bevollmächtigte vertreten lassen. Die Vollmacht bedarf der Schriftform.

§ 13.

Niederschrift.

Über die Beschlüsse der Versammlung ist eine Niederschrift aufzunehmen, die vom Vorsitzenden vollzogen wird.

§ 14.

Vorstand (Verteilungsausschuß).

Der Vorstand (Verteilungsausschuß) besteht aus einem Vorsitzenden und zwei bis vier Mitgliedern. Der Vorsitzende und die Mitglieder werden vom Überwachungsausschusse der Schuhindustrie bestellt und abberufen. Dem Verteilungsausschusse sollen auch Vertreter der zurzeit nicht arbeitenden Betriebe angehören. Das Amt des Vorsitzenden und der Mitglieder des Verteilungsausschusses ist ein Ehrenamt.

Der Verteilungsausschuß vertritt die Gesellschaft gerichtlich und außergerichtlich. Er hat die Stellung eines gesetzlichen Vertreters.

§ 15.

Befugnisse.

Dem Verteilungsausschusse liegt insbesondere ob:

1. die Aufstellung der Jahresrechnung und die Erstattung des Rechenschaftsberichts an den Überwachungsausschuß der Schuhindustrie,
2. die Anstellung der Gesellschaftsangestellten,
3. die Aufgabe, die Anordnungen des Überwachungsausschusses durchzuführen und deren Beachtung bei den Gesellschaftern zu überwachen,

4. die Aufstellung des Verteilungsplans für den Versand der in dem Bezirke hergestellten Erzeugnisse auf Grund der Anordnungen des Überwachungsausschusses.

§ 16.

Geschäftsordnung.

Die Geschäftsordnung des Verteilungsausschusses wird von dem Überwachungsausschusse der Schuhindustrie erlassen.

§ 17.

Vertrauensmänner.

Der Verteilungsausschuß kann für einzelne Plätze und Bezirke Vertrauensmänner bestimmen, die ihn bei der Überwachung der Gesellschaft zu unterstützen haben. Die Vertrauensmänner können zu den Sitzungen des Verteilungsausschusses mit beratender Stimme zugezogen werden. Ihr Amt ist ein Ehrenamt.

§ 18.

Sitzung.

Der Verteilungsausschuß tritt zusammen, wenn der Vorsitzende es für erforderlich hält.

§ 19.

Beschlußfassung.

Der Verteilungsausschuß ist bei Anwesenheit von drei Mitgliedern einschließlich des Vorsitzenden beschlußfähig. Er beschließt nach Stimmenmehrheit der Erschienenen, bei Stimmengleichheit gibt die Stimme des Vorsitzenden den Ausschlag.

Ist der Verteilungsausschuß nicht beschlußfähig, so hat der Vorsitzende unverzüglich eine neue Sitzung mit der gleichen Tagesordnung anzuberaumen unter Hinweis darauf, daß der Verteilungsausschuß in dieser Sitzung ohne Rücksicht auf die Zahl der anwesenden Mitglieder beschlußfähig ist.

§ 20.

Niederschrift.

Über die Beschlüsse des Verteilungssausschusses ist eine Niederschrift aufzunehmen und von dem Vorsitzenden zu unterzeichnen.

§ 21.

Zeichnung.

Schriftliche Erklärungen des Verteilungsausschusses, die die Gesellschaft verpflichten sollen, sind von dem Vorsitzenden und einem Mitgliede zu unterzeichnen, soweit nicht der Verteilungsausschuß die Befugnis zur Zeichnung von schriftlichen Erklärungen der Gesellschaft den Geschäftsführern oder anderen Angestellten der Gesellschaft überträgt.

§ 22.

Geschäftsführer.

Zur Führung der laufenden Geschäfte werden von dem Verteilungsausschuß ein oder mehrere Geschäftsführer bestellt. Sie besorgen insbesondere den gesamten Schriftverkehr, soweit er ihnen übertragen wird, und erledigen die ihnen sonst vom Verteilungsausschuß überwiesenen Geschäfte.

Sie unterstehen der Aufsicht des Verteilungsausschusses und sind an dessen Anweisungen gebunden.

Ihre Bestellung ist jederzeit widerruflich, unbeschadet der ihnen auf Grund des Dienstvertrages zustehenden Rechte.

III. LEISTUNGEN DER GESELLSCHAFTER.

§ 23.

Herstellung und Lieferung.

Die Gesellschafter sind verpflichtet, Schuhwaren nach den Weisungen des Überwachungsausschusses herzustellen und der Gesellschaft zum Zwecke des Abatzes zu überlassen. Von der Überlassungspflicht sind zwei vom Tausend der monatlichen Erzeugung, mindestens ein Paar monatlich, befreit.

Der Überwachungsausschuß bestimmt endgültig die Beteiligung der Gesellschafter an der Herstellung von Schuhwaren.

§ 24.

Sonstige Leistungen.

Gesellschafter, die ihre zur Herstellung von Schuhwaren bestimmten Fabrikationsmittel, z. B. Grundstücke, Gebäude und Einrichtungen, ganz oder teilweise anderweitig verwerten, haben nach näherer Bestimmung des Überwachungsausschusses Abgaben an den Verteilungsausschuß zu zahlen.

IV. ABSATZ, VERKAUFSSTELLE, FESTSETZUNG DER PREISE.

§ 25.

Absatz für Rechnung der Gesellschaft.

Der Absatz der von den Gesellschaftern hergestellten Schuhwaren erfolgt durch die Gesellschaft im eigenen Namen und für eigene Rechnung.

Die Gesellschafter sind verpflichtet, bei Ausführung aller auf den Absatz bezüglichen Aufträge den Weisungen des Verteilungsausschusses Folge zu leisten. Sie haften der Gesellschaft für gute und vorschriftsmäßige Lieferung. In Streitfällen entscheidet das Schiedsgericht (Art. III, § 5 der Verordnung vom 17. März 1917, Reichs-Gesetzbl. S. 240/1) endgültig.

§ 26.

Nachweisungen der Erzeugnisse.

Die Gesellschafter sind verpflichtet, dem Verteilungsausschusse Nachweisungen über ihre gesamte Erzeugung sowie über jeden nach Anweisung des Verteilungsausschusses ausgeführten Auftrag in der vom Verteilungausschusse festgesetzten Form und Frist einzureichen.

§ 27.

Festsetzung der Preise und Lieferungsbedingungen.

Die Lieferungsbedingungen und die Verkaufspreise werden vom Überwachungsausschusse festgesetzt.

§ 28.

Übernahmepreise.

Der Übernahmepreis für die von den Gesellschaftern der Gesellschaft überlassenen Erzeugnisse wird von dem Verteilungsausschusse nach näherer Anweisung des Überwachungsausschusses festgesetzt. Die Zahlung hat innerhalb eines Monats nach der Ablieferung der Erzeugnisse zu geschehen.

Ist der Gesellschafter mit dem festgesetzten Preise nicht einverstanden, so entscheidet das Schiedsgericht (Artikel III, § 5 der Verordnung vom 17. März 1917, Reichs-Gesetzbl. S. 240/1) endgültig.

§ 29.

Verwendung des Gewinnes.

Über die Verwendung des den Übernahmepreis übersteigenden Teiles des Verkaufspreises sowie der gemäß § 24 von den Gesellschaftern zu zahlenden Beträge bestimmt der Überwachungsausschuß.

Er setzt insbesondere fest, wieviel zur Deckung der Verwaltungskosten der Gesellschaft, zur Gewinnverteilung an die Gesellschafter zu verwenden und wieviel an den Überwachungsausschuß abzuführen ist.

V. AUFLÖSUNG UND LIQUIDATION.

§ 30.

Die Gesellschaft wird aufgelöst, wenn die Verordnung des Bundesrats vom 17. März 1917 (Reichs-Gesetzbl. S. 236) außer Kraft tritt. Die Auflösung wird durch den Reichskanzler im Reichs-Anzeiger bekanntgemacht.

Die Liquidation erfolgt durch die Mitglieder des Verteilungsausschusses als Liquidatoren, sofern nicht der Verteilungsausschuß andere Personen dazu bestimmt.

Das nach Deckung der Verbindlichkeiten verbleibende Vermögen wird unter die Gesellschafter nach Verhältnis der Beteiligung am Gesellschaftskapital verteilt.

VI. SCHLUSSBESTIMMUNGEN.

§ 31.

Geschäftsjahr.

Das Geschäftsjahr ist das Kalenderjahr. Das erste Geschäftsjahr endet mit dem 31. Dezember 1917.

§ 32.

Geschäftsbericht.

Der Verteilungsausschuß hat für jedes verflossene Geschäftsjahr in den ersten sechs Monaten des folgenden Geschäftsjahres eine Bilanz sowie eine Gewinn- und Verlustrechnung aufzustellen und diese nebst einem den Vermögensstand und die Verhältnisse der Gesellschaft darstellenden Bericht (Jahresbericht) der Gesellschaftsversammlung und dem Überwachungsausschusse vorzulegen. Die Prüfung und Abnahme der Jahresrechnung erfolgt durch den Überwachungsausschuß.

§ 33.

Bekanntmachungen.

Die von der Gesellschaft ausgehenden Bekanntmachungen sind von dem Vorsitzenden des Verteilungsausschusses zu unterzeichnen. Die für die Öffentlichkeit bestimmten Bekanntmachungen werden in den vom Verteilungsausschusse zu bestimmenden Tagesblättern veröffentlicht.

Die Zustellungen an die Gesellschafter erfolgen durch eingeschriebenen Brief.

§ 34.

Überwachung.

Dem Verteilungsausschusse steht die Überwachung der Betriebe der Gesellschafter zu. Eine Besichtigung der Betriebe darf nur durch von ihm zu bestimmende Vertrauensmänner, die Einsichtnahme der Geschäftsbücher und geschäftlichen Schriftstücke nur durch beeidigte Büchersachverständige oder eine Treuhandgesellschaft erfolgen.

§ 35.

Ordnungsstrafen, Schadenersatz.

Wegen schuldhafter Verletzungen der Vorschriften der Bundesratsverordnung, der Satzung oder der Anordnungen des Überwachungsausschusses kann der Überwachungsausschuß einen Gesellschafter von der Beteiligung am Gewinne ganz oder teilweise ausschließen. Der den Ausschluß festzusetzende Bescheid ist dem Gesellschafter durch eingeschriebenen Brief zuzustellen. Die Entscheidung des Überwachungsausschusses ist unanfechtbar.

Außerdem hat der Gesellschafter der Gesellschaft den Schaden zu ersetzen, der ihr infolge seines schuldhaften Verhaltens erwächst. Über die Ansprüche entscheiden die ordentlichen Gerichte.

VII. ÜBERGANGSVORSCHRIFTEN.

§ 36.

Vorläufiger Verteilungsausschuß.

Solange der Verteilungsausschuß nicht ernannt ist, werden seine Befugnisse durch einen Beauftragten des Überwachungsausschusses wahrgenommen.

§ 37.

Erste Gesellschafterversammlung.

Binnen eines Monats nach Entstehung der Gesellschaft wird die erste Gesellschafterversammlung von dem Beauftragten des Überwachungsausschusses berufen. Die Berufung erfolgt durch öffentliche Bekanntmachung in den von dem Beauftragten zu bestimmenden Tageszeitungen.

Der Beauftragte leitet die Verhandlung und setzt das Stimmrecht der Gesellschafter fest. Eine Anfechtung der Entscheidung findet nicht statt.

Berlin, den 19. März 1917.

Der Stellvertreter des Reichskanzlers
Dr. Helfferich.

Verzeichnis
der der Aufsicht des Kriegsernährungsamts unterstellten Kriegsstellen und Kriegsgesellschaften.

Nach dem Stand vom 20. Januar 1917.

Name	Vorsitzende und Geschäftsführer	Geschäftsräume Fernsprecher Telegrammadresse	Aufgaben
1. Reichsgetreidestelle a) Verwaltungsabteilung	Vorsitzender: Unterstaatssekretär im Finanzministerium Wirkl. Geh. Rat Dr. Michaelis, Exzellenz, Stellvertreter: Ministerialdirektor Dr. Graf von Keyserlingk, Amtshauptmann Dr. Wach, Landrat Dr. Kleiner,	Berlin W. 50, Rankestraße 1 Amt Steinplatz 13165 bis 13179	Erledigung aller öffentlich-rechtlichen Angelegenheiten in der Bewirtschaftung des Brotgetreides, insbesondere der im § 14 der Bundesratsverordnung vom 29. Juni 1916 genannten Aufgaben.
b) Geschäftsabteilung G. m. b. H.	Geschäftsführer: Scipio, Goerg, Koepke, Dr. Oppenheimer	Berlin W. 50 Kurfürstendamm 237 Amt Steinplatz 13165 bis 13179. — Telegr.-Adr. „Reichsgetreide Berlin"	Abnahme, Bezahlung u. Unterbringung des abzuliefernden Brotgetreides. — Lieferungen an das Heer, die Kommunalverbände und Betriebe. — Verwaltung d. Bestände.
2. Zentralstelle zur Beschaffung der Heeresverpflegung	Vorsitzender: Wirkl. Geh. Rat Dr. Mehnert, Exzellenz, Dresden, Pragerstraße 43, Geschäftsführer: Geh. Finanzrat Direktor Hartmann, Regierungs- u. Landesökonomierat im Ministerium f. Landwirtschaft, Domänen und Forsten Burckhardt	Berlin W. 9 Königgrätzerstr. 123 Amt Zentrum 12166 bis 12171.— Telegr.-Adr. „Reichslieferung"	Beschaffung des Gesamtbedarfs des Heeres an Roggen, Weizen, Mehl, Kleie, Hafer, Gerste und lebendem Vieh. Mitwirkung bei der Verteilung von Hafer an die Bedarfsstellen der Zivilbevölkerung, insbesondere an die Kommunalverbände.

Name	Vorsitzende und Geschäftsführer	Geschäftsräume Fernsprecher Telegrammadresse	Aufgaben
3. Reichsstelle für die Versorgung mit Vieh und Fleisch (Reichsfleischstelle)	Vorsitzender: Geh. Regierungsrat Prof. Dr. von Ostertag, Direktor im Kaiserl. Gesundheitsamt, Geschäftsführer: Geh. Regierungsrat u. vortragender Rat in der Reichskanzlei von Schlieben	Berlin W. 9 Köthenerstr. 16/17 Amt Lützow 329 bis 331, 4887, 9932	Regelung der Fleischversorgung, insbesondere der Aufbringung von Vieh und Fleisch im Reichsgebiet und deren Verteilung; Verteilung des aus dem Ausland eingeführten Schlachtviehs und Fleisches, einschl. der Fleischwaren.
4. Reichskartoffelstelle a) Verwaltungsabteilung	Vorsitzender: Landrat Dr. Peters, Stellvertreter: Ger.-Assessor a. D. Dr. Arnoldi	Berlin W. 9 Bellevuestr. 6a Amt Lützow 4240—4242 u. 5221 bis 5223. — Telegr.-Adr. „Reichskartoffelstelle Berlin"	Regelung d. Verbrauchs und Vornahme der Verteilung. Umlage auf Überschußverbände u. Durchführung d. Zwangslieferungen durch Provinzial- bzw. Landeskartoffelstellen.
b) Geschäftsabteilung G. m. b. H. (in Liquidation)	Liquidatoren: Brandenburg, Döblin, Rohrbeck	Berlin W. 9 Bellevuestr. 4 Amt Lützow 1394—1396. — Telegr.-Adr. „Reichskartoffel Berlin"	
5. Trockenkartoffelverwertungs-Gesellschaft m. b. H. (Teka)	Vorstand: Kommerzienrat Untucht, Direktor Katzenellenbogen, Direktor Helfferich	Berlin W. 9 Köthenerstr. 37 Amt Kurfürst 9973—9976, Direktion: Kurfürst 9985. — Telegr.-Adr. „Teka"	Verwertung der Erzeugnisse der Kartoffeltrocknerei und der Kartoffelstärkefabrikation.
6. Kriegskartoffelgesellschaft Ost m. b. H. (Karto)	Vorstand: Kommerzienrat Untucht, Direktor Katzenellenbogen, Direktor Helfferich	Berlin W. 9 Schellingstr. 14/15. Amt Kurfürst 6038 u. 6039 Telegr.-Adr. „Kriegskarto" Abteilung für An- u. Verkauf von Kartoffeln: Berlin W. 9 Köthenerstr. 37 Amt Kurfürst 9973—9976	Ausfuhr von Kartoffeln aus den besetzten Gebieten Rußlands und die Einfuhr von in Deutschland hergestellten Kartoffelprodukten in diese Gebiete.

Name	Vorsitzende und Geschäftsführer	Geschäftsräume Fernsprecher Telegrammadresse	Aufgaben
7. Reichsbranntweinstelle. Verwaltungsabteilung	Vorsitzender: Generaldirektor der Zölle und indirekten Steuern Wirkl. Geh. Rat Köhler, Exzellenz, 1. Stellvertreter: Geh. Regierungsrat u. vortragender Rat im Reichsschatzamt Dr. Steinkopff, 2. Stellvertreter: Regierungsrat Dr. Fischer	Berlin W. 9 Schellingstr. 14/15 Amt Kurfürst 6151 und 6152. — Telegr.-Adr. „Reichsbranntwein"	Einheitliche Bewirtschaftung des Branntweins, insbesondere Sicherstellung des Heeresbedarfs
Geschäftsabteilung	Geschäftsführung: Die Spirituszentrale		
8. Reichsfuttermittelstelle	Vorsitzender: Kgl. Sächs. Wirkl. Geh. Rat. Dr. Mehnert, Exzellenz, 1. Stellvertreter: Ministerialdirektor im Ministerium für Landwirtschaft Dr. Graf von Keyserlingk, 2. Stellvertreter: Justizrat Meidinger	Berlin W. 9 Königgrätzerstr. 19 Amt Lützow 2796, 2797 u. 3838. — Telegr.-Adr. „Reichsfuttermittelstelle Berlin"	Sicherung und Verteilung der inländischen und eingeführten Futtermittel. Durchführung der Vorschriften des Bundesrats über den Verkehr mit Hafer, Gerste, zuckerhaltigen und anderen Futtermitteln einschließlich der Kleie.
9. Kriegsausschuß für Ersatzfutter G. m. b. H.	Geschäftsführer: Direktor Schröder, Wirkl. Geh. Ober-Regierungsrat Dr. Müller	Berlin W. 62 Burggrafenstr. 11 Amt Lützow 5333, 5334, 5149, 6914, 8594/5. — Telegr.-Adr. „Kriegsfutter"	Förderung aller Maßnahmen zur Herstellung von Ersatzfutter aus im Inland vorhandenen Rohstoffen und zum Absatz dieses Futters.

Name	Vorsitzende und Geschäftsführer	Geschäftsräume Fernsprecher Telegrammadresse	Aufgaben
10. Bezugsvereinigung der deutschen Landwirte G. m. b. H.	Vorsitzender des Vorstandes: Landesökonomierat Dr. Rabe-Halle a. S., Stellvertreter: Ökonomierat Vibrans-Calvörde, Geschäftsführer: Direktor Möller, Direktor Roderwald	Berlin W. 35 Potsdamerstraße 30 Amt Nollendorf 120, 121, 1917, 2523—2526 u. 2572. — Telegr.-Adr. „Bezugsverein Berlin“	1. Einfuhr von Futtermitteln, Hilfsstoffen und Kunstdünger und deren Verteilung an inländische Verbraucher. 2. Verteilung von Futter und Düngemitteln, die durch die Zentral-Einkaufs-Genossenschaft eingeführt werden.
a) Zuckerabteilung	Geschäftsführer: Rath	Berlin W. 35 Potsdamerstraße 30 Amt Nollendorf 120, 121, 1947. — Telegr.-Adr. „Zuckerfutter“	3. Verteilung v. zuckerhaltigen Futtermitteln.
b) Kleieabteilung	Geschäftsführer: Kleiber	Berlin W. 35 Karlsbad 16 Amt Nollendorf 1486 u. 2127. — Telegr.-Adr. „Kleieverteilung“	4. Verteilung der Kleiebestände.
c) Kraftfutterabteilung	Geschäftsführer: Dr. Paaschen	Berlin W. 35 Potsdamerstr. 31 Amt Kurfürst 6400—6402, 6033 u. 6034. — Telegr.-Adr. „Kraftfutter“	5. Verteilung anderer Futtermittel.
d) Strohabteilung		Berlin W. 10 Genthinerstraße 38 Amt Lützow 238 u. 239. — Telegr.-Adr. „Strohverteilung“	6. Beschaffung des Strohbedarfs zu Futterzwecken.
11. Hafer-Einkaufs-Gesellschaft m. b. H.	Geschäftsführer: Dr. Brauer	Berlin W. 9 Linkstr. 25 Amt Lützow 2527, 4454 u. 4458. — Telegr.-Adr. „Hafereinkauf“	Hafereinkauf für Nährmittelzwecke.

Name	Vorsitzende und Geschäftsführer	Geschäftsräume Fernsprecher Telegrammadresse	Aufgaben
12. Kriegs-, Stroh- u. Torf-Gesellschaft m. b. H.	Vorstand: Dr. Kramer, Prokuristen: Franz Knoche Ernst Ehlert	Berlin W. 9 Linkstr. 25 Amt Kurfürst 6003 u. 6004 Telegr.-Adr. „Strohto"	Die Verteilung von Melasseträgern an die Melassefutterfabriken des deutschen Reiches.
13. Reichsgerstengesellschaft m. b. H.	Vorsitzender: Landrat Dr. Hagedorn, Geschäftsführer: Weingart, Scheuer, Veigel in Berlin, in München: Lindner	Berlin W. 8 Wilhelmstr. 69a Amt Zentrum 10442—10451, 10513 bis 10516	Vornahme der zur Bewirtschaftung der Gerste erforderlichen geschäftlichen Maßnahmen, Erwerb und Veräußerung von Malz, Vermittelung und Übertragung von Malzkontingenten der Bierbrauereien.
14. Reichshülsenfruchtstelle G. m. b. H.	Vorsitzender: Bezirksamtmann Löhr, Geschäftsführer: Friedeberg, Geestefeld	Berlin N. W. 7 Universitätsstr. 2/3a Amt Zentrum 12076 bis 12079.	Ankauf und Bewirtschaftung von Buchweizen, Hülsenfrüchten und Hirse
15. Reichszuckerstelle mit Unterabteilung. Verteilungsstelle für Rohzucker	1. Vorsitzender: Oberregierungsrat Tenge, 1. Stellvertreter: Landrat Graf von Wartensleben, 2. Stellvertreter: Kgl. Bayr. Bezirksamtmann Hamm	Berlin S. W. 19 Lindenstr. 51/53 Amt Zentrum 4658—4660 u. 4947—4949	Regelung des Verkehrs mit Zucker und Süßstoff. Verteilung der Vorräte auf die Kommunalverbände, die zuckerverarbeitenden Betriebe, Heer und Marine. Verteilung des Rohzuckers auf die Verbrauchs-Zuckerfabriken.
16. Reichszuckerausgleich-Gesellschaft m. b. H.	Vorsitzender: Kommerzienrat Panizza	Berlin SW. 19 Lindenstr. 51/53 Amt (Reichszuckerstelle)	Erfüllung der durch die Gesetzgebung überwiesenen Aufgaben, insbesondere Ausgleich der Zuckerpreise.

Name	Vorsitzende und Geschäftsführer	Geschäftsräume Fernsprecher Telegrammadresse	Aufgaben
17. Zucker-Zuteilungsstelle für das deutsche Süßigkeitengewerbe	Vorstand: Hermann Wildhagen, Kgl. Bayr. Kommerzienrat. Geschäftsführer: Kgl. Hofrat Dr. Kittel	Würzburg, Stephanstr. 8, Fernruf 2756	Verteilung des Verbrauchszuckers auf die zum Schokolade- und Süßigkeiten-Gewerbe gehörenden Betriebe.
18. Stärke-Sirup-Zentrale für das deutsche Nahrungsmittel-Gewerbe	Vorstand: Hermann Wildhagen, Kgl. Bayr. Kommerzienrat, Geschäftsführer: Kgl. Hofrat Dr. Kittel	Würzburg, Stephanstr. 8, Fernruf 2756	Verteilung des Stärkesirups u. Stärkezuckers an gewerbliche Betriebe.
19. Reichsstelle für Speisefette G. m. b. H. a) Verwaltungsabteilung	Vorsitzender: Landrat von Graevenitz, Stellvertreter: Landrat von Pommer-Esche, Reg.-Rat Weyermann	Berlin W. 8 Mohrenstr. 58/59 Amt Zentrum 12160—12162, 12712—12713	Feststellung der Verbrauchsmengen an Speisefetten, die auf den Kopf der Bevölkerung kommen, und Aufstellung eines Verteilungsplans.
b) Geschäftsabteilung G. m. b. H.	Geschäftsführer: Brust, Ruge	Amt Zentrum 11507 bis 11509, 11757 bis 11758	Abnahme, Bezahlung u. Unterbringung der an sie abzuliefernden Fettmengen und Verwaltung der Bestände.
20. Reichsstelle für Gemüse und Obst	Vorsitzender: Oberregierungsrat v. Tilly	Berlin W. 57 Potsdamerstr. 75 Amt Nollendorf 5840 bis 5849. — Telegr.-Adr. „Reichsgemüse“	Die Förderung der Erzeugung, Verwertung u. Haltbarmachung von Gemüse und Obst.
a) Verwaltungsabteilung b) Geschäftsabteilung G. m. b. H.	Geschäftsführer: Dr. Smidt, Kohlmann, Blöte, Ökonomierat Hartert		Abnahme, Bezahlung, Unterbringung und Verwertung des Gemüses und Obstes.

Name	Vorsitzender und Geschäftsführer	Geschäftsräume Fernsprecher Telegrammadresse	Aufgaben
21. Kriegsgesellschaft für Obstkonserven und Marmeladen m. b. H.	Geschäftsführer: Hartwig	Berlin SW. 68 Kochstr. 6 I Amt Kurfürst 9368—9370. — Telegr.-Adr. „Kriegsbrot“	Einkauf und Verwertung aller zur Herstellung von Obstkonserven geeigneten Erzeugnisse, sowie von Obskonserven selbst.
22. Kriegsgesellschaft für Weinobst-Einkauf u. Verteilung m. b. H.	Geschäftsführer: Härtel	Berlin SW. 68 Kochstr. 6 III Amt Lützow 3779	Einkauf von Äpfeln und Birnen und deren Verteilung zur Herstellung von Obstweinen und Regelung der Preise für Obstweine
23. Kriegsgesellschaft f. Sauerkraut m. b. H.	Geschäftsführer: Köhler	Berlin SW. 57 Potsdamerstr. 75 Amt Lützow 402, 403, 2097	Einkauf und Verkauf von Weißkraut. Verwertung von Sauerkraut.
24. Kriegsgesellschaft für Dörrgemüse m. b. H.	Geschäftsführer: Koppel, Dr. Brauer	Berlin W. 57 Amt Nollendorf 5900 bis 5902	Einkauf und Verkauf von Frischgemüse zu Dörrzwecken sowie Ein- und Verkauf von Dörrgemüse.
25. Gemüsekonserven-Kriegsgesellschaft m. b. H.	Geschäftsführer: Kanter	Braunschweig Bohlweg 5/7. — Fernruf Braunschweig 4207, 4479	Einkauf und Verwertung aller zur Herstellung von Gemüsekonserven geeigneten und benötigten Gegenstände sowie von Gemüsekonserven selbst.
26. Kriegs-Rübensaft-Gesellschaft m. b. H.	Geschäftsführer: Pape	Berlin S. W. 68 Kochstr. 57 Amt Zentrum 9850	Verwertung von Rübensaft jeder Art.
27. Kriegs-Gemüsebau- u. Verwertungsgesellschaft m. b. H.	Geschäftsführer: Buhl	Berlin W. 9 Köthenerstr. 28 Amt Lützow 7696	Förderung des feldmäßigen Gemüsebaues und der wirtschaftlichen Verwertung von Gemüse.

Name	Vorsitzende und Geschäftsführer	Geschäftsräume Fernsprecher Telegrammadresse	Aufgaben
28. **Kriegsausschuß für Kaffee, Tee und deren Ersatzmittel G.m.b.H.**	Geschäftsführer: Schröder, Bürstner Filiale in Hamburg: Geschäftsführer: Georgius, Scheibler	Berlin W. 9 Potsdamerplatz 3 Amt Lützow 6636/39. — Telegr.-Adr. „Kriegskaffee" Abt. Ersatzmittel: Berlin W. 35 Lützowstr. 102 Amt Lützow 2351	Beschlagnahme, Einfuhr und Verteilung von Kaffee und Tee und deren Ersatzmittel.
29. **Kriegskakaogesellschaft m. b. H.**	Direktor: Wiehr	Hamburg 1 Mönkebergstr. 31. Fernruf: Gruppe IV Nr. 933 u. 934. — Telegr.-Adr. „Kakaobaum"	—
30. **Landwirtschaftliche Betriebsstelle für Kriegswirtschaft (zugleich unter Aufsicht des Landwirtschaftsministeriums)** a) Verwaltungsabteilung. b) Geschäftsabteilung G. m. b. H.	Vorsitzender: Ministerialdirektor im Ministerium für Landwirtschaft Dr. Graf von Keyserlingk Stellvertreter: Geh. Oberregierungsrat im Reichsschatzamt Cuno Geschäftsführer: Geh. Oberregierungsrat im Ministerium für Landwirtschaft Ramm, Geschäftsführer: Geh. Oberregierungsrat Ramm, Neuman, Dr. Friedel	Berlin W. 9 Leipzigerplatz 7 Amt Zentrum 10905, 10907 u. 4984 bis 4985. — Telegr.-Adr. „Landbetrieb Berlin"	Förderung der landwirtschaftlichen Erzeugung durch Unterstützung der Bewirtschaftung der besetzten Gebiete und durch Lieferung und Austausch landwirtschaftlicher Betriebsmittel und Erzeugnisse im Verkehr mit den besetzten Gebieten und mit den verbündeten Staaten.

Name	Vorsitzender und Geschäftsführer	Geschäftsräume Fernsprecher Telegrammadresse	Aufgaben
31. Reichsverteilungsstelle a) für Nährmittel und Eier	Vorsitzender: Regierungsrat Dr. Jungel	Berlin W. 9 Potsdamerplatz 8 Amt Lützow 6636/39	Verteilung von Hafer- und Gerstenfabrikaten, von Weizengraupen, Gries, Teigwaren, Grünkern, von Sago und dergl. von Hülsenfrüchten (Buchweizen, Hirse), von Maisgries, Suppenfabrikaten, Speisepulvern sowie von Kindernährmitteln nach einheitlichen Grundsätzen. Verteilung der aus dem Ausland eingeführten und aus inländischen Überschußgebieten abzuliefernden Eier.
b) Kriegsnährmittelgesellschaft m. b. H.	Geschäftsführer: Albert Wischek	Berlin W. 9 Potsdamerplatz 3 Amt Kurfürst 9682	Förderung der Herstellung und Verwertung von Nährmitteln, insbesondere von Suppenfabrikaten.
32 a) Überwachungsstelle für Seemuscheln	Vorsitzender: Regierungsassessor von Flügge Geschäftsführer: Oberfischmeister Heidrich, Altona	Berlin W. 8 Behrenstr. 64/65 Amt Zentrum 12928	Überwachung des Fanges und des Handels mit Seemuscheln sowie Herstellung von Seemuschelkonserven.
b) Reichskommissar für Fischversorgung	Regierungsassessor von Flügge	Berlin W. 8 Behrenstr. 64/65 Amt Zentrum 12928	Regelung des Absatzes und der Preise von Fischen und von Zubereitungen von Fischen.
33. Kriegsgesellschaft für Teichfischverwertung m.b.H.	Geschäftsführer: Klee	Berlin W. 10 Königin-Augustastr. 21 Amt Lützow 3271. — Telegr.-Adr. „Fischteiche Berlin“	Die gleichmäßige Versorgung der Bevölkerung mit Erzeugnissen der Teichwirtschaft, insbesondere mit Karpfen und Schleien.

Bemerkung: Nr. 10 u. 17 in Liquidation getreten November 1917.

FSC
www.fsc.org
MIX
Papier | Fördert
gute Waldnutzung
FSC® C083411

Kolibri 360 GmbH
Ferdinand-Jühlke-Straße 7
99095 Erfurt, Deutschland
produktsicherheit@kolibri360.de